ハンス・キュングと宗教間対話

人間性をめぐるその神学的軌跡

藤本憲正

三恵社

まえがき

本書の目的

本書は、スイス出身のカトリック神学者ハンス・キュング（Hans Küng　１９２８-）が宗教間対話に取り組む中で探求してきた「人間性」（Menschlichkeit）の意味を明らかにしようと試みるものである(1)。キュングは、宗教間対話を推進した神学者として知られており、非キリスト者と対話することを通して、人間であることの神学的意味を解明しようとした。キュングが神学者として当初から関心を持っていたのは、イエス・キリストを通して罪を贖われた人間には、どのような意味や価値が与えられているのかという、贖罪における人間性についてであった。そのため、この人間性には、人間はどのようにあるべきか、人間は何を目指すべきかといった倫理的意味が含まれている。たんに人間は多様であり、どの人間にも善悪や明暗があるというような事実的な意味だけではない。そして、その人間性に対する関心を、キュングは神学的行程の中で浮上してきた対話という分野において、さらに継続発展させたのである。

人間性をめぐるキュングの議論を取り上げる意義は、倫理について異なる立場にある人々が合意を得るときの課題を示しその解決の糸口を探すことができるという点にある。ここでの人間性には、キリスト教的な意味だけでなく、世俗的な人権や人間的な義務、環境倫理等の問題を含んでいる。もちろん、倫理に関して合意を得ることの困難さは古くから指摘されている。異なる思想や文化、宗教、世代、政治経済的な利害の関与のもとで、合意は一筋縄ではいかない。民主主義の理解にもつながる問題であり、決定的な解決はありえない。しかし、キュングは、世界の緊密化が増した第二次世界大戦後にあって、倫理をめぐる合意について宗教間対話という分野にて真剣に取り組み、世界的に影響を与えた。そのため、キュングについて調べるならば、この問題の現代につながる約半世紀の過程を具体的に検討できるのである。

宗教間対話とは、諸宗教の信仰者が、その教えについて話し合うことを通して相互理解を促進しようとする運動である。異なる教えを信じる人々の間での論争は古代からあるものの、本書の議論に繋がる運動は、１９世紀の後半頃から始められたものである。西洋列強による世界の植民地支配が進むにつれて世界各地の諸宗教が接触するようになり、その過程で、宗教者が異なる教えについて理解しようとしたり、宗教学という学問分野が発展したりした。とりわけ第二次世界大戦後、世界の緊密化が一層進むにつれて対話への気運が高まった。キュングが神学的活動を始めたのは、そのような時期に重なっていたのだった。

キュングの人間性への関心は、初期の著作『義認論』に始まって、晩年の自伝『経験された人間性』という題名に現れるほどに、生涯にわたって継続していた。キュングは、「人間性」について、その活動の初期から探求の対象の一つに据えており、人間性に関する主張と発展を理解するためには、彼の神学的行程を通史的に扱う必要がある。そして、その行程において宗教間対話もまた、彼のライフワークであった。それゆえ、本書では、キュングが宗教間対話の中で探求してきたこの「人間性」という概念が、どのような過程で論じられ、どのようなことを意味してきたのかを、彼の生涯を追って明らかにすることを試みる。

次節にて、キュングの略歴や本書の方法論について述べるが、その前に読者の便宜のため本書の簡単な見取り図を示したい。本書が想定している読者は、神学や宗教間対話、政治思想等について関心と一定の知識がある人である。本書の章の並びは、キュングの思想の変遷に沿っている。大きくは年代順であるが、テーマ別のキュングの著作順でもある。神学的な関心と知識のある読者は、全体を通して読むと理解が深まる。宗教間対話に関心のある読者は、三章から読めば、一、二章の神学的議論を大部分省くことができる。政治思想や公共哲学的な関心から入る読者は、五章から読むのが負担は少ないが、四章は議論の転換点なので、余裕のあるときに目を通すと神学との接続が把握しやすい。

キュングの略歴と本書の方法論

ハンス・キュングは、スイスのルツェルン州ズールゼー出身の神学者である(2)。1948年から1955年までローマ教皇庁立グレゴリアン大学で学び、さらにパリ・カトリック学院で研究を続けた。そして、1957年に、カール・バルト(Karl Barth)の義認論をテーマとする研究で神学博士号を取得した。1957年から195

9年まで出身地からほど近いルツェルンの希望教会にて助祭として働いた。1959年から1960年には、ヴェストファーレン・ヴィルヘルム大学の研究員であった。そして、1960年、教授資格取得論文の提出前であるにもかかわらず、テュービンゲン大学カトリック神学部の教授に任命され、基礎神学を教えた。1962年から1965年まで開催された第二バチカン公会議では、ヨハネ二十三世に指名されて、ロッテンブルクのライプレヒト司教付き顧問神学者（peritus）として参加した。

公会議後、キュングは、主にエキュメニカルな対話や宗教間対話、カトリック教会の改革に取り組んだ。また、カール・ラーナー（Karl Rahner）らとともに、国際的な神学雑誌『コンキリウム』（Concilium）を1965年に創刊した(3)。そして、この雑誌のエキュメニズム部門のリーダーとなり、精力的に働いた。立て続けに著書を出版し、広範な読者を獲得した(4)。

ところが、キュングは、教皇の不可謬性や教会の教導職などに関する論説が問題視され、カトリック信仰の真理を十全に保った著述をしていないとして(5)、1979年12月に処分を受けた。カトリック神学者として教える資格である「聖職任命」（missio canonica）を取り消され(6)、それによりドイツ・テュービンゲン大学カトリック神学部の教授職を失った。しかし、翌年3月にはキュングが主催していたカトリック神学部のエキュメニカル研究所をカトリック神学部から独立させ、そこで教鞭をとるという形で、キュングは大学の教授職を続けることとなった(7)。その後、宗教間対話に活路を見出し、1990年には『世界倫理計画』（Projekt Weltethos）を出版して、宗教間対話を社会運動と結びつけた。世界平和の実現を目指して、諸宗教が政治経済の分野にて社会に貢献することを構想したのである。１９９６年には教授職を退いたが、１９９５年に自ら設立した「世界倫理財団」（Stiftung Weltethos）を拠点にして、世界倫理の研究と普及に努めた。２０１３年には、パーキンソン病と視力の低下を告白して(8)、自伝の出版を最後に第一線の著作活動からは身を引いた。キュングは、２０世紀後半のカトリック教会において、約半世紀にわたって宗教間対話に取り組んできた。その活動を評して、同じく宗教間対話の論者であるジョン・B・カブ・ジュニア（John B. Cobb Jr.）は、宗教間対話に最も貢献した神学者だと評している(9)。

では、キュングの諸著作を年代ごとに分類・紹介することを通して、キュングが歩んできた神学的行程の大枠と方向性を示し、本書が取り組む宗教間対話という課題がどの位置にあるのかを示したい。本書にて取り上げる著作の範囲は、『義認論』（１９５７年）から、『世界倫理案内』（２０１２年）までの著作や論評である。初期から現在に至る主要著作をさかのぼって執筆意図の変遷を辿るならば、キュングの神学が、どのような意図のもとで構想され、作り上げられていったのかが読み取れるだろう。もちろん、キュングの著作数は膨大で分野が多岐にわたるため、ここで取り上げる著作は、本論の目標に沿う主なものだけである(10)。

キュングの最初の著作は、バルトの義認論に関する博士論文を出版した『義認論』である。この著作は、ハンス・ウルス・フォン・バルタザール（Hans Urs von Balthasar）によって出版された。バルタザールは、キュングと同じくスイスのルツェルン州出身であり、カール・ラーナーに並ぶ２０世紀を代表するカトリック神学者である。彼は、１９５１年に『カール・バルト』を出版して、カトリック神学の自然神学に対するバルトの批判に応答した（１１）。キュングは、この著作に学びつつ、自らの著作にてプロテスタント神学の義認とカトリック神学の義化の教理が対立しないことを示した。この著作は、トリエント公会議以来のカトリック教会とルター派教会の対立を解消して、後の両教会の和解への道備えをした（１２）。また、キュングは博士論文作成の際に、バルトの主著『教会教義学』を読解することを通して、キリスト教エキュメニカル運動や諸宗教との対話に目を開かれ、牧会者志望から転じて神学研究の道を志すことになった（１３）。

次にキュングは、第二バチカン公会議に関連する一連の著作を発表した。これらは１９６０年代に書かれ、とりわけエキュメニカルな教会を目指したカトリック教会の改革と、教皇の権威が俎上に上がっている。まず、１９６０年の『教会と再合同』は、１９５９年に開催が発表された第二バチカン公会議に対する期待をキュングが記したものである。教会のエキュメニカルな再合同のために、カトリック教会に為されるべき改革についてスケッチをした（１４）。ファーガス・カー（Fergus Kerr）によれば、本書は公会議で起きたことを理解するための鍵であり、公会議に期待された改革の方向性が示されていた。また、この著作は、イヴ・コンガール（Yves Congar）の『真の改革と偽りの改革』（１９５０年）に多くを依拠していた（１５）。

１９６２年の『教会の構造』も同様に、エキュメニカルな教会のために、とりわけ公会議における教皇の地位や不可謬性、信徒の役割等をめぐる議論を行った。この著作は後の『不可謬性？』（１９７０年）につながった（１６）。１９６３年の『公会議に現れた教会』は、第二バチカン公会議の第一会期の終了を受けて、キュングがそこで行われた議論や決定について紹介し、その成果を報告するものであった。１９６４年の増補第二版では、第二会期を回想し、第三会期に期待する展望を述べた(17)。

公会議後に大きく注目された著作は、1967年の『教会論』であった。本書は、キュングの言葉によれば、エキュメニカルな教会とは何かについて、イエス・キリストという端緒に遡って論じ、その教会における信仰とカトリックの意味、教皇の権威や役割をめぐる問題等を検討した。また、謝辞によれば、本書はヨゼフ・ラッツィンガー（Joseph Ratzinger）の協力を得て書かれた。ラッツィンガーは、後に本論第三章と第六章で触れることになる人物であり、後の教皇ベネディクト十六世である(18)。

1970年からはキリスト論や教皇などに関わる著作が立て続けに出版された。1970年には、『不可謬性？』を出版した。先の『教会の構造』に続いて、教皇の不可謬性を取り上げて、その議論を整理し、教皇の権威と地位について批判的に検討した。さらに1973年には、教皇の不可謬性をめぐる論集を編纂して『間違えうるのか』を提出した(19)。

同時期に、キリスト論に関する二つの著作が発表された。一つ目が1970年の『神の受肉』である。本書の副題は、「未来のキリスト論に向けたプロレゴメナとしての、ヘーゲルのキリスト教的思考への序論」である。キュングは、ヘーゲルの哲学に現れたキリスト教的性格を指摘しつつ、神がイエス・キリストにおいて受肉したという教理について歴史という観点から検討した。無時間的な真理として伝統的に理解されてきた受肉の教理を、歴史の内部で起きた出来事として理解し直そうとしたのである。そして聖書の歴史批評学を導入して、史的事実を尊重したキリスト論が必要であることを訴えた(20)。

二つ目が、先の著作を踏まえて１９７４年に発表した、『キリスト者であること』である。本書でキュングは、プロテスタント神学にて発展した聖書学の歴史批評学を採用し、ナザレのイエスに着目したキリスト論を提出した。そして、そのキリスト論に基づいて諸宗教の信仰者や信仰を持たない世俗的な人々との対話についても論じた[21]。聖書の歴史批評学を用いてナザレのイエスが誰であるか明らかにしようとした試みは、同時期に、オランダのエドワード・スヒレベークス（Edward Schillebeeckx）によっても行われた。こちらは、『イエス：一人の生ける者の物語』に始まる三部作であった[22]。

さらに１９７８年には、『神は存在するのか』を出版した。本書の副題は、「神に対する現代の問いへの回答」である。キュングの言葉によれば、本書は『キリスト者であること』の姉妹本である。前著が現代のキリスト者に向けて書かれており、後著が非キリスト者に信仰の意義を訴えることを目指していた。前著で論じられたキリストに対する信仰の現代的な意味を示すために、諸宗教の信仰者と信仰を持たない世俗的な人々との対話を中心課題として論じた。その対話のためのテーマとして、「人間であること」の意義が注目された。人間であることの意義は、世俗的な人権の擁護を通してだけでなく、その人権思想を包摂するような、より深い人間性を教えている諸宗教の教えによって高められるとされた[23]。

同じく１９７８年にキュングは、編者として『第三バチカン公会議に向けて：何を為すべきか』を発表した。公共神学を提唱したデイヴィッド・トレーシー（David Tracy）、政治神学を展開したヨハン・Ｂ・メッツ（Johann B. Metz）とともに編纂した著作である。この著作は、雑誌『コンキリウム』が１９７７年にアメリカで開催した国際学会の発表を、キュングが編纂委員の一人となってまとめたものである。キリスト教エキュメニズムやカトリック教会改革、宗教間対話、世俗社会とキリスト教の関りなどがテーマとして扱われた（２４）。

１９７０年代のキュングは多様な活動をしており、その活動は一つの分野に限られない。しかしその活動は、対話を推進するという方向に沿っているものであり、原理的な面ではキリスト論と教皇論を取り扱い、そして派生的な面でエキュメニカルな対話や、諸宗教や世俗的な人々との対話を論じていた。６０年代には、エキュメニカルな教会を目指して教皇や教会改革について論じた一方で、７０年代には、キリスト論を独立したテーマとして取り上げたうえで、教皇論に並んで諸宗教や世俗との対話に集中的に取り組んだ。しかしこれらの著作は、キュングが教皇庁から神学的正しさを疑われ、処罰される原因の一つとなった。

１９８０年代にキュングは、プロテスタント神学から聖書の歴史批評的研究を学ぶだけでなく、伝統や教理を解釈する方法について独自に研究した。また、キリスト教神学の視点から諸宗教について語るだけでなく、諸宗教の歴史や教えについて研究した。解釈の方法に関連して、キュングは、１９８４年の『神学はどこへ向かうのか』、および１９８６年の『神学の新しいパラダイム』をトレーシーとともに出版した（２５）。この二つの著作にてキュングは、伝統や教理を解釈する方法について検討し、歴史過程において時代ごとに変転する、「パラダイム」（Paradigma）という解釈の特徴的な枠組みがあることを示した。そして、キリスト教の神学史をいくつかのパラダイムで区分する独自の歴史分析を試みた。

さらに１９８７年には、『新しい出発点にある神学』を出版した。副題は、「エキュメニカルな教会のための基礎づけ」である(26)。ここでキュングは、先の「パラダイム」という考えを発展させて、エキュメニカルな教会に向けた伝統や教理の解釈方法を提唱した。それは、「人間性」を尊重する現代の倫理的価値観を前提にした解釈の方法である。同時に、宗教間対話に関しても、人間性を尊重しているかどうかを基準とする相互批判の方法を提案した。

宗教研究に関連して、1984年にキュングは『キリスト教と諸世界宗教』を出版した。本著作は、キュングが諸宗教の研究者に語らせる形で、はじめて諸宗教の教えを直接取り上げた著作である。それ以前の著作では、キリスト教神学の立場から諸宗教についてキュングが語るだけで、諸宗教自らの主張は僅かにしか取り上げられていなかった。この著作ではイスラム教、ヒンドゥー教、仏教が取り上げられた。また、諸宗教を、宗教学的に三つの水系（Stromsystem）に分類することが試みられた。アブラハムの宗教、中国系の宗教、インド系の宗教の三つの系統である。この分類に沿って、キュングのその後の諸宗教研究が行われた(27)。

1988年には、儒教研究者のジュリア・チン（Julia Ching）と共著で『中国宗教とキリスト教の対話』を出版した。チンが儒教について語り、キュングがそれについてキリスト教の立場から答えるという方法が取られた。本書では、この両者の対話の重点が、人間性という倫理的価値におかれ、人権思想に対してキリスト教と儒教がどのように応答するのかが探求された(28)。この著作では、先の『新しい出発点にある神学』で提示されたような、人間性をテーマとする諸宗教との対話が具体的に行われたのである。

1980年代におけるキュングの著作活動に見られる特徴は、伝統や教義を解釈する方法への関心と、諸宗教に関する研究が優先的な課題として浮上したことである。そして、その研究の下で、エキュメニカルな教会を目指したり宗教間対話が行われたりした。そして、それと結びつく形で、70年代までの教会改革への意見や教皇に関する議論は続けられた。

1990年代にキュングは、キリスト教神学や宗教学の範囲から、世界平和を目指した政治経済的な領域へと探求の範囲を広げた。1980年代に行った解釈の方法をめぐる議論と宗教間対話の取り組みを発展させて、人間らしい平和な民主主義社会の建設に諸宗教が貢献することを目指した。1990年には『世界倫理計画』を出版して、「世界倫理」を提唱したのである。第五章で扱うのであるが、世界倫理とは、人間性という倫理的価値に着目した対話の構想である。そしてその意義は、キリスト教内や宗教内の議論を越えて、民主的な国際社会に対して諸宗教が協力して倫理面から積極的な役割を果たすことを狙ったというところにある。1997年には、『世界政治経済のための世界倫理』を出版して、世界倫理の議論を発展させた(29)。

また、キュングは、キリスト教や諸宗教について、独自の歴史研究を開始した。先述の「パラダイム」という考えを適用してアブラハムの宗教の歴史を叙述しようとした。1991年に、『ユダヤ教』、1994年に『キリスト教』、遅れて2004年に『イスラム教』を発表した。1994年の『偉大なキリスト教思想家たち』は、『キリスト教』の序論に当たる著作である。これらの著作は、世界倫理をめぐる構想の一環をなすものであり、キュングは三宗教の歴史研究を通して相互理解を促進させ、世界平和の実現を目指した。また、1999年には『足跡を辿って』という世界諸宗教についての紀行を発表した。この著作は、キュングが製作総指揮を執ってドイツ南西放送が作成した世界宗教を紹介するドキュメンタリー番組を書籍化したものである(30)。上記のアブラハムの宗教に加えて、アフリカの部族宗教と中国宗教についても取材されている。そして各章の最後には、世界倫理に対して貢献しうる、各宗教に備わっている特質が述べられた(31)。

1990年代のキュングは、世界倫理の提唱をもって国際政治経済の分野に神学者として参加するとともに、主にアブラハムの宗教の歴史を叙述して相互理解の深化を目指し、世界倫理のための基礎研究を行った。人間性への関心は、この世界倫理において、宗教内の議論を越えて、国際政治経済の分野にまで結び付けられた。

2000年代に入って、キュングは自伝を出版し、自らの神学を紹介する著作を発表した。三部作の自伝は、2002年の『戦い取られた自由』、2007年の『議論の渦中にある真理』、2013年の『経験された人間性』である。また、2009年には小著『私は何を信じているか』を出版した。本書は、同年にテュービンゲン大学で行われた「私は何を信じているか—現代のスピリチュアリティ入門—」と題した講演を書籍化したものである(32)。スピリチュアリティについてキュングは、2000年代から世界倫理に関連して発言し始めている。スピリチュアリティは、人生や人間、世界についての意味や価値という意味で用いられており、キリスト教信仰には、情報過多の現代社会において、スピリチュアルな導きを人々に与える力がある。キュングは、そのスピリチュアリティという側面から、自らの神学について語りなおして、自らの思想を教会外にも広く伝えようとした(33)。2012年には、『世界倫理案内』を出版して、世界倫理の主張をまとめ、重要な宣言などを付した。そして、2013年には、『残されたもの　中心思想』を出版した(34)。キュングの過去の著作から重要とされる引用を集めて、その思想の中心的なものを整理し提示した。世界倫理についても、いくつかの共著や単著を出版して発展させた。

２０００年代のキュングは、世界倫理の議論を発展させると同時に、自らの神学を振り返る著作や自伝を発表して、自らの神学的行程のまとめを行った。また、スピリチュアリティについて述べ始めたことは、神学活動の終わりに至って生じた新たな側面であった。

以上のように、キュングの著作を分類・整理することを通して、キュングの神学的行程がどのようなものであるのかについて基本的な案内を試みた。そして、それによれば、本書のテーマである宗教間対話と人間性への関心が１９７０年代の著作から明確に表れており、人権思想と宗教との関りや世俗的な人々とキリスト者の対話という問題も、宗教間対話への関心に結びつけられていた。１９９０年の世界倫理の提唱は、その関心を追求した結果であり、２０００年代の伝記にも人間性という言葉が入れられていた。

この神学的行程に見られる通り、キュングは、教会論やキリスト論、倫理学や政治学など多様な分野に取り組んでおり、それらの分野にて宗教間対話を視野に入れた議論を行った。また、各分野での議論においてキュングは、「パラダイム」や「世界倫理」のように、用語に独自の意味を与えて発展させたり造語したりしている。そのため、人間性という概念の意味を宗教間対話の試みの中で明らかにしていくためには、関連する各分野の背景となる議論を取り上げ、そしてキュングが独自に発展させた用語を説明する必要がある。そこで、この必要を踏まえたうえで、次のように、各章の内容を定めたい。

第一章では、おもに著作『義認論』と『教会論』を取り上げる。そして、キュングの義認と義化をめぐる議論を簡潔に整理して、その議論が、諸宗教や世俗的な人々との対話に取り組むキュングの神学的出発点となっていることを確認する。また、キュングの教会理解が、イエス・キリストによる信仰の呼びかけと、それに対して人間が応答することの両方を重視するものであることを示す。第二章では、おもに『キリスト者であること』にて展開されたキュングのキリスト論について論じ、その神学的背景と内容を論述する。そして、ラッツィンガーのキリスト論との対比を通して、キュングのキリスト論が、対話をキリスト者に促すという特色を持つことを示す。第三章では、おもに『神は存在するのか』にて探求された、キュングの対話の構想を取り上げる。そして、その構想の核心にある「現実信頼」と「根元的な人間」という概念の解明を試みる。また、このキュングの構想が、宗教間対話の他の論者であるパウル・ティリッヒ (Paul Tillich) やジョン・ヒック (John Hick) などの主張に対して、どのような特徴があるのかについて述べる。第四章では、おもに『新しい出発点にある神学』にて議論された、伝統や教理を解釈するための方法論を取り上げ、その方法を構成する「パラダイム論」、「批判的エキュメニズムの神学」(kritische ökumenische Theologie)、「エキュメニズムの基準学」(ökumenische Kriteriologie) について説明する。そしてキュングが、この方法を用いて人間性という倫理的価値を焦点に据える対話の構想を提出したことを示す。第五章では、おもに『世界倫理計画』にて提唱された「世界倫理」を取り上げる。そして世界倫理は、対話を通して、諸宗教の信仰者が率先して世俗的な民主主義社会にて人間らしい平和な社会の実現を目指す試みであることを指摘する。第六章では、世界倫理の理論的背景を探りつつ、その構想にはどのような限界があるのかを示す。それによって、世界倫理の構想にとって今後の課題となるべき議論の方向性を示す。

終章では、本書を振り返ってキュングの神学的意義を述べ、残された課題を示す。その意義は、イエス・キリストにおいて原理的に回復された人間性が、諸宗教や世俗的な人々との対話を通して、世俗社会の中で多様な形を伴って現実化されることを目指した点にある。すなわち、キュングの試みとは、人間世界にとってのイエス・キリストの意義を、教会内やキリスト者個人に限定された問題を超えて社会的な領域に見出そうとしたというものである。そして、この試みは、同時代のカトリック神学における解放の神学や政治神学の系譜に連なるものであった(35)。しかしキュングの人間性を焦点とする対話の構想は、世界倫理という最終的な成果において、さらに詳細に検討すべき、今後の課題となる論点を含んでいたのである。

キュングの神学をめぐっては、すでに多数の研究が公表されている。教会論やキリスト論、宗教間対話、世界倫理、また第二バチカン公会議後のカトリック神学内での立ち位置についてなど、英語圏やドイツ語圏に留まらず、中国語圏でも幅広く研究が行われている。著書の多くが、多数の言語に翻訳されている。日本でも、いくつかの研究や著作の紹介、邦訳がなされている。本書でも各章の議論に沿って先行研究を取り上げていくが、人間性に主眼を置いて、複数の分野を横断してなされている研究は少ないようである(36)。キュングは諸宗教との対話を通して人間性の意味を探求しており、対話以外の諸分野での議論も人間性を軸に据えた対話を準備するものであると言える。それゆえ、キュングの生涯を時系列的に追って複数の分野を横断してなされる本書には、人間性というキュングの主要なテーマの一つを明らかにする上で、一定の独自性が認められるだろう。

次に、本書を始めるに当たって、キュングの研究と著作のスタイルに注意を払いたい。キュングの著作は数多く、それらで取り扱われているテーマは幅広い。本書は、宗教間対話を中心にしてキュングが行った個々の議論を組織立って検討することで、その人間性の理解を解明しようとするものの、キュング自身は、本書に示されるような宗教間対話の全体像をあらかじめ見通していたわけではないし、当初から一貫した理論があって必然的な流れをもって論じていったのではない。むしろ、キュングは、歴史状況やその時代の神学議論から浮上してきたテーマを取り上げ、それについて検討し、模索と試行錯誤を繰り返しながら宗教間対話を推進してきたのである。

また、対話を推進するという実践的な目的のもとで議論したため、キュングは、個々の小テーマにおいて、いまだ検討が必要な余地を残す場合がある。その原因は、キュングが、詳細に一つの論点に集中するというよりも、一般的な言葉を用いて簡潔に自らの洞察を述べて大股に次の論点に進むところにある。さらにキュングは、一般の信者にも向けた、分かりやすい文章を心がけるという名目のもとで、細かい論述を省いている(37)。このような研究と著作のスタイルは、キュングの洞察と構想を読者に提示しやすい一方で、他方ではキュングが訴えることの理論的内容が不明確になり、反論を呼びやすいということもある。

しかしながら、宗教間対話を論じる議論の展開が必然性に欠けるとか、個々のテーマに関する主張には考察が不十分な点が残っているとかいったことは、宗教間対話におけるキュングの試みを全く否定してしまうことにはならない。むしろ、宗教間対話のような新しい分野を切り開くことは、そもそも紆余曲折や模索を伴い、課題を後に残すものなのである。そして、２０世紀後半という時代状況に限界づけられた宗教間対話から、意義を引き出して現代の議論につなげることは、この時代を振り返る現在の人間の責務である。そこで大切なことは、キュングがその生涯で行った個々の議論には、どのような発見が含まれており、その発見がどのように現在にとって意義のある論点を準備したのかを明らかにすることである。そのためにこそ、キュングが試行錯誤しながら取り組んできた、宗教間対話に対する思想の変遷と理論の全体像を探求する必要がある。

そして、その全体像を知ることによって、全体を貫く中心軸となっている人間性をめぐるキュングの主張を、キュングの内在論理に沿って、批判的に学ぶことができる。つまり、諸宗教との対話の中で見いだされた人間性に関するキュングの知見を救い出すことができるのである。もっとも、その反面、本書は、宗教間対話という観点からキュングの人間理解をめぐる神学的意義を見出すために組み立てられており、他の観点に立てば、キュングの神学を解明する別の組み立てがあり、そこから別の洞察が導かれるだろう。

目次

略語表

ハンス・キュングの著作[38]

RF: Rechtfertigung. Die Lehre Karl Barths und eine katholische Besinnung, Johannes-Verlag: Einsiedeln, 1957.（『義認論』）

WRG: “ The World Religions in God- s Plan of Salvation” , In: Joseph Neuner(ed.), *Christian Revelation and World Religions*, Burns & Oates: London, 1967, pp.25-66.

Ki: Die: Kirche, Herder: Freiburg, 1967.（ハンス・キュンク、『教会論』上・下巻、 石脇慶総・里野泰昭訳、 新教出版社、 １９７６年）

MG: Menschwerdung Gottes. Eine Einführung in Hegels Theologisches Denken als Prolegomena zu einer Künftigen Christologie, Herder: Freiburg, 1970, Piper: München 1989, mit neuem Vorwort.（『神の受肉』）

CS: Christ sein, Piper: München, 1974.（『キリスト者であること』）

EG: Existiert Gott? Antwort auf die Gottesfrage der Neuzeit, Piper: München, 1978.（『神は存在するのか?』）

CW: Christentum und Weltreligionen. Hinführung zum Dialog mit Islam, Hinduismus, Buddhismus, (zusammen mit Josef van Ess, Heinrich von Stieten- cron, Heinz Bechert), Piper: München, 1984.（『キリスト教と諸世界宗教』）

TA: Theologie im Aufbruch. Eine ökumenische Grundlegung, Piper: München, 1987.（『新しい出発点にある神学』）

CC: Christentum und Chinesische Religion, (zusammen mit Julia Ching), Piper: München, 1988.（ハンス・キュング、ジュリア・チン著、『中国宗教とキリスト教の対話』森田安一ほか訳、刀水書房、２００５年）

PW: Projekt Weltethos, Piper: München, 1990.（『世界倫理計画』）

DJ: Das Judentum. Die religiöse Situation der Zeit, Piper: München, 1991.

GD: Große christliche Denker, Piper: München, 1994.（ハンス・キュンク、『キリスト教思想の形成者たち』、片山寛訳、新教出版社、２０１４年）

DC: Das Christentum. Wesen und Geschichte, Piper: München, 1994.（『キリスト教』）

WWW: Weltethos für Weltpolitik und Weltwirtschaft, Piper: München, 1997.（『世界政治経済のための世界倫理』）

EF: Erkämpfte Freiheit – Erinnerungen, Piper: München, 2002.（『戦い取られた自由』）

DI: Der Islam. Geschichte, Gegenwart, Zukunft, Piper: München, 2004.（『イスラム教』）

UW: Umstrittene Wahrheit – Erinnerungen, Piper: München, 2007.（『議論の渦中にある真理』）

WG: Was ich glaube, Piper: München, 2009.（『私は何を信じているか』）

Je: Jesus, Piper: München, 2012.（『イエス』）

HW: Handbuch Weltethos, Piper: München, 2012.（『世界倫理案内』）

EM: Erlebte Menschlichkeit – Erinnerungen, Piper: München, 2013.（『経験された人間性』）

その他

LW: Hans Küng, „Der lange Weg zum Projekt Weltethos“, Vorlesung an der Universität Tübingen vom 14.12.1999.（「世界倫理計画に至る長い道程」）

EW: Hans Küng(Hrsg.). Erklärung zum Weltethos. Die Deklaration des Parlamentes der Weltreligionen, Piper: München, 1993.（ハンス・キューン、カール・ヨーゼフ・クシュル編著、『地球倫理宣言』、吉田収訳、世界聖典刊行協会、１９９５年）

ND: George A. Lindbeck, *The Nature of Doctrine*, London: SPCK, 1984.（Ｇ・Ａ・リンドベック、『教理の本質』、田丸徳善監修、星川啓慈，山梨有希子訳、ヨルダン社、２００３年）

第一章　神の普遍救済とキリスト教信仰

はじめに

本章では、キュングの宗教間対話に関連する最初期の著作を取り上げて、キュングが宗教間対話に取り組む出発点となった議論を確認したい。その議論は、次の三つの著述に関連している。まず、キュングは、１９５７年の『義認論』にてカール・バルトを取り上げて、義認の教理について研究した。そして、１９６５年の論考「神の救済計画における世界諸宗教」では、神の普遍的な救済について論じ、１９６７年の『教会論』にて、その救済の歴史における教会の働きについて述べた。これらの著述を通してキュングは、すべての人間が、唯一の神による救済史の中に立たされ、神を信じ、善を行うよう動機づけられているという考えを提示した。そして、キリスト教や諸宗教の教え、ならびに哲学のような世俗的な思想は、立場が異なるものでありながら、この救済史の中で神が与えた真理を含んでおり、それら異なる立場に立つ人々は、キリスト者の先導を受けながら相互に学びあうことが出来るのだとした。第一節では、キュングが神学者として活動を始めた頃のカトリック神学の趨勢を簡潔に述べる。第二節では、十字架の出来事と普遍救済をめぐるキュングの議論を取り上げ、第三節では、キリスト教信仰と諸宗教の関りについて論じる。

第一節　カトリック教会と第二バチカン公会議

キュングが神学的人生を開始したころの、カトリック神学の歴史状況を簡潔に確認したい。この歴史状況を念頭に置くならば、人間性に着目した宗教間対話に継続して取り組んだキュングの神学的試みが、カトリック神学の中で挑戦的なものであったことが分かる。その理由は、キュングが神学的活動を行うようになった第二バチカン公会議以前のカトリック神学では、「新スコラ主義」の神学が正当な神学であるとされていたからである。キュングは、この神学に沿って教授された、７年間にわたる正規の課程を大学にて修了した(39)。

新スコラ主義神学とは、カトリック教会が、自然科学や近代哲学・歴史学などに対抗するために、教皇レオ十三世の回勅「エテルニ・パトリス」(Aeterni Patris)（１８７９年）をきっかけに隆盛した神学の一潮流である。この神学では、信仰を命題と論証によって演繹的に説明することに重点が置かれていた。この神学のもとで信仰すべきものは、一連の命題によって論証される合理的で非経験的な真理だとされたのである。神と世界は、諸命題によって説明されるとおりに客観的に存在するのであり、そのようにあることをキリスト者は信じるのである(40)。

そして、信仰の合理性が強調される一方で、近代的学問に用いられるような、感情や直観、経験、歴史といった要素は信仰を説明する手段から排除された。そのような個別の人間的なもの、帰納的なものは、真理の根拠として不適切だとされたのである。それゆえに、教会の信じられるべき普遍的な命題真理を共有しない他のキリスト教教派や諸宗教と対話したり、歴史学を聖書研究や教義解釈に持ち込んだりすることは公式には認められていなかった。ましてや、神ではなく人間自身に価値を見出す人権思想と神学を肯定的に結び付けたり、民主主義社会に参加して世俗的な自由を擁護する神学の構想を練ったりすることは、カトリック教会としては許容しがたいことであったのである。

さらに、新スコラ主義神学が公式に奨励された背景には、１９世紀以来、カトリック教会が近代的な社会や思想に対して閉鎖的な態度を取ってきたという歴史的経緯がある。１８６４年に教皇ピウス九世が公布した「誤謬表」(シラブス)は、その象徴である。そこには、教会が断罪すべきとした近代思想が８０の命題にまとめられた。そして８０番目の誤謬では、次のように記された。「教皇は進歩、自由主義、現代文明と和解し、妥協できるし、またそうしなければならない」[41]。この考え方は誤謬だとされたのである。この誤謬表の公布は、改革的なカトリック教徒や教会外の社会指導者にとって、教会が近代社会との別れを告げるものだと受け取られた[42]。

近代社会や思想に対する閉鎖的な態度は、ピウス９世のもとで開催された第一バチカン公会議（１８６９-７０）にも引き継がれた。この公会議では、啓示に関する憲章と教皇の不可謬性に関する憲章が発表された。第二節で再度触れるものの、前者の内容は、信仰による知識と理性による知識の関係を整理して、理性を肯定しながらも、信仰によってこそより深く真理が獲得されることを主張しようとするものだった。そして、後者の内容は、国民国家の成立につれて独立志向を強める各国の司教団に対して、教皇の権力を強化することによってカトリック教会の一体性を堅持しようと試み、教皇中心の制度としての教会を強調するものだった(43)。

この第一バチカン公会議は、1870年に始まった普仏戦争によって中断された。そしてローマに駐留していたフランス軍が撤退したことにより、ローマはイタリア王国に併合され、1871年にイタリア王国は、首都をローマに移した。ここにカトリック教会はすべての教皇領を喪失したのだった。ピウス九世はイタリア王国に反発して、イタリア王国政府関係者を破門し、イタリアのカトリック教徒に対して国政への投票を放棄するように命じた。そして、自らを「バチカンの囚人」と称して、イタリア王国と断交した。この関係は、1929年にピウス十一世がムッソリーニとの交渉の末に結んだ「ラテラノ条約」によって解消されるまで続いた。この条約をもってカトリック教会は教皇領の復活を断念し、自国の領土や経済に関する権益拡大に関心を持たないバチカン市国が誕生したのだった(44)。

そして、第二次世界大戦を経て、近代社会や思想に対するカトリック教会の閉鎖的な態度を一新した出来事が、第二バチカン公会議である。1959年のヨハネ二十三世による公会議開催の宣言は、予想もされない出来事であったため、カトリック教会の内外で驚きをもって迎えられた。そしてヨハネ二十三世は、公会議の主要目的を次の三つであるとした。教会内部の秩序の改善、キリスト教徒の融和、世界平和の推進である。1962年から1965年までの約4年にわたる公会議は、予め準備された草稿文書の否定に始まり、誰にも予見できない中で進展し、最終的に16の文書を決議した。第二バチカン公会議は、新スコラ主義神学を乗り越え、近代社会や思想とかかわりを持とうとする、教会の新しい進路を示すことになった(45)。

この第二バチカン公会議の議論を方向付けた原動力の一つが、第二バチカン公会議以前から取り組まれていた神学の諸潮流である。カトリック教会の方針に抵抗して、新スコラ主義神学とは異なる方向の神学が研究されていた。その潮流の始まりは、1900年前後に「近代主義」(Modernisme) と呼ばれた神学的グループであった。このグループは明確なまとまりがあったわけではないが、カトリック神学と近代思想を調和させようとして、19世紀以来発展した歴史的・批判的方法論をカトリック神学に導入した。そして、キリスト教の教理が永遠で不変的なものではなく、歴史の中で人間の宗教経験を表現するものであり、状況に応じて再解釈されてきた過渡的なものであると主張した。しかし、教皇ピウス十世による1907年の回勅「ラメンタビリ」(Lamentabili) によって近代主義は断罪され、その代表的人物であったアルフレッド・ロワジー (Alfred Loisy) は1908年に破門された(46)。そして、近代思想との調和を図る神学的試みはいったん衰退した。

第二次世界大戦後、近代主義の後に生じた潮流は「新神学」(Nouvelle Théologie) と呼ばれた。この潮流でも同様に歴史的視点が着目され、教理の歴史的変遷を理解しようとして、東方教会の伝統や教父の原典へ回帰し、教理の多様な展開を視野に収めたエキュメニカルな教会論が提出され、また、人間の実存に着目したキリスト論が試みられた。しかし、カトリック教会は、1950年の回勅「フマニ・ジェネリス」(Humani generis) を発表してこの潮流を抑圧した。そして、この潮流を主導したイヴ・コンガールやカール・ラーナーなどが、処分を受けたり冷遇されたりしたのだった。ところが、彼らはヨハネ二十三世のもとで地位を回復し、第二バチカン公会議では一転して中心的役割を果たすことになった(47)。

彼らよりも一世代若いが、キュングもまた、バルトをテーマにした博士論文の段階からエキュメニカルな課題に取り組んでいたのであった。そして、この博士論文を出版したものである『義認論』は、ローマ教皇庁によって「禁書」目録に加えられてしまった。ところが、出版のわずか2年後の1959年には、ヨハネ二十三世によって第二バチカン公会議の開催が宣言され、キュングは公式の顧問神学者として参加し、改革派として知られることになった。公会議後のキュングは、先述の略歴や著作歴に見られる通り、リベラルな立場にあると言われる神学雑誌『コンキリウム』を創刊し、宗教間対話に取り組むことを経て、世界倫理を通して民主主義社会の政治過程に神学者として参加しようとした(48)。公会議の方針であった、カトリック教会の改革やキリスト教諸教会および諸宗教との対話、世界平和への貢献を自らの目標とし、その内実を深めていったのである。

20世紀のカトリック神学におけるキュングの神学的役割を端的に述べるならば、それは、新スコラ主義神学を乗り越えて、第二バチカン公会議の方針を具体化しようとする試みを体現する人物の一人だということである。とりわけその試みは、宗教間対話の分野で生涯にわたって続けられた。本書では、この神学的役割を念頭に置きつつ、キュングの神学的試みを、先述の通り人間性に注目しながら、第一章から終章にわたる全七章の過程を追って明らかにする。それを通して、キュングの神学的構想が示されるだけでなく、周辺の神学者との影響関係を踏まえたキュングの独自性、さらに、その神学によって残された課題が見出されるだろう。

ただし、本書では、キュングの幅広い神学活動のうちで、キュングの神学において一つの焦点である教皇の地位についての議論は扱わない。教皇の地位をめぐっては、キュングの神学において、本書の対象であるキリスト論の次に来る下位問題であるから、本書で触れずとも議論に支障はないはずである。本書で確認するように、キュングにとって、宗教間対話は、イエス・キリストに対する個人的な信仰から要請されるテーマであり、しかも、その信仰に、教皇が関わる根拠は必ずしもない。そのため、本書では、教皇の地位をめぐる問題を取り扱わない。

第二節　十字架の出来事と普遍救済

１９５７年の『義認論』においてキュングは、プロテスタント神学における義認の教理と、カトリック神学の義化の教理が矛盾しないことを示そうと議論した。この議論は、諸宗教との対話にキュングが取り組む神学的出発点になった。

この義認と義化をめぐる議論の背景を確認するために、第一バチカン公会議における教理的決定について説明したい。もともとはトリエント公会議以来のプロテスタント教会とカトリック教会の対立点であった。第一バチカン公会議では、「カトリック信仰に関する憲章」が採択された。第一節でも触れた通り、この憲章では、その第四章の「啓示と理性」にて、当時の近代的学問や社会に対するカトリック教会の態度を示そうとした。そして、たしかに融和的な態度ではなかったが、理論的には、カトリック教会は啓蒙主義に由来する理性の権威を称賛する態度と、理性を拒絶して信仰のみを強調する原理的な態度の中間を行く道を示唆した。信仰を通して聖書や教会の教えから得られる知識を再解釈して理性的な近代の学問に還元するのでもなく、反対に、教会の伝統的な教えを強調し体系化して近代的な学問に敵対しようとするのでもない道である[49]。この憲章は次のように定めた。

> その源だけでなく対象によっても分けられる二様の知識体系が存在する。源に関していえば、われわれはひとつのレベルでは自然の理性によって、また別のレベルでは神への信仰によって知ることができる。対象に関していえば、自然の理性が到達できるものの他に、神によって啓示されない限り知られることがない、神において秘められている神秘が、我々の信仰のために提示されている[50]。

信仰は理性を越えるものであるものの、両者は対立するのではなく、相互に助け合い、それぞれの知識の探求を促し合う。そう述べることによって、教会は、人間の近代的な知識の進歩を積極的に評価する選択肢を得た。しかし、この憲章は、信仰と理性、それぞれが探求する対象である自然と超自然を厳密に区分するものの、その二元論的な区別を簡潔に述べるだけで、両者の関係について課題を残した[51]。

この信仰と理性の関係がどのようなものかをめぐって、プロテスタント神学側からの批判が議論を進展させた。

その批判とは、バルトによるカトリック神学の自然神学批判であり、第一バチカン公会議の決定は、神と人間を同列視し、神と人間、自然と恵み、理性と信仰、哲学と神学の対等な協力関係を自明のことにしているというのである。しかしながらバルトによれば、罪に陥っている人間の理性は、神について目を閉じられており、神が一方的な恵みにより自らを開示しない限り、人間は神について真に知ることはできない。啓示と信仰は付加物ではなく、理性と哲学よりも優先されるはずなのである。そのため、第一バチカン公会議の決定は、次の二点のゆえに、神について正しく把握することを不可能にしている。一つに、理性を用いて神について考える自然的な神理解が、信仰を通して伝えられる超自然的な神理解から分離してしまっている点である。二つに、人間が神を認識するために不可欠な、人間を義とする神による恵みの働きが度外視されている点である。この二点のゆえに、第一バチカン公会議の決定にしたがう限り、カトリック教会は、啓示と信仰を決定的に優先せず、理性による自然的な神理解を対等なものとして容認している点で誤っているのである(52)。

この批判に触発されて、カトリック神学では、バルトに反論する形で理性と信仰、自然と超自然の関係理解について議論が進んだ。バルタザールは、１９５１年に『カール・バルト』を出版して、カトリック神学の自然神学に対するバルトの批判が妥当ではないことを論証したのである。

バルタザールによれば、第一バチカン公会議における信仰と理性の区別と相互関係に関する規定は、信仰を切り離して理性のみによって神を真に知り得るということを主張していない。むしろ、この規定は、理性が信仰を前提にしてこそ神について語り得るとしているのである。理性は信仰に向けて創造されており、恵みによって信仰を選ぶ道が与えられて初めて、理性は理性的となる。すなわち、神によって恵まれた信仰を通してのみ、啓示について、または自己自身について人間は真に知ることができるのである。自然と理性に対して恵みと信仰は決定的に優先しており、自然と理性は、恵みと信仰により包摂されているのである。それゆえ、カトリック神学では、信仰から独立した理性を主張してはおらず、恵みのもとで理性は信仰に向けられていると考えており、その前提の上で信仰と理性との関係を考察しているのである(53)。

キュングは、このバルタザールの議論に沿って、バルトの義認論の研究に着手し、カトリック神学の義化とプロテスタント神学の義認の教理が矛盾しないことを示した。バルタザールが整理した信仰と理性、恵みと自然の関係理解を踏まえて、イエス・キリストの十字架の出来事について考察したのである(54)。

ところで、キュングの議論を検討するにあたって、義認と義化いう用語の説明が必要である。ここで言及される義化とは、広い意味でイエス・キリストによって人間が義とされることの一部として理解されている。すなわち、イエス・キリストによって義とされた人間が、この恵みとして与えられた義を自発的に受け入れ、信仰を持ち続ける過程にて、内的に改められ倫理的に作り変えられて聖とされていくことである。この作り変えられる過程は生涯にわたって続き、その人間は、最終的に終末において義人となり救済されることへと至る。また、この過程では、人間の側で信仰を保ち信仰にふさわしい倫理的生を送り、罪から離れようとする自覚が求められる。カトリック神学では、人間が義とされることをめぐって、救いへ至るまでの内面的な再創造の過程を強調しており、また、恩恵によって義とする神と、自覚的に信仰を持って行動する人間との協力関係が考えられているのである。これに対して、プロテスタント神学では、神の恩恵だけでなく人間の行為にも重きを置く義化よりも、神がイエス・キリストにおいて無償で人間を義としたという、端緒にある義認の行為を強調する。もっとも、義化にて、この端緒にある恩恵による義認が軽視されているのではなく、その義が与えられたからこそ開始される、人間が義とされていく過程もまた注目されているのである。それゆえ、これからキュングの議論でも確認するように、義化は、神がキリストにおいて人間を義としたということと、それにより人間が義とされていくという聖化を包摂する意味で用いられている。義化（義認）における義と聖化という二つの意味は、キリストを通して神が罪人である人間を無償で義とし赦したという救いの出来事に含まれる二つの側面なのである(55)。

キュングは、神の恵みにより、イエス・キリストにおいて人間の罪が贖われたことを二つの側面から説明する。一つ目が、客観的な側面である。十字架において人間が義とされたことは、キリストにおける神の行為である。この行為は、人間の個々の信仰や行い以前に、神が、普遍的にすべての人間に向けて行った義認である。人間は、この義をキリストにおける神の恵みによって一方的に与えられるのである。それゆえ、神による義認の行為とは、十字架の出来事に含まれる客観的な側面だというのである。これに対して、二つ目の主観的な側面とは、個々の人間が自らの態度を決断することによって、十字架において義とされたことに近づくことである。キリストにおいて神が人間を義としたことを、個々の人間は、キリストを信仰することを通して承認し受け入れる。信仰の決断を通して、人間は倫理的に作り変えられる聖化の過程に参与させられるのである。キュングによれば、バルトは、この客観的な側面の意味で、「義認」をイエス・キリストにおける一回性の出来事として理解していた。それに対してカトリック教会は、その客観的な「義認」を、「救済」と表現していた。それによって個々の人間が義とされていくという主観的な意味で「義認（義化）」を用い、客観的な義認という意味の「救済」から区別しようとしたのである(56)。

十字架の出来事に含まれる、客観的と主観的の二つの側面は、対等な関係にはない。キュングによれば、客観的な義認が最初に起きたことによって、主観的な義認への道が開かれる。罪人である人間の義認において決定的なことは、個々の人間の意志や行為にはなく、キリストの死と復活にある。それにおいて、罪人であるすべての人間の状況は実際に変化せしめられたのである。そして、変化せしめられたからこそ、個々の人間は、主観的に信仰を選ぶことができ、信仰のもとで義とされていくのである。それゆえ「主観的に」と言うときに、義とされる信仰とは、人間によって引き起こされるのではない。その信仰とは、すでに宣言されたキリストにおける神の義を、個々の人間が悔い改めて神を信頼することによって承認し現実化することである。すなわち、キリストによって既に状況は変えられたという限りで、個々の人間の能動的な信仰は義認の前提であり、信仰のない義認は言えないのである。したがって義化もまたこの二つの側面から説明される。義化は、客観的な義認によってはじめて可能になり、その上で個々の人間が主観的に神の義を受け入れ信仰を選ぶからこそ、倫理的に正しくされていく聖化の過程に立つことができるのである(57)。

以上のように十字架という一つの出来事を客観と主観の側面に区別するキュングの議論を、カール・ラーナーが自然と恵みという観点から解説している。その解説に沿って、キュングの主張について理解を深めたい(58)。

ラーナーによれば、キュングが解説した義化の客観的な側面とは、イエス・キリストによって、罪に陥った人間の自然本性が贖われ救済へと向けられたという、人間が新しく創造されたことを意味する。一方、主観的な側面は、キリストによって変えられ、この既に恵みを与えられた自然本性を持つ人間が、罪にありながら、神の一方的な恵みを自覚的に受け入れ、キリスト者として現実に聖とされていくことである(59)。

客観的な側面において人間が恵みを与えられ神に向けられたという考えは、罪にもかかわらず人間の本性が傷つけられず、創造時からの救いに関する能力が人間に残っているということを意味しない。むしろ、キリストにおいて示された神の善意によって、罪がありながらも、創造された自然の事物を新しく変えていく救済が始まったことを示している(60)。そして、この始まりは、神が自らの契約に忠実であることに由来し、その契約によって神は、すべての被造物が、永遠の初めからイエス・キリストを肯定するように決定づけているのである(61)。

同様に、キュングの考えにおいて、創造時から無傷のままで残っている救いに関する能力を頼って、神の恵みに与らないままで人間が救われる道筋は存在しない。そのような能力は、救済の開始点ではない。むしろ、救済は、神によって意志されたイエス・キリストにおいて、自然と恵みが統合され、人間の全体性が回復されたことからはじまるのである(62)。このキリストを起点に考えるからこそ人間は、キリスト教信仰を持つ以前から、罪に陥った自然の状態のままで、既に恵みを保証され、神に向き合うことが許されているといえるのである(63)。キリストの登場によって、「事物の歴史的な秩序の中に、既に恩恵を受けた自然」が存在し活動している。この既に恩恵を受けた自然は、人間の罪にもかかわらず、「み言葉が、その（人間の）一員とならねばならなかった、神の絶対的で取り消されることのない意志」のゆえに存在するのである(64)。

以上のように、神によって創造された人間の自然本性は、罪に陥っているけれども、イエス・キリストによって根本的に作り変えられ、その罪を持ったままの状態で、救いへと向けられている。人間の自然本性は、神から中立的なものではなく、キリストによって、信仰を持つ前からすでに神へと方向づけられている。キリストによって既に方向づけられているからこそ、人間は信仰を選び取り、救済に向けて聖とされていく過程に参与することができるのである(65)。

キュングは、人間の自然本性が罪にありながら神へと向けられたという義化の客観的な側面から、バルトの宗教間対話に対する態度を批判する。イエス・キリストは、すべての人間を義とすることを宣言し、人間が神を信じるように仕向けたのであるから、キリスト教外にても、キリストを介さない形で神について語る言葉が見出される可能性がある。また、人間について、キリストの言葉と類似の真理を述べているかもしれないのである(66)。ところが、バルトは、キリスト教外の神に関する知識に否定的であり、イエス・キリストの言葉のみを真の神の言葉であると見なしていた。

諸宗教に対するバルトの考えは、『教会教義学』第一巻第二分冊（１９３８年）の「宗教の止揚としての神の啓示」に典型的に示される。それによれば、イエス・キリストにおける啓示が、真の神の言葉であり、キリスト教を含め宗教全体を評価する基準だとされる。しかし、キリスト教を含めて、その啓示について人間は完全な理解を得ることはできないのだから、神について語るどの宗教も不信仰である。ところが、キリスト者は、そのように不信仰でありながら、イエス・キリストへの信仰によって神の言葉に導かれているので、キリスト教は真なる宗教である。ここでバルトは、諸宗教の教えに神の言葉が含まれている可能性を考慮していない(67)。

しかしキュングが指摘する通り、バルトは後になって、この諸宗教に対する否定的な考えを修正している(68)。それによれば、イエス・キリストが唯一の神の言葉であること、ならびにそれについて説く人間の言葉による神の教えは、不信仰であるという点に変化はない。ところが、それに加えて、キリストについて説く人間の言葉は、教会の外で説かれる言葉と比べて価値が高いわけでもなく、しかも教会の外で語られた諸宗教や哲学の言葉には、キリストの言葉と類似したものが語られていると述べるのである(69)。

さらに、バルトは、キリストの言葉が唯一の神の言葉であるという言明の意味を限定する。聖書に記されたその言葉を唯一の光として信じる告白とは、キリスト者の内的な告白であって、キリスト教外の啓示を否定するものではないというのである。もっとも、内的な告白として、キリスト教外の言葉は、イエスの決定的な言葉に対して断片的であり、信仰をともなわない人間の言葉に過ぎない。それに対して、唯一の真理であるイエス・キリストの言葉は、キリスト者の内的な確信として、どの宗教の人々に対しても開かれている目標である(70)。

キュングは、バルトが言及したキリスト教外における神の言葉を探求することが、残された課題であると見なしている。キュングの既に恵みを与えられた自然という観点からすれば、キリスト教外の人間もまた神信仰へと向けられており、神について独自の言葉を持っているはずである。イエス・キリストは、キリスト者だけでなく、すべての被造物を救いへと定めたはずだからであり、恵みを与えられた非キリスト者も神を求め、隠れた形でキリストの言葉を語っているかもしれないからである。また、哲学は、人間の意味について、キリストの言葉と類似の洞察をしているかもしれないからである。そのために、諸宗教の教えや、哲学のような世俗的な言葉とイエス・キリストの言葉との関係を明らかにする必要がある(71)。

キリスト教と諸宗教の関係についてキュングが考察している論考が、1965年の「神の救済計画における世界諸宗教」である(72)。ここでキュングは、普遍救済について語っている。それによれば、神がすべての人間に対する救済を望むゆえに、諸宗教にて実現されている救いが「一般的な救いの道」(ordinary way of salvation)である。一方で、キリスト教は、同じ神に望まれている、「特別な救いの道」(extraordinary way of salvation)である(73)。

諸宗教は一般的な救いの道に属する。諸宗教の教えは、神と人間の間の古い会話の証拠であり、イエス・キリスト以前より神から人々に与えられてきた真理を含んでいる(74)。諸宗教の人々は、その宗教に留まったままで、キリスト教と同じ神を求めており、キリストの言葉を隠れた形で語っている(75)。この一般的な救いの道に対して、キリスト教は、諸宗教を否定することはなく、ラディカルな普遍主義の立場を取る。キリスト教は、どの人間も神の恵みのもとにあり、救われうることを肯定し、どの世界宗教もまた、その神の恵みのもとで、救いの道足り得ることを認めるのである(76)。それゆえ、キリスト教から見て、諸宗教は肯定されるべきであり、それらが語る言葉にも価値がある。

もっとも、キュングによれば、諸宗教の人々は、暗にキリストの言葉を語りながら、実際は何について語っているのかを正しく認識していない。そこで、神について真の言葉を知っているキリスト教は、「特別な救いの道」として、諸宗教に対して特別な役割を持つ。その役割とは、諸宗教が自らの教えの目的や意味を知り、本来の姿に立ち戻るために働きかけることである。諸宗教は、キリスト教から教えられることによって、独自の救いの道として本来の在り方を保つことができる。そして、キリストの言葉を与えられているキリスト教は、それらに対して、兄弟的な助けを与え奉仕しなければいけないのである。その働きかけを通して、キリスト教と諸宗教は、「並存」(co-existence)するだけでなく、お互いのために協力する「共存共栄」(pro-existence)を果たす(77)。

キリスト者は、この働きかけを通して、諸宗教の人々をキリスト教信仰へと招き呼びかける。その結果、その人々が、キリスト教信仰を告白し、キリスト者として生きるようになるかもしれない。この呼びかけは、イエス・キリストによって恵みを与えられ、その自然的存在において信仰へと向けられた諸宗教の人々が、事実上のキリスト者になることへと導くのである(78)。その意味で、キュングによれば、諸宗教の人々は、キリスト者ではないが、恵みのもとでキリストに向けられている「プレキリスト者」(pre-Christian)なのである(79)。

以上のようにキュングは、義化の客観的な側面から、諸宗教とキリスト教の関係を論じ、諸宗教を神の普遍的な救済史の中に位置づけた。その議論によれば、創造された自然的存在である人間は、イエス・キリストを通した神の恵みによって、罪に陥ったままで、その自然本性が変えられ、神へと向けられることになった。神から既に恵みを与えられ義とされているからこそ、キリスト教信仰を告白していなくても、人間は神に配慮され、また神を求める。そして、たとえキリスト教信仰を告白していなくても、諸宗教に属する人間もまた、神の救いの対象である。また、諸宗教において神が人間に語りかけ、キリスト以前から、諸宗教はキリストの真理を無自覚な形で説いているのである。

ところで、「プレキリスト者」であるとされる諸宗教の人々は、キリスト者による働きかけを通して、自然本性において神に向けられているだけでなく、実際にキリスト者となるために、キリスト教信仰を告白することが期待されている。諸宗教の人間は、その立場に留まっても救われるものの、キリスト教信仰が期待されているし、キリスト者からの働きかけによって、より正しく自らの信仰を理解することができる。このように「プレキリスト者」に対してキリスト者が優越している理由は、キリスト者が信仰を告白するところにある。キリストを通して義とされ自然本性の点で神に向けられているだけでなく、キリストへの信仰を主観的に告白することが、人間がキリストの言葉を理解し、実際に内的に変えられていくために特別な意味を持つのである。そして、この告白の点でキュングは、諸宗教の人々を、「無名のキリスト者」として呼ぶことを批判する。この呼称は、「プレキリスト者」と似ているが、異なるものなのである。

「無名のキリスト者」は、カール・ラーナーが提唱した概念である。それによれば、諸宗教に属していても、真理を求め、善を行う人々は、当人の自覚なしにキリスト者だと呼ぶことができる(80)。なぜなら、ラーナーの人間論によれば、神が恵みによって自己を人間存在に譲与したために、人間はその実存的欲求から神と善を求めることができるからである。キリスト以前では、創造された人間は、その自然本性の点では罪に陥っているために神を求めることができない。しかし、神は、一方的な恵みとして、人間に、イエス・キリストを通して自己を譲与した。この神の自己譲与によって、人間は、キリスト教信仰を告白する前に、その自然本性のままで実存的な欲求から神を求め、善を行うように方向付けられている。それゆえ、キリスト教の側から見て、神や善を求める人々は、そのような人間であるという点で潜在的にキリスト者なのである。また、第二バチカン公会議の「教会憲章」でもまた、「無名のキリスト者」と同様に、諸宗教の人々も神を求め正しい生活を求める者は、何らかの形でキリストの教会に結び付けられ、永遠の救いに達することができると定めている(81)。

しかし、キュングによれば、恵みを与えられた人間が自然本性の点で神に向けられているからといって、すべての人間をキリスト者と呼ぶことは間違いである。人間は、イエス・キリストに対して信仰を主観的に告白することによって、キリストにおける義を承認し、聖とされていく過程に参与するのである。そして、そのような信仰を告白する人々の集まりがキリストの教会である。それゆえ、信仰の告白を曖昧にする「無名のキリスト者」は、キュングからすれば、信仰と教会の基礎を損なう点で誤りなのである。加えてキュングは、諸宗教の人々が、そのように無名のキリスト者だと呼ばれることを欲していないという点を指摘している(82)。

以上のようにキュングは、イエス・キリストを起点にして、義化の客観的な側面から宗教間対話を進める一方で、主観的な側面から、キリスト者の特別な役割とキリストの教会について論じる。救済史の中で、キリストへの信仰を告白することが、キリスト者と教会だけでなく諸宗教の人々にとっても、重要な要素なのである。

第三節　キリスト教信仰と諸宗教

キュングは、１９６７年の『教会論』にて、普遍的な救済史におけるキリストの教会の基礎と諸宗教との関係について論じた。キュングによれば、教会とは、イエス・キリストにおける神の呼びかけに対して応答した人々からなる、神と人間の間の相互の働きを基礎とする共同体である。神は、応答する人々を神の民としてひとつの交わりの中に置き、それを教会とする。そのため、教会は、一方で神の意志に依存している。それと同時に、他方で人間の側の決断を通して、人間は神の民になる。この自由な決断として神の呼びかけに応じる点で、人間の応答もまた教会の基礎である。したがって、自由な応答なくして、神の民も教会も存在しない。そして、現実にある諸教派の教会は、この個々の神の民が集っている共同体の内部に場を占めている[83]。

この神の民としての教会は、諸宗教との関りにおいて、二つの側面を持っている。一つに、義化の客観的な側面からは、すべての人に対して、この教会は開かれている。キリストにおいて神の恵みが与えられたのは、すべての人間に対してであり、信仰を告白する以前から人間は、罪にありながら、その自然存在において義とされている。神の立場からすれば、個々の教会を超えて、すべての人間が、神の救いの計画に含まれ、救いへと向けられている。その意味で、イエス・キリストの神は、ユダヤ教とキリスト教だけでなく、「全人類の神」であり、すべての人間が神の教会に招かれている[84]。その一方で、主観的な側面から、神を求め善意を持つ人間が、信仰告白以前に、この神の民としての教会に属することはありえない。キュングによれば、この世界の中の教会は、キリストに対する信仰を決断した人間のみからなる共同体だからである。教会は開かれているという点で救いに関して排他的な特権集団ではないし、また、閉じられていることを理由に、全世界を教会化して霊的に支配することも望まないのである(85)。

すべての人間に開かれ、同時に閉じられているという教会の二つの側面は、教会の自己理解に「働き」という視点をもたらす。この神の民としての教会は、「普遍的な教会」として、神の恵みという点では、すべての人間に対して開かれている。しかし、信仰告白という点では、より多くの人間がキリストを信じて参加することが期待されているけれども、普遍的な教会はこの世界と自己を同一のものとは見なさない。むしろ教会は、神の普遍的な救済の計画内部にあって、「全人類の救いのために仕え働く人々の開かれた共同体という自覚を有する」のである(86)。

この全人類のための教会の働きかけは、何の欠陥もない理想的なものではない。前述のように、キリストの教会は、諸宗教が本来の姿を取り戻すために特別に働きかけるし、諸宗教はその働きかけを必要としている。また、世俗的な人々もその働きかけの対象である。しかし、キュングによれば、キリストの教会は、諸宗教が誤りを含んでいるのと同様に、繰り返し罪に陥る人々からなる、歴史的な神の民としての共同体である。この共同体は、「常に生きた存在であり、世界の多くの民族から絶えず人々を集め、時代の変転と共に地上を歩み行く民」である。キリスト者は、誤りを含みつつ、未完である自己を常に改めながら、最後の完成へと向かっていく、歴史を「旅する者」なのである。それゆえ、神の民としての教会による教会外の人々への働きかけは、錯誤に陥ることもある。また、教会が歴史の中で完成され、すべての人間を改宗させることもない。それでも、キリストの教会は、人類に対して仕え働きながら、同時に、その教会外の人々との間で相互に影響を与えあう。そして、その相互影響を伴う働きかけをしながら、教会は、神の救いの計画の中で、完成への期待と希望を保ち続け、それへと向かう歴史を歩み続けるのである(87)。

この教会による人類に対する働きかけをめぐって、第二バチカン公会議を経たカトリック神学において、社会的福音という側面が重視されている。この重視は、シラブスや第一バチカン公会議の時のように、近代的な学問や社会に対して閉鎖的になり対抗しようとしたことの反省の上になされている。キリスト者と教会は、完成へと向けた救済史のなかで、諸宗教や世俗の人々から切り離された聖なる閉じた領域を形成してはいない。むしろ、この俗なる世に派遣され、それらの人々とともに相互に影響を与え合いながら、その人々に奉仕する。すなわち、キリスト者と教会は、社会的存在として同じ社会の中で教会外の人々と積極的に関わり合い、その人々と社会が倫理的に変えられていくように働きかける(88)。

この奉仕は、社会が聖とされていく過程にキリスト者と教会が人類への働きかけを通して参与することである。第二バチカン公会議の「現代世界憲章」によれば、イエス・キリストは、キリスト者に対して「肉と世が平和と世界を追い求める人々の肩に負わせる十字架をわれわれも背負わなければならないことを」教えた(89)。そして、「父なる神はすべての人の起源かつ目的であり、われわれ（人間）はすべて兄弟となるように召されている。したがって、この同一の人間の、また神からの召命によって招かれているわれわれは、暴力や欺瞞なしに、真の世界平和建設のために協力できるし、協力しなければならない」のである(90)。キリスト者の働きかけが、イエス・キリストを通して恵みを与えられ、その自然存在において義とされたすべての人間が救済へと招かれ聖とされていく過程に参与することを助けるのである。それゆえ、義化とは、信仰を通して、個々のキリスト者が倫理的に変えられ正しくされていくというだけでなく、キリスト者の働きかけを通して、この世の人間社会が倫理的に変えられ世界平和が建設されていくことをも意味しているのである。キュングもまた次のように述べる。

教会がこの世から選び出されているというのは、この世にあって非信仰者とは異なるように生き、行動をするためである。人々はこの世の日常の中で神の恵みと愛の言葉を聞き、信じ、それに聞き従う。そうしながら人々は贈られた愛を、自らの行動を通して、ともにある人々にさらに送り届ける。そうするときにいつでも聖なる教会がそこにある(91)。

キリストの福音は、キリスト者個々人においてだけでなく、社会的にも実現されるべきことである。そして、この個人と社会という二つの対象に福音が伝えられ実現される過程は、区別されるものの、分離してはいない一つのものとして進展するのである(92)。この社会に対する教会の役割と語りかけは、公会議後も一貫して教会の関心事となり、歴代の教皇によっても、政治や経済、社会の倫理的課題に関する回勅が公布されてきた(93)。また、ヨハン・B・メッツが1960年代後半から提唱した「政治神学」もまた、現代社会に対する教会の役割を具体化しようとする試みの一つだった(94)。そして、第五章で論じることになるキュングの「世界倫理」もまた、この社会において福音を実現するというキリスト教の働きをめぐる議論の系譜に連なるのである。

おわりに

本章では、キュングが最初期に取り組んだ、神の義化(義認)と普遍救済をめぐる議論を取り上げて、それが宗教間対話にキュングが取り組む出発点となったことを確認した。1957年の『義認論』にてキュングは、イエス・キリストにおいて神が人間を義とした出来事に、客観と主観という二つの側面があることを指摘した。客観的な側面からみれば、キリストの恵みを通して、罪に陥っている人間の自然本性が根本的に変えられ、罪のあるままで、人間が一方的に救済へと向けられた。すべての人間は、その自然本性がキリストによって変えられ、罪に陥ったままで、既に恵みを与えられた存在となったのである。それゆえ、客観的な側面からすれば、恵みから中立的で無関係な自然本性を持つ人間は存在せず、神を信じ、善を求めるように仕向けられているのである。

キュングは客観的な側面から神の普遍的な救済について論じた。それによれば、イエス・キリストによって、罪に陥ったままで、人間はその自然本性が根本的に変えられ、神へと向けられた。この神から中立ではない、既に恵みを与えられた自然本性があるからこそ、キリスト教信仰を告白していなくても、すべての人間は神に配慮され、善を求めているといえる。それゆえキュングは、たとえ諸宗教に属する人間や信仰を持たない世俗的な人間であっても、神の救いの対象であるとみなす。また、諸宗教において神が人間に語り掛けており、諸宗教はキリストの真理を無自覚な形で説いていることを認めるのである。

そして、主観的な側面からみれば、既に恵みを与えられた自然本性を持つからこそ、人間はキリストを信頼して信仰を選び取ることができる。そして、信仰を自ら告白し選ぶからこそ、人間は、キリストの義を受け入れて、信仰のもとで内的に変えられていく聖化の過程に立つことが許される。この過程において、人間は終末に向けて現実に義とされていくのである。

さらにキュングは、この二つの側面から教会について論じた。客観的な側面から、すべての人間に教会は開かれている。キリストにおいて神の恵みが与えられたのは、すべての人間に対してであり、信仰を告白する以前から人間は義とされている。神の立場からすれば、すべての人間が、神の救いの計画に含まれ、神の教会へ招かれ、救いへと向けられている。それに対して、教会は、主観的な側面からみれば、キリストによる呼びかけに応じて信仰を決断した人間からなる共同体である。教会の基礎は、キリストの呼びかけとそれに対する人間の応答の両方に存するのである。その点で教会は閉じており、神を求めるすべての人間が教会に属するなどという主張は誤りなのである。

そしてキュングによれば、この教会に属する神の民は、教会外の諸宗教の信者や世俗的な思想を持つ人々に奉仕する特別な役割を持つ。神の民としてのキリスト者は、キリスト教外で神の言葉を語る諸宗教の人々に働きかけ、その言葉についての理解を深めさせる。また、キリスト者と教会は、この世にある現代社会の一員として、キリストの福音を社会的に実現しようと試み、教会外の人々と協力して世界平和の実現のために努力する。信仰を通して、キリスト者個人が聖化されるだけでなく、この社会が聖化されていくことに参与するのである。ただし、教会もまた、歴史の中で錯誤を重ねながら、最後の完成に向けて歩みを続けている。そのため、キリスト者と教会の奉仕は常に理想的なものとは限らない。神の民としてのキリスト者は、教会外の人間との対話の中で神の言葉について理解を深めながら、期待と希望を保ち続け、完成へと向かう歴史を歩み続けるのである。

キュングは、キリストにおいて人間の自然本性が変えられたという点に立って、バルトがキリスト教外の神の言葉に否定的であったことを批判した。人間は、罪に陥っていながら、その自然本性は既に恵みを与えられているために、非キリスト者であっても神を求めることができるのである。そして、キュングは、後期のバルトが諸宗教における啓示の可能性に言及したことを指摘して、宗教間対話が残された課題だとした。

また、キュングは、ラーナーの「無名のキリスト者」という概念を批判した。その根拠は、キリストの教会の基礎である、キリストの呼びかけに対する人間の応答をないがしろにしているという点にあった。たしかに、「無名のキリスト者」という概念の理論的根拠である神の自己譲与という考えによれば、キリストによって人間の自然本性が変えられたゆえに、人間は信仰を持つ以前から実存的に神を求めている。その意味で、ラーナーの考えは、キュングの客観的な側面という考えに類似していた。しかし、キュングは同時に、主観的な信仰の告白が、キリスト者として聖化の過程に参与し教会に属するために不可欠だと見なした。信仰を決断し、キリストの言葉を実践する人々こそが教会という神の民に属するとしたのだった。それゆえ、キュングの視点からすれば、ラーナーの考えは、キリストの出来事が持つ二つの側面のうち、一つの側面を捉えておらず、教会の基礎を損なっているると言えるのであった。

次章では、人間を義としたこのイエス・キリストとは、いったい誰であるのかをめぐるキュングの議論に取り組む。

第二章　「下からのキリスト論」と宗教間対話

はじめに

新約聖書に伝えられるイエス・キリストとはいったい誰であるのだろうか。その人物が、十字架において死に、そして復活したことによって、人間が義とされたのである。前章では、このイエスによる義をめぐって、キュングの主張を検討した。次に、本章では、このイエス・キリストとは誰であるかをめぐって、キュングが訴えた「下からのキリスト論」を取り上げる。そして、このキリスト論の内容を解明するとともに、このキリスト論が、キュングが対話を推進するためのキリスト論的な根拠となっていることを確認する。主に取り上げる著作は、１９７４年の著作『キリスト者であること』である。キュングは、『教会論』以降、教会に関わる著作をつづけた後、キリスト論の分野に踏み込んだ。第一節では、プロテスタント神学からカトリック神学へと波及した「下からのキリスト論」の来歴を確認する。第二節では、キュングの「下からのキリスト論」の内容を示す。第三節では、キュングの「下からのキリスト論」に含まれる宗教間対話に関する意義を論じる。

第一節　「下からのキリスト論」の由来

本節では、プロテスタント神学にて、「上から」と「下から」という二つの対立する立場に分かれて議論されたキリスト論をめぐる論争が、カトリック神学のキリスト論に波及して影響を与えた過程を簡潔に示す。これによって、キュングが取り組んだキリスト論の背景状況と、そこで共有された問題意識を示して、次節にてキュングのキリスト論を解明する準備としたい。

「上から」と「下から」のキリスト論とは、19世紀以来盛んになった、聖書の歴史批評学的、文献学的研究に端を発する、キリスト論に関する二つの立場を示している(95)。「下からのキリスト論」とは、イエス・キリストがどのような人物であるのかについて、史的事実に重きを置いて明らかにしようとする立場に立つキリスト論である。史的人格であるナザレのイエスから議論を始めて、その上で、その人格に触発されて受肉の概念や三位一体論の教理を見出すという、「下から上」への議論の流れを持つ。次に、「上からのキリスト論」とは、教会にて伝統的に語られて来た教義に即して論じようとする立場に立つキリスト論である。三位一体論を前提として、その第二位格のロゴスがいかにして人性をとったのかについて論じる、「上から下」という流れを持つ(96)。

この二つの立場に分かれる議論は、新約聖書が歴史学的、文献学的に研究されるにつれて生じた、歴史的なものである。新約聖書学が発展するにつれて、新約聖書に物語られるイエス像や、三位一体論や受肉といった概念を用いて教義に従って説明されるイエス像が、疑問を付されるようになった。聖書が伝え、教義が教えているイエス・キリストは、史的な事実に照らして、間違った理解であり、二千年前に現れたナザレのイエスとは異なっているのではないかという疑問である。そして、その史的に不正確なイエス像に対して、史的に正確なナザレのイエスの実像を、聖書という資料を用いて再構成することが試みられたのであった。

しかしながら、イエスの史的実像を追う試みは、学術的には困難であると考えられるようになった。そのように考えられるようになった理由の一つは、イエスの実像を史的に記述しようとした「イエスの生涯」運動の代表的な著作に見ることができる。その著作、エルネスト・ルナン（Ernest Renan）が1863年に出版した『イエス伝』は(97)、イエスがどのような人物であったのかを、史的資料を用いて明らかにしようとした。しかし、その史的探求は形式的なものに過ぎず、実際はイエスの心理を想像しながら書かれた、イエスの生涯を書き綴った小説というものであった。結局のところ、描かれたイエスの史的実像とは、史実に基づいてというよりも、研究者の想像によって作り上げられたイエス像であった。そして、史的事実という名目のもとに探索されたのは、教会の教義から自由な、倫理的に優れた人物としてのイエスだったのである(98)。

「下からのキリスト論」という、イエスの史的実像を追う試みが困難だと見なされた主要な理由は、歴史資料として用いる際に課題となる聖書の性質に存する。それは一つに、信仰の対象は何かという点であり、二つに、福音書が記された動機とその内容という点である。この二つの性質を指摘した人物が、マルティン・ケーラー（Martin Kähler）である。彼は、1892年に『いわゆる史的イエスと歴史的＝聖書的キリスト』を出版して(99)、歴史批評研究を用いて説かれる史的実像としてのイエスが、信仰の対象にはなりえないことを主張した。「イエスの生涯」運動によって描かれたイエスは、著者が想像を用いて恣意的に作り出した人格にすぎず、しかもその生涯は、あらかじめ教義を混ぜ込んだ劇に仕立てられているのだと指摘したのである(100)。

ケーラーが主張するところでは、福音書とは、信仰を告白する文書であって、史的事実を伝える文書ではない。福音書に描かれるイエスとは、イエスについての記憶を通して弟子たちが伝えようとした、信仰の対象であるキリストである。福音書は、それが書かれた初めから、信仰のための書物であり、史実のために書かれてはいないのである(101)。そのため、福音書の記述から、史実だけを抜き出してイエスの実像を再構成することは困難であり、また、史実だけを福音書から抜き出そうとして描かれたイエスは、もはや信仰の対象であるキリストとは異なっているのである。この福音書の性質からケーラーが述べるところでは、信仰にとって重要であることは、信仰告白としての福音書の性格を承認することである。この性格を承認するならば、内容的に不確かな「客観的・史的イエス」を福音書から探し出すことよりも、聖書的で「実存的・歴史的キリスト」を福音書から読み取ることが求められるのである(102)。

この「客観的・史的イエス」と「実存的・歴史的キリスト」の区別に、「下から」と「上から」のキリスト論の区別を見いだすことができる。「客観的・史的イエス」とは、福音書の記述の背後にある、客観的な「史的」事実どおりのイエスを求める下からのキリスト論である。そして、「実存的・歴史的キリスト」とは、史実ではなく、実存的に重要な出来事である、十字架で死に復活した、信仰の対象としてのキリストを求める上からのキリスト論である。すなわち、史実に正確なという意味で地上のイエスを重視する下からの「史的イエス」と、聖書に告白されているという意味で、神であるキリストを重視する上からの「信仰のキリスト」である[103]。

上からの「信仰のキリスト」という考えは、カール・バルトによって発展的に継承された。バルトは、キリスト論の立脚点を、イエスの生涯や受肉でなく、三位一体の第二位格としての先在のキリストとともにある永遠においた。この立脚点から見るとき、ナザレのイエスの歴史は、たんなる史実の出来事ではなく、永遠において既に起ったことを、神が時間において人間に明らかにすることを意味する。史実において生じたことそのものではなく、永遠において生じたことの認識が信仰にとって重要なのである。そのため、バルトにとって、位格の実体的統一における何らかの人間的担い手の存在は、必要ではない[104]。この点で、バルトは、史実の問題から身を引いている。史実の問題を回避して、教義によって説明される信仰のキリストを理解することに議論を限定したのである[105]。それゆえ、バルトは、「上からのキリスト論」の立場にあると言える[106]。

さらに、ケーラーが指摘した聖書の性質は、聖書学的にも、より徹底した形で証明されることになった。それにより、史的実像を再現しようとする「下からのキリスト論」は、不可能な試みであるとされた。まず、１９０１年の『イエスの生涯：メシアと受難の秘密』にてアルベルト・シュヴァイツァー（Albert Schweitzer）は、イエスの使信が一貫して黙示録的世界観に特徴づけられていることを発見した[107]。この発見は、「イエスの生涯」運動にて描かれた、近代的な倫理観を持つ自由な宗教的人間としてのイエスが、資料に即した「史的イエス」とは無関係であることを示した[108]。

また、ウィリアム・ヴレーデ（William Wrede）は、同年に出版された『メシアの秘密』にて[109]、福音書の記述は、イエスの史的事実を記したものではなく、信仰の共同体において神学的に再解釈された歴史を伝えていることを明らかにした。とりわけ、当時の史的探求が基礎資料として依拠していたマルコ福音書が、史実に関する信頼性を持たないことを指摘した。それにより、史的イエスの詳細を福音書の記述の背後にさかのぼり、その実像を再現することは、困難だと見なされるようになった(110)。

この二人の発見により、「下からのキリスト論」は新たな局面を迎える。史的イエスについて、イエスという男が存在したことは事実であるとしても、その史的実像について学術的に完全な再現をすることは断念された。そして、史的再現よりもむしろ、その男が、弟子たちに信仰を引き起こした実存的影響に注目が向けられるようになった。ここで「下からのキリスト論」は、教義上の概念から始めて信仰の対象であるキリストを論じるのではなく、この男から始まり現在まで引き続いて信仰を人々に引き起こす実存的影響に焦点を当てて論じられることとなったのである。

この新たな局面に入る「下からのキリスト論」を準備したのが、ルドルフ・ブルトマン（Rudolf Bultmann）である。ブルトマンは、シュヴァイツァーやヴレーデの発見を引き継ぎ、様式史の点から徹底した。その主張によれば、福音書には、ナザレのイエスの出来事が史実のとおり記されてはいない。むしろ、福音書の編纂史を辿るならば、原始教会に属する福音書記者の神話的世界観によって不可逆なまでに改変された、イエスの出来事をめぐる信仰上の意味が記されているのである。そのため、その原始教会による神話的表象の背後にさかのぼって、ナザレのイエスの史実の全体を確定することは不可能なのである(111)。

そして「史的イエス」の再現を否定したうえでブルトマンが提唱したものが、「ケリュグマ」である。ケリュグマとは、聖書の神話的表象を通して伝えられている、イエスという人物がキリストであると指し示す概念である。ケリュグマによって弟子たちは、イエスという人物の死と復活を通して神の救いが与えられたと確信し、彼をキリストとして信じたのである。このケリュグマは、客観的な史実ではなく、弟子たちに加えて現在の読者に対しても実存的影響を与え、イエス・キリストへの信仰の決断を呼びかける。だからこそケリュグマを伝える福音書は、古代の神話的世界観を共有しない現代の人々に対しても、イエス・キリストに対する信仰の決断を求めるのである[112]。

「下からのキリスト論」をめぐってブルトマンが行った貢献の一つは、「史的イエス」を全く再現できるかどうかに結論を出し、代わりに、福音書の実存的解釈を重視してケリュグマという概念を導入したことである。たしかにブルトマンは、キリスト教信仰の歴史的諸前提には、イエスという人物の出現とその宣べ伝えが含まれていることを認める。そして、福音書の最古層に見出されるイエスの宣教には、原始教団が記したケリュグマとの間に一定の史的連続性があることを容認し、イエスの宣教は、一つのキリスト論を秘めていたと述べる。しかし同時にブルトマンは、そのイエスの宣教とケリュグマの内容は根本的に異なっているという非連続性を強調する。イエスとの史的連続性が存続しつつも、前述のように信仰に関しては、ケリュグマによってこそイエスはキリストとして信じられ、彼自身を信じるように実存的に呼びかけられるのである[113]。ブルトマンは、ナザレのイエスから議論を開始してキリスト教信仰の成立を説き起こすものの、その信仰自体はケリュグマから始まることを重視するのである。したがって、ブルトマンの主張は、ナザレのイエスと宣教されたキリストの非連続性を唱えるため「下からのキリスト論」ではないが、一方で教義からではなく、ケリュグマにおけるイエスをキリストであるとする実存的な呼びかけに信仰の始まりを見出す点で必ずしも「上からのキリスト論」とも言えないため、どちらかに限定することはできない(114)。しかし、ケリュグマを経つつも、歴史批評を踏まえて、歴史内における人間の実存を重視する点は、「下からのキリスト論」を一歩進める準備となった。

ブルトマンと同様に福音書の実存的解釈を重視する人物が、ブルトマンと同世代であり、ナチスに追われてアメリカに移住した神学者であるパウル・ティイリッヒである。ティイリッヒによれば、信仰において重要であることは、史的事実よりも、ナザレのイエスが弟子たちに与えた実存的影響である。史的研究は、イエスに出会って影響を受けた弟子たちの実存的な意識自体を取りあげることはできない。それにもかかわらず、実存的な影響を取り扱えないナザレのイエスの個々の言葉や振る舞いの事実性を証明しようとすることは、信仰にとって本質的な意味を持たない。さらに、福音書の記述から実存的影響があったことは信じられても、その記述は、その影響を与えた「人格の名がナザレのイエスであったこと」を保証しないのである(115)。

史的探求の意義を否定する一方でティイリッヒは、ナザレのイエスと呼ばれる人格が与えた実存的影響が、福音書の記述を通して現在にも引き続く理由を次のように理解している。それによれば、福音書の記述は、弟子たちがイエスという「新しい存在」に出会って、それを受容し自らが作り変えられた経験を表現している。イエスは、人間の実存的疎外を克服する「新しい存在」であるから、弟子たちが出会ったイエスは古い存在である人間に信仰を引き起こし、キリストとして人間の制約された実存を変容することができる。また信仰は、イエスがそのような存在であることを保証する。現在の人間は、過去に到来したナザレのイエスという「新しい存在」の影響を、この福音書の記述を通して受け取り、信仰を選んで変容を受け入れるのである(116)。

ティリッヒは、福音書の歴史批評研究に意義を見出さない一方で、ナザレのイエスと呼ばれる過去に現れた人格に始まる実存的影響の過程に着目した。この過程に着目する点で、ティリッヒは、「上からのキリスト論」の立場にはない。三位一体論のような教義に立脚点を置くのではなく、ナザレのイエスにおいて古い実存が新しく変えられたという人間論の観点に立って、このイエスというキリストへの信仰について論じたのである。ティリッヒは、ブルトマンと異なり福音書の歴史批評研究を本格的に取り上げることはなかったものの、哲学的な人間論に基づいて、ブルトマンと同様に福音書の実存的解釈を行った。そして、キリスト教信仰の始まりをケリュグマではなく、ナザレのイエスに見出したのである。それゆえティリッヒは、ブルトマンと同様に「上から」ではないが「下から」にも限定できない立場にあるものの、実存に着目する点で下からのキリスト論に影響を与えた(117)。

さらに、一旦は断念された、ナザレのイエスをめぐる史的実像の探求であったが、新しい切り口から史実の研究が行われるようになった。それにより、「下からのキリスト論」は、その立脚点が、イエスに始まる実存的影響が引き続いて、現在の人間にまで信仰を呼びかけているという過程にあるだけでなく、史的事実の点にも新たに置かれるようになった。その実存的影響を与えるイエスは、部分的に史実に遡ることができ、史実とはまったく無関係な人物ではないことが指摘されたのである。

この指摘は、ブルトマンの弟子であるエルンスト・ケーゼマン（Ernst Käsemann）等によって行われた。端緒となった１９５３年のケーゼマンの論考によれば、ブルトマンが原始教会による聖書的伝承の背後に遡る史的事実の探求を断念したことに対して、ケーゼマンは、イエス自身に由来する、イエスの発言が福音書に見出せることを主張した。たとえば「あなた方に告げる」という自身にモーセを越える権威を認める発言は、イエス自身の発言に由来する可能性が高いというのである（118）。こうしたイエスに連なる言葉の発見を通して、ケーゼマンは、原始教会以来伝承されているキリストであるイエスと、その伝承の背後に埋没している史的イエスとの間に史的連続性があることを示したのである。

ケーゼマンの主張は、「イエスの生涯」運動のような、イエスの史的実像をすべて再構築しようとする試みとは異なっている。すでにその再構築が不可能であることはブルトマンらによって指摘されており、ケーゼマンが着目する史的事実の意義は別の点にある。その意義とは、断片的であっても史的根拠を示すことによって、福音書に記されるイエスが、原始教会の想像ではなく、ナザレのイエスに由来することが確実になるという点にある。すなわち、キリストであるイエスへの信仰が、史的根拠を持つのである（119）。

以上のように「下からのキリスト論」をめぐる議論を確認した。「下からのキリスト論」は、ナザレのイエスの史的実像を再構築しようとする試みとして始まった。そして、史的再構築の不可能さが明らかになったのちは、イエスに始まって現在の人々にまで及ぶ、信仰への呼びかけというイエスの実存的影響が継続している過程に注目が集まった。さらに、福音書の歴史批評的研究が進展するに伴い、福音書に伝えられるイエス・キリストには、原始教会の聖書的伝承を越えて、部分的な史的根拠があることが指摘されたのだった。キリストであるイエスへの信仰は、福音書の記述を越えて、その記述の背後にあるナザレのイエスに繋がるのである。それゆえ、「下からのキリスト論」は、次の三点が特徴である。一つに、信仰の対象であるイエス・キリストを論じる際の開始点は、その信仰へと呼びかける実存的影響を引き起こしたナザレのイエスという人格に置かれる点、二つに、そのイエスに始まって信じられるようになったイエス・キリストは、福音書の伝承に留まらず、ナザレのイエスに遡る史的事実に根拠を持っている点、三つに、そのイエスという人格が与える実存的影響が、現在の人間にまで引き続き及ぶ過程に注目する点である(120)。

プロテスタント神学における歴史批評的な聖書学の発展は、カトリック神学にも影響を与えた。ただし、カトリック教会は、その影響を危険視していたため、その受容には長い時間を要した。そもそもトリエント公会議以来、プロテスタントが聖書の権威を訴えたことに対抗して、カトリック教会は聖伝を強調していたため、相対的に聖書の活用が困難であった。しかも、歴史批評的な聖書研究は、伝統的な聖書解釈の信憑性を揺るがすと考えられたため、カトリック教会は、聖書の歴史批評研究に対して否定的な態度をとり、その研究を制限してきた。しかし、レオ十三世の回勅「プロヴィデンティッシムス・デウス」(1893年)以来、徐々にその制限を解き、最終的に第二バチカン公会議にて歴史批評研究が積極的に承認された。その承認の過程にて、カトリック神学においても伝統的なキリスト論の再検討が進められることとなった(121)。

カトリック神学者のヴァルター・カスパー（Walter Kasper）は、カトリック神学におけるキリスト論が１９５０年代からどのように変容したのかについて次の二つの波によって説明している(122)。まず、第一の波は、カール・ラーナーが発表した「今日のキリスト論の諸問題」（１９５４年）をきっかけに始まった(123)。それによれば、「二つの人格において真の神であり真の人である」という教えが今日どのように理解できるのかが問題とされた。ナザレのイエスという一人の歴史的な人間が、一個の人間であるにもかかわらず、人類全体の救いに関わることを明らかにするために、カルケドン公会議以来の三位一体論を放棄することも、その伝統的な理解に固執することもなしに、現代における理解を促す形でのキリスト論を「再発見」することが求められたのである(124)。

この発端を作ったラーナーは、ティリッヒのように、人間論に基づいたキリスト論を展開した。それによれば、キリストにおける受肉は、「上から」の観点では教義的に理解され、恵みによる神の救いの意志が、永遠において神と人間が一致したという形で示されたことを意味する。「下から」の観点では、この一致が、ナザレのイエスにおいて、人間の歴史世界の中で取り消し不能のものとして宣言されたことを意味する。人間は、この神と人間の一致を、ナザレのイエスという出来事において時間的に認識するだけでなく、それをきっかけに恵みによって救いが現在の自らのものとして確約されたと知りつつ神の自己譲与の神秘に参与するのである(125)。しかし、この第一の波では、キリストの意義を哲学的に再解釈することに重点が置かれており、イエスをめぐる史的事実は直接には取り上げられなかった。史的事実の点に基づいてキリスト論が再考されるのは、第二の波からである(126)。

第二の波は、先述のケーゼマンによる史的イエスの再検討から影響を受けて始まった。この波では、「下からのキリスト論」が強調され、信仰の対象としてのキリストであるイエスは、空想ではなく、ナザレのイエスに由来する史的根拠を持つことが重要だとされた。そして、もし史的根拠がなければ、キリスト教信仰は「単なるイデオロギー、歴史的な基礎をもたない一般的な世界観」に陥るとされた(127)。また、「イエスの事柄」(die Sache Jesu)という、福音書を通して知られるナザレのイエスの振る舞いや発言が、信仰を実践する際に、倣うべきものとして注目された。カスパーによれば、キュングは、この第二の波に属している(128)。

キュングが「下からのキリスト論」の立場を取るようになったきっかけは、ケーゼマンから直接に歴史批評を中心とする新約聖書学を学んだことである。その学び以前のキュングは、「上からのキリスト論」の立場を取っていた。著作『神の受肉』の第一稿を１９５７年に書いたとき、トマス・アクィナスやバルトに沿った上からのキリスト論に取り組んでいたのである。そして、１９６０年にテュービンゲン大学神学部に赴任したのち、プロテスタント神学部に属していたケーゼマンから新約聖書学を学んだ(129)。キュングによれば、ケーゼマンから学ぶ以前にも歴史批評的研究に触れていたものの、この時初めて本格的に学ぶことができたという。この経験を経て、上からのキリスト論を維持することを困難に感じ始め、むしろ、下からのキリスト論を取ることで、イエス・キリストがすべての人間にとっての救い主であることをよりよく理解できると気づいた(130)。さらに、カトリック教会の状況の変化が、新約聖書学を受容しようとするキュングの態度を後押しした。第二バチカン公会議における文書「デイ・ヴェルブム」(Dei Verbum、「神の啓示に関する教義憲章」)の採択を通して、歴史批評を中心とする聖書学の意義が認められ公式に推奨されたのである(131)。

もっとも、キュングは１９７０年の著作『神の受肉』の原稿を三回目に書き直したとき、「下からのキリスト論」に立場を転換したものの、独自の「下からのキリスト論」を提示することができなかった。それをようやく提示したのが、１９７４年の著作『キリスト者であること』であり、批判を受けてさらに論じ直した著作が、１９７８年の『神は存在するのか』であった[132]。では、キュングの下からのキリスト論とは、どのようなものだろうか。

第二節　キュングの「下からのキリスト論」

本節では、キュングのキリスト論の内容を明らかにし、その特徴を示すことを試みる。キュングの「下からのキリスト論」は、次の三点から説明することができる。一つは、真の神であり真の人間だと信じられたナザレのイエスという人格を、信仰の原点として保持しなければならないという点である。二つに、ナザレのイエスについての史実は、その人格を再構成することはできないが、教会で教えられ信じられているキリストに関する理解を、補正する役割があるという点である。三つに、ナザレのイエスという人格を信仰の原点に保つからこそ、その人格と、聖書に記され、教会で説かれているイエス・キリストとがまったく同一ではないことを承認し、そのキリストについての理解を批判的に眺めることができる点である。

最初に、ナザレのイエスという人格が信仰の原点であるという第一の点について検討したい[133]。キュングによれば、「下からのキリスト論」における信仰とは、このナザレのイエスという人格に対して個人的に信頼し、その人格に倣うことである。弟子たちがナザレのイエスを信頼して、彼が救い主であると信じたように、現代の人間も、信仰の端緒にあるイエスという人格を、福音書を通して信頼するのである。このイエスという人格と弟子たちの間の信頼関係が、福音書に記されたキリストに対する信仰の端緒なのである。そして、福音書に伝えられている確信とは、弟子たちが信じた、次のような歴史の出来事である。すなわち、「(イエス)自身において、神の言葉と行為、教えと人生、存在と振る舞いとが完全に一致しており、肉体を持っており、イエスは人間の姿において神の言葉であり意志だった」という歴史の出来事である[134]。この歴史の出来事こそが、イエスの弟子たちによって確信され、後世に伝えられた本質的なことである。そして福音書には、「神の救い主として述べ伝えられていないナザレのイエス」は無く、「ナザレのイエスである人間と同定できないキリストはいない」という弟子たちの理解が記されたのである[135]。

この信頼の対象である歴史の出来事としてのナザレのイエスは、キュングによれば、教会が形成した三位一体論のような教義に先立つ出来事である。教義に先立ってナザレのイエスという一人の人格が、「真の神」であり「真の人間」だと信じられ証言されたのである[136]。神の子、先在、受肉や三位一体論のような教義上のキリスト論にかかわる概念は、福音書の記述において、この人格に見いだされてはいない。それらの概念は、福音書が書かれた後に、イエスをめぐる記述が後世に解釈されて初めて発見されたのである[137]。それゆえ、信仰において最も重要であることは、教義ではなく、教義に先立つ、ナザレのイエスが真の神であり真の人間であった出来事に対する確信である(138)。

この原点であるイエスに対する信仰とは、この人格に対して、何の介在もなしに、個人的に直接信頼することである。キュングによれば、弟子たちがナザレのイエスという人格をキリストとして信頼したように、現代の人間も、信仰の端緒に立つイエスを、福音書を通して信頼するのである。すなわち、イエスを信頼し信仰する決断は、個人的な行為である。その信頼関係は、教皇や教義、教会を仲立ちにするのではなく、イエスと、イエスへの信仰を決断する個人との間にある二人の事柄なのである(139)。

では、そのキリストであるナザレのイエスが伝えた福音とは何であろうか。キュングは、その人格において神であり人間であるのだとイエスが信じられたことを急進化して、その人格そのものにおいてイエスが福音であると主張する。ナザレのイエスとは、特定の命題や教義体系として理解されるものではなく、その人格において福音なのである。このイエスは、一個の人間として、自らの述べ伝え、振る舞い、発言、運命を通して弟子たちに教え、そうであったからこそ、弟子たちはイエスを信頼し、彼がキリストであると信じた。弟子たちにとって、一個の人間としてあったイエスの生は、「人間存在の模範」であり、神によって証明されたものとして、イエスは「人間存在のための信頼し続けられる最終的な基準」だったのである。すなわち、イエスは、その人格自身において福音だと信じられたのである(140)。

そして、この人格においてイエスが福音であるからこそ、信仰の実践とは、その人格に従うことである。キリスト者は、イエスという人格を信頼し、キリストとして信じるならば、そのイエスの生に倣って自らの人生を方向付けようとする。その実践が、「キリストのまねび」（Nachfolge Christi）である[141]。イエスという人格は、それに倣う人々にとって新しい人生の行き方の体現であり、抽象的な原則や一般的な規範と異なって、具体性（Anschaulichkeit）、可聴性（Vernehmbarkeit）、そして実現性（Realisierbarkeit）を持つ根本的模範である[142]。この模範は、従う人間を内面から根本的に作り変え、「新しい人間」にするのである[143]。

（イエス・キリストとは）、時間・場所・人物ごとにことなって無限に多様な道で実現していく根本的模範である……イエス・キリストは、人生の根本的模範として、従う人を定め、その人間すべてを作りかえる……彼は、人間の振る舞いや人生を外から変えるのみならず、内から変える。キリストにならうことは……人間をその中心から変化させ、それゆえにその人間全体を作り変えることを意味する。すなわち新しい人間の形成である[144]。

以上のように、ナザレのイエスとは、真に神であり真に人間であり、その人格において福音そのものなのである。信仰とは、この人格に対する直接の個人的な信頼を決断し、その人格を模範とした生き方を選ぶことである。そして、信仰の実践である「キリストのまねび」が、その信仰者の生を根本的に作り変えて「新しい人間」にする。それゆえ、このナザレのイエスという人格は、キリストとして、信仰の原点に置かれるべきなのである。

キュングの弟子にあたるテュービンゲン大学のカール・ヨゼフ・クシェル（Karl-Josef Kuschel）は、キュングの「下からのキリスト論」について、次のように述べている。彼によれば、そのキリスト論の核心は、教義ではなく歴史の視点からイエス・キリストの出来事を論じることを通して、父と子といった神の内的な関係について論じることを不要にしたという点にある(145)。キュングにとって、ナザレのイエスという福音を述べ伝える人格と福音自体は、はじめから切り分けることはできない。このナザレのイエスという歴史の出来事は、後世の様々な解釈に先行して、イエスと神との間に事実的な一体性があり、その内容に一貫性があることの根拠なのである。そして、イエス以後に見出された種々のキリスト論は、この先行する出来事を理解していく過程の一部として、その出来事との一体性と一貫性を持ちうるのである。すなわち、「キュングは、神の内的な本質に関する議論」から、イエス・キリストという「歴史的な啓示の弁証法へと至った」のである(146)。

しかし、このような歴史的過程に力点を置く理解のために、キュングは伝統的な三位一体論の信仰告白について簡潔にしか記述していない。それゆえ、クシェルが評価するところでは、カスパーやラーナーといった同時代の人の詳細な三位一体論とは比較することができないが、キュングが古典的な上からのキリスト論の神学教育を受けたにもかかわらず、独自の道を求めた点を見逃すことはできないのである(147)。

次に、キュングの「下からのキリスト論」を解説するための二つ目の点を取り上げる。その点とは、イエスに関する史的事実には、教会にて教えられ信じられているキリストについての理解を補正する役割があるというものである。キュングは、イエスの史的生涯をすべて再構築しようとはしておらず、「イエスの生涯」運動を繰り返そうとはしていない(148)。キュングが着目するのは、ケーゼマンにおいて主張されたように、福音書に伝えられるキリストとしてのイエスには、原始教会の伝承を越えて、ナザレのイエスに連なる史的事実があるという点である。そのイエスに連なる史的事実につながっているからこそ、キリスト教信仰は空想や幻想ではなく、現実の中に史的根拠を持つ信仰となるのである(149)。

そして、史的事実に根拠を持つからこそ、ナザレのイエスに関する史的事実を明らかにするならば、教会の中で教えられ、信じられているイエス・キリストの理解に含まれる誤解と歪みを正すことができる。信仰とは、教会にて教えられたキリストを無批判に信じることではなく、史的観点から批判的に見直したキリストを信じることなのである(150)。そして、その批判的な信仰を持つために、キュングは、イエスの言葉や行為である「イエス・キリストの事柄」(die sache Jesu Christi) が重要であることを指摘する。聖書の記述から、ナザレのイエスに帰されると考えられる要素をできる限り明らかにする。その要素のもとに批判的に現在の信仰理解を反省することを通して、史的に責任のある形で、キリストであるイエスを信じることができる(151)。

キュングの「下からのキリスト論」を説明するための三つ目の点は、ナザレのイエスという人格を信仰の原点に保つからこそ、現在教えられ、信じられているイエス・キリストについての理解を批判的に眺めることができる点である。この三点目は、上述の二つの点から導き出される。もしナザレのイエスの人格を原点として承認するならば、その原点から始まる、信仰の歴史的性質に目を向けざるをえないからである。たしかにイエスという原点より後世に生まれた福音書は、ナザレのイエスという人格について伝承の背後に断片的にしか伝えておらず、先述のクシェルが指摘する通り、そのイエスを理解するための種々のキリスト論もまた、歴史の中で形成された過渡的なものである。そのため、この人格の全体像は直接には明らかにはならない。しかし、断片的な史実しか知りえないのであっても、このイエスという人格を信仰の原点に保持するからこそ、福音書やキリスト論の歴史的性質を承認することができ、現在の信仰理解を批判的に見直すことができるのである。また、その史的知見を、信仰を深めるための補正原理とすることができるのである(152)。したがって、次のように言うことができる。現在の信仰理解に対して批判的な態度を取るためには、教会にて教えられていること以外の、もう一つの基準が必要である。そして、信仰の原点であるナザレのイエスという人格は、キュングにとって、その批判のためのキリスト教的な基準となるのである。この歴史過程における信仰の解釈とキリスト教的な基準という問題は、第四章でさらに議論されることになる。

以上のように、キュングの「下からのキリスト論」を三つの点から解説した。このキリスト論では、「下から」である通り、信仰の原点は、神であり人間であると信じられた、人格としてのナザレのイエスであり、その人格そのものが福音であるとされた。そして、この原点であるイエスの人格を端緒にする信仰であるからこそ、キリスト教信仰は空想に陥らない現実に根拠を持つのであり、そのイエスの史的事実を用いつつ、福音書や現在のイエス・キリストに関する教会の教えを歴史批判的に眺めることができたのである。すなわち、ナザレのイエスという人格は、その人格において福音であると同時に、現在の信仰理解を原点から歴史批判的に見直すためのキリスト教的な基準なのである。

しかし、ここで浮上する疑問とは、キリストとして信じられたナザレのイエスの人格は、明確にはどのようなものであるのかという点である。キュングの主張に沿うならば、この人格は、資料から再構成された史的イエスではなく、福音書に記述される通りのイエス・キリストでもなく、また教会で教えられている教義に即したキリストそのままでもない。それらを通して知ることはできるものの、キリストと信じられたナザレのイエスの人格は、それ以上の内容を含むものである。史的資料や福音書の記述、教会の教えの背後にある、神であり人間であると信じられたイエスという人格は、キュングの議論を追うならば、その内容が限定されていないのである。

そして、イエスの人格に含まれる意味が限定されないということは、この人格が、人生を形作るための「無限に多様な道で実現していく根本的模範」だというキュングの主張を支える根拠だと言える。キリスト者は、この人格に倣うために、史的資料や聖書、教会の教えなど様々な角度から、この人格について学び倣うことができる。この人格に体現される福音は、一つの内容に限定されることなく、それに倣う人間が置かれている文脈ごとに、多様な形で読まれうる人生の模範となるのである。この解釈上の多様性についての問題は、第四章でさらに取り扱うことになる。

第三節　キュングの「下からのキリスト論」と宗教間対話

本節では、キュングの下からのキリスト論に含まれている、キリスト教と諸宗教との関係に対する意義を引き出したい。そのために、キュングが批判している、ラッツィンガーのキリスト論と対比する。この対比を通して、次のことが見出される。キュングの立場では、キリストとして信じられたイエスという原点に立つならば、信仰の実践とは、教理によってイエス・キリストの福音を教会内に囲い込んで教会外の世界と距離を取ることではない。むしろ、信仰の実践とは、福音書に伝えられるイエス・キリストが、どの人間にも向けられた神の救いを伝えたように、どの立場にある人間を前にしても、聖書に証されたイエスの言葉や振る舞いに倣うことなのである。すなわち、イエスを信頼して彼に倣うことが、諸宗教との対話へとキリスト者を差し向け動機づける。キリスト教信仰は、外に開かれた信仰なのである。

問題となるのは、この外に開かれた信仰という「下からのキリスト論」の特徴が、信仰におけるカトリック教会の位置づけをめぐって困難を生じる点である。ラーナーによれば、カトリック教会における伝統的な「上からのキリスト論」では、イエスは啓示をもたらす「神からの使者」と見なされ、この点からすぐさまカトリック教会の創設と教導権の考察に移る。そして、その時点で教義学の範囲となり、とりわけナザレのイエスの史実に関する研究やイエスの自己理解と、教会や新約聖書のキリスト論との関連は副次的にしか取り上げられない(153)。しかし、「下からのキリスト論」を論じることは、たんに伝統的な教義のキリスト論を再検討するにとどまらず、教会共同体としてのカトリック信仰を再検討すること含意している。それというのも、この「下からのキリスト論」においては、イエスと弟子たちという個人的な関係が信仰の開始点にあり[154]、その信仰から原始教会が形成され、カトリック教会にて信じられている教義的なキリスト論が生じた経緯が再解釈されるからである。

キュングの場合、イエス・キリストに対する個人的信頼を主張することを通して、個別の教会よりも先に立つ、キリストの教会に属する信仰が強調される。第一章のとおり、教会とは、救済史においてキリストの呼びかけに応じた人々からなるキリストの教会なのである。さらに、このキリストとは、教義通りでもなければ、史的イエスでもない、信仰の原点に立つ、福音書の記述の向こうにある、キリストとして信じられたイエスという人格である。そして、キリスト教信仰の実践は、このイエス・キリストの人格に倣うことである。そのため、イエス・キリストに倣うことを重視するキュングの信仰理解は、一方では救済史におけるすべての人間との対話を促すけれども、他方では、キリストの教会の一員であることを強調するために、カトリック教会の一員としての信仰であるのかどうか定かではないのである。

このカトリック教会としての信仰に対するキュングの立場は、キュングとラッツィンガーとの比較を通して明確にすることができる。キュングは、両者のキリスト論を対比して、「教義的なキリスト論」を求めるならばラッツィンガーを、「歴史上のイエス」を知りたいならキュングの著作を読むように勧める[155]。また、キュングは、自身とラッツィンガーにおける歴史に対する態度の違いから、両者の神学を次のように表現している。ラッツィンガーは「史的 - 有機的神学」(historisch-organische Theologie)であり、キュングは、「史的 - 批判的神学」

(historisch-kritische Theologie) である[156]。

キュングが批判するところでは、ラッツィンガーは、歴史批評的研究の重要性を認めながらも、それにより生じる教義学上の課題を回避して、ヘレニズム時代の公会議に由来する教義とアウグスティヌスに影響を受けた福音書の解釈を行い、強く神格化されたイエス像を提示している。そのために、当時の祭司階層やファリサイ派の厳格な律法の遂行とナザレのイエスとの間にあった対立関係を軽視するに陥り、同時に、その人格において福音であるイエスと今日のカトリック教会の教えや体制との間に何の矛盾をも見出すことがないのである[157]。

この批判を詳しく検討するために、ラッツィンガーのキリスト論がどのようなものであるのかを確認したい。著作『ナザレのイエスⅡ』によれば、ラッツィンガーは、下からのキリスト論の下地になるような「真のイエスの姿」を見出すことを目指している[158]。そして、この真の姿は、イエスの史的事実を無視するものではない。史的事実をめぐってラッツィンガーは、一面では、キュングと同様の考えを持っている。その考えによれば、イエスという史的出来事があるからこそ、キリスト教は、空想ではなく現実の内部で起きた信仰となる。ラッツィンガーによれば、福音書が史的書物であることは、信仰にとって不可欠の知識である。福音書の使信は、単なる理念ではなく、この世の現実の歴史の中で起きたことを本質にしている。それゆえ、信仰は「歴史を単なる真理のシンボルとしてとらえ、超歴史的な立場から語ること」ではない。もしも歴史性を否定するならば、信仰はフィクションになり、その基礎を失うのである[159]。

また、ラッツィンガーは、キュングと同様に、資料から再構成された史的人間としてのイエスを信仰の対象にしようとはしていない。福音書が史的な伝承を含むからといって、史的イエスが信仰の対象ではないのである。ラッツィンガーによれば、福音書における史的事実は、信仰の確実な基礎にはなりえない。福音書の歴史批評的研究では、ナザレのイエスをめぐる史実の確実な証明は期待しえないからである。しかし、歴史批評的研究に照らして信仰の基本的な点が可能であり信じるに値するかどうか問うことが重要なのである(160)。

ラッツィンガーがキュングと異なる考えを示すのは、次の点からである。すなわち、史的研究は、信仰の対象であるキリストとしてのイエスが誰であるのかを明確に示すことができないために、キリスト論をめぐって史的問題を二次的な地位に格下げする点である。そしてラッツィンガーは、議論の焦点を、史的問題から教会における聖書解釈の問題に移す。その解釈の伝統が歴史批評的な聖書研究から見て可能であるかどうかを問うのである。これに対してキュングは史的イエスの再現を否定したうえで、個々の史的事実には、現在の信仰理解を補正する役割があることを認めた。そして、史的資料や教会の教えからも限界づけられることのない、聖書の記述を通して知られる、信仰の原点としてのナザレのイエスの人格を強調したのだった。

ラッツィンガーが焦点を移しかえる理由は、イエスに関する個々の事柄の史的な確実性よりも、イエスにおいて、み言葉が肉となった出来事の現実性が認められるかどうかを重視するからである。この現実性は、純粋に史的な正確さによって得られるのではなく、聖書の正しい読み方を通して、出来事の真実性を認識することによって明らかになる。それゆえ議論の焦点は、イエスに関する個々の出来事の史的確実性から、受肉の出来事が真実であるから現実の出来事なのだと信じられるかどうかという点へと移る(161)。

聖書の正しい読み方によって明らかになる出来事の真実性とは何だろうか。ラッツィンガーによれば、その真実性は、言葉のより高い次元を通して明らかになる出来事の意味の中に見いだされる(162)。言葉のより高い次元の意味とは、発せられた瞬間から著者の意図を超えていく言葉の意味である。歴史の中で言葉が読み返される中で、著者の意図を越えて、言葉がより深い意味を獲得し続けるのである。福音書は、この次元を持つ言葉であり、「信仰の形成の歴史のプロセスの中において熟し、形成されていった言葉」である(163)。そして、この次元の意味は、受肉の出来事を伝え、それについて理解を深めている、イエスから現在にまで続く共同体の中に見出される(164)。

深い次元を読み取るような読者の読み返しは、読者の一方的な読みではなく、その著者の語りと読者との間の相互作用である。ラッツィンガーによれば、著者の語りとは、その文書が書かれたときに完了することではない。著者は、「彼自身がそれによって担われている共通の歴史の中から、そしてまた、その歴史の未来の可能性が未展開のままで既にそこに現存している共通の歴史の中から語って」いる。福音書の著者は、後世の読者と無関係な個人として福音書を書いたのではない。むしろ、すでにその著者自身が、福音書がより深く読まれていくべき歴史の中で、その歴史を共有するであろう後世の人間に向けて、その福音書の言葉を語ったのである。それゆえ、福音書に語られる「言葉の読み返し、言葉の発展というプロセスは、言葉自身にそのような内的な開けが既に存在」しているからこそ可能なのである(165)。

そして、ラッツィンガーによれば、内的な開けを持つ言葉を読み返すための共通の歴史は、教会共同体において担われている。福音書著者は、個人として語っているのではなく、彼自身が属する共通の歴史の主体である教会という共同体のなかで語っている。聖書は、「一つの生きた歴史の主体である教会という旅する神の民の中において、またその中から生まれてきた」、生きた言葉として読まれているのである(166)。そして、この教会という主体には「三人の著者」が含まれている。一人目が福音書を書いた個々の著者または著者グループである。二人目が、彼らが属している神の民という共同の主体である。福音書著者はこの共同体の中で語り、それに向かって語っているのである。三人目が、共同体に属する人間を、その人間性を通して語り導く神である(167)。それゆえ、旅する神の民は、その民に語り掛けた神に導かれながら、その民の一員である聖書著者とともに、神がその著者を用いて語った言葉を読み返しつつ、その意味をより深く見出していく歴史過程を歩んでいるのである(168)。

この読み継がれてきた言葉の中に、教会が伝えてきたイエス・キリストの姿がある。ラッツィンガーによれば、この読み解かれてきた言葉は、福音書に伝えられてきた、イエスをめぐる弟子たちの記憶に基づいて書かれている。そして、この記憶に含まれているものは、弟子たちがイエスについて想起した際に見出した、記憶の中の事実に隠された真実である。福音書の言葉は、この真実を伝えるために記されたものであって、史的事実を逐次正確に伝えることが当初から意図されていたものではない。弟子たちの記憶の中に見出された真実を伝えるために書かれているのである。加えて、弟子たちの記憶は、教会の「私たち」の記憶でもある。この記憶を教会の中で、福音書の言葉を通して繰り返し思い返していくからである。それゆえ、ラッツィンガーによれば、福音書は、それ自体が「記憶」なのである。そして、記憶の中に見出されたものである以上、イエスの出来事は、史実そのものではない。しかし、「それは起きた現実に即しているのであって、イエス詩ではない、歴史的な事実の暴力的な曲解」でもないのである(169)。

では、福音書に伝えられる、記憶の中に見出された真実とは何であろうか。ラッツィンガーによれば、それは、イエスが、子として父との交わりの中にいることである。このことは、ゲッセマネの祈りのような、イエスの祈りにおける父と子の語らいに示されている。すなわち、「イエスの人間としての意識と意思、人間としてのイエスの魂はこの祈りに吸い込まれてゆき、人間としての『祈り』は、子としての父との交わりへの参入となることが許される」のである(170)。そして、そう許されたのは、「イエスは彼自身、子」だからであり、さらに「子として父との交わりの中にいるからこそ、彼は父について彼が語ったよう語ることができた」からである(171)。このイエスと父の内的交わりという真実を、弟子たちは想起のうちに見出し、この真実を教会の共同の記憶として伝えた。それゆえ、ラッツィンガーは次のように述べる。

イエスなしには、わたしたちは「父」とは本来何であるのかということを知ることはできません。これは彼の祈りにおいて明らかにされたことです。そして、この祈りこそが彼を彼たらしめているのです。常に父のうちに沈潜し、常に父との内的なコミュニケーションのうちにあるのではないようなイエスは、聖書のイエスとは全く異なるイエスです。そのようなイエスは、真に歴史的なイエス、「歴史のイエス」ではありません。彼は祈りの中から生きたのであり、そこから神と世界と人間を理解したのです(172)。

ラッツィンガーによれば、信仰の対象とは、祈りにおいて父との内的な語らいをするイエスである。キリスト者になるとは、このイエスの祈りに参加し、彼とともに父に呼びかけることである。そして、イエスが見たように、この祈りの中から世界を見て、そのように生きることがイエスに従うことなのである。このようなイエスを中心とする祈りの共同体として、信仰と教会は理解される(173)。したがって、キュングが指摘するように、ラッツィンガーは、「史的‐有機的神学」なのである。その神学における信仰は、弟子の記憶に始まる、歴史の中で生成する祈りの共同体としての信仰であるものの、信仰の対象であるイエス・キリストは、記憶を読み返す教会と一体化しており、教会に対する批判的基準とはなり難い。

「祈りの共同体」として信仰と教会を理解することは、ラッツィンガーの宗教間対話に対する考えを特徴づけている。ラッツィンガーによれば、宗教間対話とは、信仰の意味を矮小化することである。もし社会的な平和や福祉の増進といった正義の実現のためだけに諸宗教と対話し共同の実践をするならば、信仰の意味は、平和や自由といった政治的目的に役立つのみでしか認められない。その上、神が消えて正義の象徴としての「神の国」が強調される(174)。そのため、政治的目的のみへと信仰を矮小化することは、ラッツィンガーの信仰理解と相容れない。上述の通り、ラッツィンガーにとって信仰とは、祈りにおける父とイエスとの内的な語らいに参加して、その祈りの共同体の中から生や世界を理解することである。そして、何が社会的正義であるのかもまた、この共同の祈りの中で理解されるのである。たとえ社会的正義のためにキリスト者が他宗教の人々と対話をしても、この祈りをその人々と共有しない以上、何が社会的正義であるのかについて同一の神を判断基準にして共に決定することができない。また、キリスト者が、対話において、この祈りを他宗教の人々に強制することもできない。それゆえ、社会的正義を実現するための宗教間対話は、その目的達成のために、祈りの共同体における生と世界の理解から政治的目的のみを切り出さざるを得ないのである。もっとも、ラッツィンガーは、カトリック神学者であるポール・ニッター（Paul F. Knitter）を想定して宗教間対話を批判しており、信仰を矮小化しないような方法の宗教間対話であれば、別の見解を持つと言える。

　ラッツィンガーと異なり、キュングは、信仰を矮小化することなく、社会的正義のために諸宗教の人々と対話を行うことができる。前述のとおり、キュングにとって信仰とは、原点にあるキリストとして信じられたナザレのイエスを、教会や教義の介在なく直接に信頼して信仰し、その人格に倣うことである。そして、第一章で明らかになった通り、神の救済史には、すべての人間が含まれており、このすべての人間に対して、イエスの福音は向けられている。この救済史の中でキリスト者は、異なる宗教や世俗の立場に立つ人々に奉仕しながら、完成に向けて歩む神の民である。それゆえ、キリスト者にとって、イエスに倣うことは、向かい合う人間の宗教・思想や性質などにかかわらず、いかなる人間の前においても実践すべきことであるし、社会的正義のための対話への動機づけにもなる。

そして、この神の民の基礎に、ラッツィンガーが共同の祈りを見ることに対して、キュングは、イエスによる信仰の呼びかけに対する人間の応答を見ている。キリスト者は、このイエスを信じ、その人格に倣って行動することを通して、神の民としての教会の一員であることができる。このキリストの教会は、共同の祈りから生まれるのではなく、すべての人間に対してキリストであるイエスが希望であることを証明する実践の中から立ち現れるのである(175)。一人一人のキリスト者は、イエスに倣うことを実践するならば、神の救済史のなかで、個々の教会共同体の一員である前に、キリストの希望を示すキリストの教会に属しているのである。したがって、キュングによれば、キリストであるイエスを信じ、その人格に倣うならば、キリスト者は個々の教会共同体に孤立することなく、社会的正義のためであっても諸宗教の人々と対話をすることができる。また、この救済史の中にキリストの教会を現すために、そのように動機づけられるのである。

おわりに

本章では、キュングの下からのキリスト論がどのような内容であるのかを解明し、それが宗教間対話にとって、どのような意味を持つのかを明らかにしようとした。下からのキリスト論とは、プロテスタント神学にて新約聖書の歴史批評的研究が発展するに伴って提唱された、史的事実を重視するキリスト論の一方法であった。そしてキュングは、ナザレのイエスの人格をすべて史的に再構成しようとする史的イエスの試みに対しては否定的であるものの、下からのキリスト論をめぐって、次の二つの点を重視した。一つに、キリスト教信仰は、ナザレのイエスが弟子たちに与えた実存的影響を端緒に始まったのであり、その実存的影響は現在も福音書を通して引き続き、人間を信仰へと呼びかけている点である。二つに、原始教会の伝承を越えて、教会で信じられているイエス・キリストに結びつく、ナザレのイエスに関する史的事実があるとする点である。

キュングは、この二点に含まれる意味を考察して、カトリック神学の中で下からのキリスト論を独自に発展させた。そのキリスト論は、次の三つの特徴を持っている。一つに、二千年前に現れた、一人の人格であったナザレのイエスに原理的に信仰の原点を求めようとする点である。このイエスは、史的には再現できないものの、少なくとも、一人の人格として、その言葉、振る舞い、人生を通して救いを知らせたからこそ、真に人間であり真に神であり、その人格において福音を体現したと信じられた。そして、そうであるからこそ、キリストとして福音書に伝えられ、現代にあってもなお、福音書を通して彼の人格に倣う人間を、その内側から根本的に作り変え、「新しい人間」にするのである。さらに、伝統的な三位一体のようなキリスト論は、この一人の人格であるイエスについて、福音書の記述をもとに解釈して理解してきた過程において後世に発見されてきたものであって、この信仰の原点である人格に優先されるものではないのである。

二つに、この人格が、教会の中で福音書や伝統を通してキリストとして教えられ信じられる一方で、この人格に関する史実には、現在教会で教えられているキリストについての語りを補正する機能があるとする点である。教会によるキリストについての語りは、ナザレのイエスをめぐる史実によって批判的修正を受けなければならない。イエスという信仰の原点にある人格を信じ、その人格に倣うことは、教会が語る通りに実践される無批判なものであってはならないのである。

三つに、キリストとして信じられたナザレのイエスという人格を信仰の原点として保持するからこそ、福音書や教会の種々のキリスト論がイエス以後の歴史過程にて形成されたものであることを受容し、教会での信仰を歴史批判的な視点で眺めることができる点である。キリスト者にとって、福音書に伝えられ教会で教えられるものの、福音書の記述や教会の教えの背後に立つ、その人格において福音であるナザレのイエスこそが、イエス・キリストである。この信仰の原点を保持する限り、その人格そのままの福音を伝えてはいない福音書や教会に対して、批判的な視点を保つことができる。信仰の原点に立つイエス・キリストという人格は、キリスト教信仰を批判的に理解するための、キリスト教的な基準なのである。

この三つの特徴から、次のようなイエス・キリストについての理解が導き出される。キュングにとって信仰の原点であるキリストとして信じられたナザレのイエスという人格は、定義し尽くすことのできない内容の深みを持っているというものである。キリスト者は、福音書の記述や史的資料、教会の教えなどを通してこの人格について理解するものの、それらを用いて、一人の人格であったイエス・キリストについてすべて知り切ることはできない。だからこそ福音を体現しているイエス・キリストというこの人格は、彼に倣う人ごとに異なって読み取られる、無限に多様な道を提示する人生の根本模範なのである。

このキュングの下からのキリスト論は、キュングが宗教間対話に積極的に取り組む根拠になっている。なぜなら、福音はすべての人に向けられており、その福音そのものである人格にキリスト者は倣うからである。さらに、宗教や思想の異なる人々を含めたすべての人間に対して、一人一人のキリスト者がイエス・キリストという人格に倣うことを実践するならば、キリストの教会が神の救済史の中に、現実に立ち現れるからである。前章の通り、救済史のなかにあってキリスト者は、諸宗教や世俗のような異なる立場に立つ人々に対して奉仕しながら、すべての人のための救済へと向けて共に歩む神の民である。この神の民である教会の基礎は、イエス・キリストによるすべての人に対する救いの呼びかけと、それに答えて彼を個人的に信じるという人間の告白にある。そして、その告白をしたキリスト者がイエスに倣うことを実践することによって、この救済史の中に、個々の教会が属している、キリストの教会が救いへの希望として現実に立ち現れる。それゆえ、このイエスという人格を信頼する一人一人のキリスト者は、どの人間を前にしても、その人格に倣うことを実践するのであるし、そのように促されるのである。

下からのキリスト論をめぐってキュングは、プロテスタントの新約聖書学者ケーゼマンから歴史批評的研究を学んだことに影響を受けていた。また、史的事実を軽視した点でティリッヒを批判しつつも、新約聖書に伝えられるイエスの実存的影響が現在にも及ぶ信仰の端緒であることをティリッヒと同様に重視していた。カトリック神学においては、第二バチカン公会議の決定に弾みを得て、キュングは歴史批評学を積極的に摂取した下からのキリスト論を発展させた。この試みは、哲学的な人間論に終始したキリストを論じ、史的事実を十分取り上げなかったラーナーとは異なるものであった。

キュングは、下からのキリスト論の立場をとり、イエス・キリストに対する信仰が、たしかにイエスとの交わりに始まる歴史過程のなかで生じたことを説明しようと努力している。一方で、三位一体やキリストの先在といった教義に関わる問題を歴史批評にさらすという条件付きで認めており、一切放棄したわけではない。そのため上からのキリスト論の立場にあるようにも見える。しかし、下からのキリスト論と上からのキリスト論は、ジャック・デュプイ（Jacques Dupuis）が述べるように、二者択一ではなくキリスト論の両面である[176]。キュングは、キリストであるナザレのイエスから始まる歴史の中にある信仰こそが、聖書に基づく信仰であるとして重視し、下からであるその始まりから、上からの部分の議論へと進もうとするのである。キュングにとって、上からのキリスト論は否定すべきものではなく、ナザレのイエスという歴史上の原点から始まる信仰の歴史的な過程の一部として理解すべきなのである[177]。それゆえ、カトリック教会に属するキュング自身は、その信仰理解を他のキリスト教派に対しても一律に要求することはない。実際キュングは、カルケドン信条による教会の分裂を問い直し、信仰に決定的なものはキリスト論ではなく、信仰の始まりにある、弟子たちに信仰を引き起こしたイエス・キリストであることを強調している[178]。

また、キュングは、ラッツィンガーに比べて、社会的正義を実現するために、諸宗教との対話に積極的に取り組むことができた。ラッツィンガーは、信仰の本質が、教会共同体の祈りにあると見なし、その祈りを共有できない諸宗教の人々とは、正義について共通の基準を持つことができないとするのだった。それに対してキュングは、イエス・キリストを個人的に信頼し、その人格に倣う過程に教会共同体が生まれると考えるからこそ、個々のキリスト者は、その人格に倣うことを、どの立場にある人間の前でも実践して奉仕すべきなのだった。それゆえキュングの信仰理解は、本質的にエキュメニカルな対話や宗教間対話に積極的な態度を取りやすいものの、取り上げた資料の範囲を踏まえれば、現行のカトリック教会にとっての信仰理解との整合性が不確かである恐れがある。そしてキュング自身は、対話の方向へと大きく進んでいくのである。

では、キュングにとって、諸宗教や世俗という異なる立場の人々に対して、イエス・キリストに倣うことを通して奉仕するならば、キリスト者は、どのような新しいことを人間にもたらすのだろうか。すなわち、「新しい人間」の意味が問題である。次節では、これについてのキュングの考えを検討したい。

第三章　「根元的な人間」としてのキリスト者

はじめに

前章までの議論によれば、キリスト者は、イエス・キリストの人格に倣うことを通して、救済史におけるすべての人間に対して奉仕するのだった。では、この奉仕は、救済史内に含まれる諸宗教や世俗という多様な立場に立つ人間に対して、どのような新しいことをもたらすのだろうか。このもたらされる新しいことの中に、キリスト教に属さない諸立場に対するキリスト教の独自性が見出され、キリスト者が人々に奉仕する意義があるはずである。本章では、この独自性と意義を明らかにするために、キュングが述べた「現実信頼」と「神信頼」、「根元的な人間」という概念を取り上げる。これらの概念は、主に１９７４年の『キリスト者であること』と１９７８年の『神は存在するのか』において述べられた、対話のための理論的構想の一部を成している。第一節では、対話をめぐるキュングの立ち位置を評価するために、宗教間対話の基本的枠組みを確認し、とりわけティリッヒの宗教間対話をめぐる構想を説明する。第二節では、「現実信頼」と「神信頼」の概念が意味することを解明し、第三節では、「根元的な人間」という対話のための概念がキリスト教にとって持つ意味を検討する。

第一節　宗教間対話の基本的枠組み

本節では、対話をめぐるキュングの考えにはどのような特徴があるのかを知るために、宗教間対話の基本的枠組みを確認する。その枠組みとは、アラン・レイス（Alan Race）が提唱した、諸宗教に対してキリスト教が取り得る態度についての一般的分類である。この分類では、諸宗教に対する態度を、排他、包括、多元主義の三つに分ける(179)。この分類は、論者によっていくつかの修正をうけており、定義に幅があるものの、本書ではカトリック神学者のガヴィン・デコスタ（Gavin D'Costa）の定義を用いる。

デコスタによれば、この三分類の区別は、次の二つのキリスト教原理に対する理解の違いを反映している。一つ目の原理が、神は普遍的な救いを意志しているというものであり、二つ目の原理が、神の普遍的な救いの意志はイエス・キリストにおいて知られるというものである。仮に前者を原理A、後者を原理Bとする。

排他主義は、原理Bのみを強調して、原理Aを軽視する立場である。この立場では、諸宗教の教えが正しいかどうかを判断する際に、イエス・キリストが規範的であることを原理主義的に理解する(180)。その結果、諸宗教は救いを与えたり真理を教えたりすることはなく、その教えは端的に誤りであるとされる。または、たとえ諸宗教が神について語っていても、正しい理解には至らないと見なされる。そのため、諸宗教の信仰者は救いに与ることがない。一般的にこの立場にあるとされるのは、カール・バルトやヘンドリック・クレーマー（Hendrik Kraemer）、第二バチカン公会議以前のカトリック教会である(181)。

包括主義は、原理Ａと原理Ｂを調和させる立場である。この立場では、諸宗教もまた救いの担い手であり、神について真理を教えていると見なす。それゆえ、この立場では、排他主義のようには、諸宗教を頭から否定的なものとして見なすことがない。しかし、諸宗教の教えは、最終的にはイエス・キリストにおいてのみ真に理解され、その意味が明確になるとされる。もしもキリスト教が到来したならば、その宗教はキリスト教によって取って代わられる必要があるのである。この必要を述べる点で、原理Ｂのイエス・キリストの規範性を維持している(182)。この立場に代表的な人物が、カール・ラーナーとパウル・ティリッヒである(183)。

多元主義とは、原理Ａのみを強調して、原理Ｂを拒絶するか再解釈する立場である。この立場では、原理Ｂにおける救いや真理に関して、キリスト教固有の主張を堅持しない。そしてキリスト教と諸宗教は、本質的に同一の真理主張をしていると見なして、諸宗教の相補関係を強調する。そのために、諸宗教の間に、救いや真理の主張について真の対立や平行する主張があることを認めない。排他主義や包括主義に反対して、対話を通した諸宗教間の相互理解の深化と協力を求める(184)。この立場を代表する人物は、ジョン・ヒックとポール・Ｆ・ニッターである(185)。

この三分類のうちで、１９７４年段階でのキュングの立場は包括主義に分類される(186)。さらに、このキュングの包括主義は、ティリッヒの影響を受けている。宗教間対話の分野にて、ティリッヒは広く影響を与えており、その存在を無視することはできない。そして、その影響を受けた人物の一人が、キュングなのである。キュングは、ティリッヒの宗教間対話をめぐる考察を引き継いで発展させている(187)。この第三章だけでなく、第四、五章でもティリッヒに言及するため、ここでティリッヒの対話に対する構想がどのようなものであるのかについて確認しておきたい。

ティリッヒは宗教間対話の出発点をめぐって、人間の生が有意味か無意味かという生の意味に着目した。そして、生の意味を共通項とする、キリスト教と諸宗教に属する人々、および世俗的な人々との対話という三者間の対話を構想した。とりわけティリッヒは、晩年の1960年代前半に対話について集中的に論じ、最終的に宗教史の神学を提案した。

ティリッヒは宗教間対話のために、「存在」と「人間精神」という観点に立って生の意味を論じることから始める。まず、ティリッヒは、人間の生に意味を与えるものとしての「存在」について次のように説明している。この存在とは、人間自らの存在のことである。個々の人間は、自らの存在を選んで本来的な生を送るか、それを選ばずに非本来的な生を送るかという二つの道を選ぶことができる。すなわち、人間は、二つの選択肢を持っている。一つは、存在を選んで有意味な生を送ることである。もう一つは、存在を選ばずに、シニシズムと無意味な生にとどまることである(188)。

ティリッヒによれば、人間という個々の存在者は、みずからの存在自体に、無意味性を克服する根拠を持っている。その根拠とは、神である存在そのものの力である。この神である存在そのものの力は、人間という個々の存在者のなかに働いて、人間に自らの存在を選ぶ勇気を与える。そして、勇気を持って存在を選ぶならば、その行為者には、神である「存在の根底」が開示される(189)。神は、人間存在に働きかける力であり、その人間存在の根底にあるというのである。それゆえ人間は、人間存在に働きかける神の力を通して、自らの存在が含んでいる生の意味を選ぶように傾向づけられている。

(人間は、)われわれ自身の存在を肯定することによって、存在それ自体の自己肯定に参与する。神の「存在」についてはいかなる妥当な論証もない。しかしわれわれは勇気の行為においてそれを知ると否とにかかわらず、存在の力を肯定するのである(190)。

人間が生の有意味性を選ぶことは、人間精神という側面からも説明されている。ティリッヒによれば、人間は、その精神において、生の意味を求めるという本質を持っている。その本質が、人間精神の「深みの次元」である。この次元は、人間の生の意味をめぐる、精神の失われることのない宗教的側面である。ただし、ここでの「宗教」は、具体的な宗教組織や、その信仰を指しているのではない。具体的な宗教を超えた、人間の本質的な関心としての「宗教」である。すなわち、人間の本質に備わっている、人間の生の意味に対する究極的な関心である。そして、この関心から探求される生の意味は、存在そのものである神によって答えを与えられる(191)。

存在そのものである神が、生の意味という人間の究極的な関心に答えるという構造は、ティリッヒが取り組んだ「相関の方法」として定式化されている。「相関の方法」とは、生の意味に関して人間が出す問いに対して、キリスト教が答えるというキリスト教と世俗的な人々との関係を理解するための一つの方法である。人間は、生の意味を問うことはできるが、自ら答えることはできない。その答えは、イエス・キリストの啓示に含まれているからである。そして、この関係が相関であるのは、キリスト教の提示する答えが、内容に関して啓示に依存しており、形式に関しては人間による問いの方法に依存しているからである(192)。

「相関の方法」は、キリスト者と世俗的な人々との間の対話の方法を定めている。そして、この対話の方法は、キリスト者が世俗的な人々に答えるという一方向の関係を述べている。ティリッヒは、さらにこの方法を発展させて、キリスト者と世俗的な人々に加えて、諸宗教の信仰者という三者が、相互に問い、答え、批判するという相互的な対話を目指した。そして、ティリッヒは、晩年の１９６０年代に宗教史の神学について述べ、次のような対話の構想を簡略に描いた。

この宗教史の神学では、人間の生の意味という究極的な関心をめぐって、諸宗教や世俗という諸立場に立つ人々による対話が構想されている。この究極的な関心とは、先述の通り、人間の生の意味に対する関心である。この関心は、キリスト教や仏教のような個別の宗教においてだけでなく、人間一般においても普遍的に見いだされる。また、ここでティリッヒは、宗教という言葉を二つの意味で用いている。一つは、個別の宗教組織であり、もう一つは、人間一般に見出される現象という広い意味である。個別の宗教だけでなく、世俗的な立場もまた疑似宗教として、広い意味の宗教に含まれる。たとえばそれは、自由主義ヒューマニズムや共産主義、ファシズムである(193)。生の意味という究極的な関心を持つのは、信仰者だけでなく、世俗的な人々も同様なのである。

ティリッヒによれば、この究極的関心に答える神は、特定の宗教の神ではない。個々の事物の存在の根底にある、存在そのものであり、存在の力としての神である。この存在そのものである神が、あらゆる個々の存在者に先行して、それらの存在に意味を与えている(194)。ただし、この存在そのものである神は、人間によって特定される何かではない「無制約的なもの」であるから、特定の一つの意味だけを人間に与えてきたわけではない。この存在は、歴史の中で各地域において自己を現して、各地域に独自な生の意味を人間に対して明らかにしてきた。それゆえ、存在は同一であっても、それが与える生の意味は時代や地域ごとに異なっている。この時代・地域ごとに異なっているところに、諸宗教やヒューマニズムのような世俗的な疑似宗教といった多様な立場が存在する理由がある。

ティリッヒによれば、この存在が自己を様々な形態で開示する過程が、一般的な宗教の歴史である。または、諸宗教が目指していくところの「具体的霊の宗教」(The Religion of the Concrete Spirit)へと向かう歴史である(195)。個別の諸宗教と世俗的な疑似宗教は、啓示と究極的な関心に基づいて、この宗教史の一部として固有の地位を持つ。さらに、自己絶対化を防ぐための相互批判という関係をもつ。ティリッヒによれば、デーモン化と呼ばれる、諸宗教や疑似宗教が自らを絶対化して、その本質から離れた暴力を容認する状態に陥る可能性がある。

しかし、世俗的な疑似宗教は、その合理的な精神によって個別の宗教の非合理性を批判し、個別の宗教は、その教えによって、合理的な思考を通して疑似宗教から排された生の意味の深みを明らかにする。この相互批判を経ながらデーモン化を乗り越えつつ、究極的関心をめぐって互いに理解が深まっていく。具体的霊の宗教史は動的なものなのである[196]。ここにティリッヒは、キリスト教と諸宗教との間だけでなく、世俗的な疑似宗教を含めた三者の間で相互批判的な対話が行われることの意義があるとする。外からの批判を受け入れて自己批判に変え、自己絶対化する危険を乗り越えるのである[197]。

しかしティリッヒは、相互批判的な対話の結末が、諸立場の融合やどれか一つの立場がすべてを支配することだとは考えず、対話における諸立場の固有性を尊重する。たしかに、この三者による相互批判の対話が可能である根拠は、人間の生の意味を与える無制約的な「存在」があるという点にある。しかし、個別の宗教や世俗的な疑似宗教において、人間の生の意味は固有な形で理解されている。そしてティリッヒは、固有な形で理解されている生の意味が、固有なものとして扱われるべきだとするのである。キリスト教では、十字架のイエス・キリストが、生の意味を知り判断するための唯一の基準である。彼において、存在そのものが生の意味を明らかにしたからである。キリスト者にとって、他の宗教や世俗の立場における人間の生の意味に関する真理は、この基準に沿う限り真理であり、キリストが教えた生の意味に包括されている。この包摂するという点でティリッヒは、固有性に加えて、キリスト教の普遍性を述べる。キリストはキリスト者にとって固有の視点であると同時に、その固有な視点は、他の立場における生の意味を判断するための普遍的な基準である[198]。

諸立場の固有性を認めつつ、キリストの普遍性を述べる点で、ティリッヒは包括主義の立場に立つのである。ただし、この普遍性は、キリスト教の立場からなされる主張であって、ティリッヒは、他の立場における普遍性の主張を排除していない。キリスト教ではキリストであるイエスにおいてであるものの、存在そのものが自己を開示することは、他の宗教や世俗的立場においても起こりうるからである。この点で芦名は、ティリッヒが、包括主義的な立場から、晩年には多元主義の立場を視野に入れていたと指摘している[199]。

ティリッヒによれば、諸立場の固有性と普遍性は、一見対立しているように見えるものの、対話が進むにつれて解消される。対話の過程において、諸宗教や疑似宗教は併存しつつ、固有の視点における生の意味について理解を深めていく。その方法は、先述の通り、各々の立場の人々が、相互批判を通して、その外からの批判を自己批判に変えるというものである。そうすることで、諸立場の人々は固有の視点を放棄することなく、その視点からの生の理解を深めていく。その先に、固有の視点と理解を超える、生の究極的な意味について普遍的な理念を発見するのである。それゆえ、ティリッヒは二つのレベルの普遍性を述べていたといえる。一つ目は、対話の過程において、それぞれの固有の立場において開示された生の意味を普遍的とみなすことであり、二つ目は、対話の先に見出される、固有の立場を超える普遍的な理念である。すなわち、固有性を超えて、その根源に至った、存在によって開示される人間の意味そのものである。

以上のように、ティリッヒの宗教史の神学とは、存在そのものである神のもとで、人間の生の意味をめぐって、個別の宗教と世俗的な疑似宗教が相互批判の対話をするというものである。そして、対話の中で各々の固有の視点が放棄されるのではなく、その視点に立って生の意味をより深く探求する先に、諸立場の固有性を越えた普遍的な人間の理念が見出される。この普遍的な理念が見出されるまで、ティリッヒは、十字架のイエスを基準とする、キリスト教の普遍性を主張するのである。

キュングの宗教間対話は、基本的にティリッヒの方法と類似しており、それをさらに深化させている。次節ではキュングの考えを取り上げ、第三節ではキュングを評価するために、この第一節での議論を用いることになる。

第二節　キュングの「現実信頼」と「神信頼」

キュングは、１９７８年に著作『神は存在するのか』を発表した。ここで示された宗教間対話に対する考えが基本的枠組みとなり、その後の対話をめぐるキュングの取り組みを方向付けた(２００)。その内容は、諸宗教と世俗的な人々が対話を通して生の意味について理解を深め合うというティリッヒが試みた構想を引き継ぐものであった。そこで本節では、本著作におけるキュングの対話に対する考えを明らかにしたい。本節の表題に挙げられている「現実信頼」と「神信頼」は、この諸宗教と世俗の対話への取り組みにおける鍵となる概念である(２０１)。

この著作におけるテーマは、第一章で取り上げた、人間の自然本性と恵みに関する議論をキュングが発展させて立てたものである(２０２)。最初に、どのようにこの議論が発展させられているのかについて基本的枠組みを確認して、二つの信頼について説明する準備としたい。この基本的枠組みは、信頼をめぐる議論をより良く理解し、キュングの神学におけるその位置を見出すための助けとなるはずである。

第一章では、次のようなキュングの主張を確認した。人間は、その自然本性においてキリストを通して既に恵みが与えられ義とされているために、人間は、罪に陥りながらも神に対して向けられているのだった。それゆえ人間は信仰を選んでキリスト者であることができ、現実に人間は、終末に向けて聖とされていく過程に立つことができた。そして、人間はその自然本性の点で事実上義とされているため、キリスト教の外において、諸宗教を信じる人間もまた神を求め神について語ることができた。この議論において、キリスト者も、非キリスト者の人間も、罪に陥りながら、既に恵みを与えられ救いに向けられていることを本性としているのだった。そして、この本性の点で等しく救いに向けられている一方で、キリスト者は、キリストによる信仰の呼びかけに自覚的に応答するかどうかによって、他の立場に立つ人間から分けられていた。

本章にてこれから論じるように、キリストを通して恵みを受けた人間の自然本性は、キュングの言う「現実」の内部に包摂される形で発展的に理解されている。この「現実」とは、キュングにとって重要な概念であり、後に「信頼」の概念とともに詳しく説明するが、ここでは、「現実」と二つの「信頼」の関係を簡潔に確認したい。「現実」とは、一人一人の人間が持っている意味世界の全体である。その「現実」の内部にて一人一人の人間は、自らの生を送る過程で、既に恵みを受けた自らの自然本性を信頼する。この信頼を行う者が、現実内にて信仰なしに生きているという意味で、世俗的な立場に立つ人間であり、この本性に頼って信仰なしに倫理的に「人間であること」ができる。その一方、「神信頼」とは、同じ現実内で諸宗教の信仰者が行うものである。キリスト教の場合、その人格において福音であるイエス・キリストに対する信頼である。この神信頼も、現実への信頼と同様に自らの生を送る過程で行われる信頼の行為である。そして、神信頼は、人間の自然本性だけに頼る信頼よりも、より深い確固とした信頼である。この神信頼を行う者が諸宗教の信仰者であり、その信仰者の一部であるキリスト者は、イエス・キリストに導かれて「キリスト者であること」ができる。

以上のように、第一章の自然と恵みをめぐる議論が、第三章の二つの信頼に関する議論に対してどのように関係しているのかについて、基本的な枠組みを確認した。一つに、既に恵みを受けた人間の自然本性が、現実信頼と「人間であること」という一対の概念に結び付けられ、同様に、一人の人格としてキリストであったイエスに対する信仰が、神信頼と「キリスト者であること」という一対の概念に関わっていた。二つに、第一章の自然と恵みをめぐる議論は、第三章にて「現実」の内部に包摂された出来事として論じられていた。三つに、神信頼が諸宗教のものであるように、「現実」の内部において、キリスト教を含む諸宗教と世俗の間における対話だけでなく、キリスト教と諸宗教の間の二つの対話が考えられている。

信頼の行為が行われる場所である「現実」について説明する。キュングによれば、「現実信頼」や「神信頼」に関わる「現実」とは、「私」と「世界」からなる個々の人間が持っている意味世界のすべてである。そして、意味世界のすべてであるから、「現実」について、あらかじめ限定したり境界線を定めたりすることはできない。「現実」とは、その人にとっての「実在するすべて」であり、あるものすべて」を意味するのである(203)。キュングは、とりわけ「現実」に含まれる次の三つに注目する。一つに、時間と空間からなるこの世界である。二つに、その世界に生きるすべての人間である。すなわち、あらゆる個人、集団、人種、宗教を問わず、具体的な人格を持ち生きる人間すべてである。三つに、「私」である自己自身である。この自己とは、「知性や意志、感情や本能、思考や身体、心情」などすべてを包括する人格であり、社会の中で一定の役割を持つ社会的自己である(204)。

そして、この「現実」の内部に生きる「私」とは、世界に対面する客観的な観察者ではない。「私」は、自らが生きている「世界」に対して意味を与えたり、その意味付けされた「世界」から自己にとっての「世界」を受け取ったりする。意味付けと解釈は、「私」と「世界」の双方向の作業なのである。それゆえ、「私」と「世界」は、「現実」内部での意味付けと解釈において切り離すことができない。「現実」とは、個々の人間が意味付けと解釈を行っている、「私と世界からなる現実」という固有の領域全体のことなのである(205)。

「現実信頼」についてより詳しく説明する。「現実信頼」とは、この「私と世界からなる現実」における、生の有意味さを獲得するための人間の行為を意味している。キュングによれば、「現実」における生が有意味であるか否かについては、確かではない。現実の中の生は、有意味であるとも、無意味であるとも言える。人間は、自己の生に有意味さを見出しながら生きることもあれば、または、意味を見出さない虚無的な生を送ることもある。そして、「現実」とは、「私と世界」からなる意味世界全体であるから、「私」の生が有意味であるかどうかを問うことは、「私」自身を含み、「私」が意味付けをしている「現実」が有意味であるかどうかを問うことである(206)。この「現実」が有意味か否かを決める判断は、一つ一つの行動に関する判断ではなく、その人間の生全体、振る舞い全体を形作る態度を定めることである。キュングは、この態度を「根本的態度」(Grundeinstellung)と呼ぶ(207)。また、その人間の生全体を規定することから、「現実」が有意味であるかどうかを選ぶこの態度決定は、「根本的決断」(Grundentscheidung)だとされる(208)。

キュングによれば、この根本的態度の決断は、生が有意味であるか否かという二者択一の間の自由な選択である。そして、この選択の自由とは、外的な論証を通して自由に選んだことが証明されるようなものではない。むしろ、「自由の内的経験」を通して自由に選んだのだと自らに経験される自由である(209)。キュングによれば、人間は、根本的決断に際して、「そのように、そしてその他のようではなく望む私自身の意志の根源として、自らによって私自身を経験」する(210)。この意志の根源としての私とは、私の存在(Sein)である。この私の存在に従っていると内的に経験することが、私の内的な自由の経験である。それゆえ、現実に対して有意味か否かの選択は、この私の存在に由来する根源的な意志に従うかどうかの決断である(211)。

この自己の存在に従う決断をすることは、キュングによれば、「賭け」である。というのも、「現実」において生が有意味か否かどうかは、態度を選ぶ決断の以前には判然としないからである。この判然としない、先の見通せない決断とは、「賭け」の行為なのである(212)。しかし、事前に結果の分からない賭けであっても、内的に経験する自己の「存在」に「私」が依り頼むならば、「現実」を「信頼」して、生が有意味であることに賭けることができる(213)。それゆえ、この有意味か否かの賭けをすることは、私と世界からなる現実を信頼するか否かの決断である。これをキュングは「根本的信頼または根本的不信頼」(Grundvertrauen oder Grundmißtrauen)と呼ぶ(214)。また、キュングによれば、「私」は、自己の根源である存在の点で信頼するように傾向づけられており、その「私」を包摂している「現実」自身が、不確かながらも有意味さを含んでいることによって、常に現実を信頼するよう「勧めている」のである(215)。

キュングによれば、現実を信頼することは正しい選択である。そして、その根拠は、現実自身によって示される。個々の人間が、自らの存在に由来する意志に従って根本的信頼を決断し、その信頼の行為を実践する最中に、「現実」の存在自身が「私」に明らかになるのである。すなわち、私が信頼という形で現実に対して自身を開くときに、「あらゆる不確かさの下で、現実が自身を開き、その同一性と意味、価値を示」し、私は現実における生の意味や価値を経験する(216)。同時に、私は自身の理性に含まれる「あらゆる不確かさの下で、私の理性に本質的な合理性があることを経験する」のである。それゆえ、私の根本的信頼は、信頼の実践の最中において「現実」の存在自体に基礎づけられたものとして明らかになる(217)。

以上のように、「現実信頼」の議論において、私と世界からなる現実を信頼する行為を通して、生が有意味であることが明らかになる。現実を信頼する行為のただなかにあって、意志の根源である私の存在と「現実」の存在とが、同じ傾向を持ち、存在自身によって生の意味が与えられていることを内的に経験するのである。それゆえ、「現実信頼」とは、「私」の存在に結びついている「現実」の存在を信頼して、存在が本来持っている有意味性に賭けることだといえる。

本節の冒頭で述べた基本的枠組みで示したように、第一章の議論を踏まえればキュングの構想は、救済史において既に恵みを与えられた人間の自然本性を、対話の文脈の中で語り直すことである。その自然本性と信仰を、生の意味や価値をめぐる、現実内部における二つの信頼の行為として論じるのである。現実信頼は、信仰を持たない世俗的な人々が行う信頼の方法である。さらに、その信頼の対として、既に恵みを与えられ神に向けられているというだけでなく、実際にそれに応答して信仰を持つという人間が行う神信頼という選択肢が述べられているのである。ただし、キリスト者だけでなく、諸宗教の信者も神信頼を行うという点が第一章の議論とは異なっている。神の救済史において、キリスト者とそれ以外の人間ではなく、諸宗教の人間と世俗の人間という構図になっているのである。

この二つの信頼の関係は次の通りである。「現実信頼」と「神信頼」は、分裂した別々の信頼の行為ではない。同じ「現実」の内部で、「現実信頼」よりも、より確固とした生の意味を求めて為されるのが、「神信頼」である。キュングによれば、「現実信頼」は、生の有意味性を明らかにする不動の方法ではない。より確固とした方法が、同じ現実への信頼を通した「神信頼」(Gottvertrauen) であり、「神信頼」は、神への信仰を意味している。しかし、「現実」においては、生が有意味であるか否かだけでなく、神が存在するか否かについても確かではない。そのため、神を信仰することもまた、賭けの問題である。加えて、神への信仰という表現が、非キリスト教信仰を排除する可能性がある。そのため神信仰ではなく、「神信頼」なのである(218)。この「神信頼」は、「現実信頼」を行っても生の有意味さが確実ではないと感じられた場合に選択される、現実へのより深い信頼である。そして、その信頼において開示される現実を、その存在の深みに至るまで信頼することが「神信頼」なのである(219)。「神信頼」を選んで、「現実」をより深く信頼するならば、「現実」は、その行為者に対して、その存在の更なる

「深み」を示す。「神信頼」を実践するただ中にあって、行為者は、「現実」自身が提示する最終的な根拠、支え、意味を経験する。「現実」は、その存在の最終的な固有の深みを開示するのである。この固有の深みに支えられて、「神信頼」は、神への不信頼に比べて、理性的な決断であることが明らかになる。信頼の前には不確かであっても、自ら信頼を決断したことが理性的な選択であったということが、「現実」自身が生の意味を示すことによって確証されるからである。それゆえ、「神信頼」とは、「現実」の深みに支えられた、「最終的に基礎づけられた現実信頼」である(220)。

この信頼の議論を通して、キュングは虚無主義と対決している。キュングによれば、「現実」を信頼しない根本的不信頼を選択する者は、虚無主義の立場に立っている。反対に、「現実」に対する信頼を選択する無神論者や世俗的な人々と、神信頼を選択する諸宗教の信仰者は、信頼の過程にて「現実」の有意味性を経験し、その信頼の選択が理性的な正しいものであることを知る。たとえ信頼の以前には「現実」が有意味であるかどうかが不確かであっても、虚無主義を意味する根本的不信頼と異なり、根本的信頼の賭けは、理性的に正しいと責任がとれる、首尾一貫した結果をもたらす選択なのである。たしかに根本的不信頼を選択して虚無主義に留まることは可能な選択であっても、「現実」の有意味性を否定する態度を人生において一貫させることはできず、理性的にも責任がとれないのである(221)。またキュングは、神信頼を論じる際に、仮説としての神を論じている。もし神が存在するならば、神は「現実」の存在そのものであり、「現実」が有意味であると信じられると仮説を立てる。そして、一旦その信頼を選ぶならば、神信頼の選択が正しいことが判明するという論証へと進んでいる。現実信頼の場合も同様である。虚無主義に対して、キュングはもし「現実」が有意味であるならばという仮説を立て、その「現実」を信頼する場合に、現実自身に確証される形で、その仮説の正しさが明らかとなるのである(222)。したがって、仮説である以上、「現実」への信頼は、誰にとっても決断できる自明の賭けではない。「現実」に対する信頼を選択するために、人間には賜物と課題が与えられているのである。

キュングによれば、「現実信頼」と「神信頼」は賜物であると同時に、課題でもある。まず、「現実信頼」と「神信頼」は賜物である(223)。「現実」は誰にでも前もって与えられているからである。不信頼の選択は可能であるものの、誰でも本来は「現実信頼」を選ぶことができる。また、「神信頼」においても、「現実」は誰にでも与えられているために、「現実信頼」からさらに「神信頼」へと進むことは誰にでも開かれた可能性である(224)。

次に、課題でもある「現実信頼」と「神信頼」は、一度の決断によって、一生にわたる生の有意味さを保証する行為ではない。たとえある人間が信頼を決断したとしても、「現実」における生の意味は、不確かなものであり続けるからである。そのため、信頼は常に脅かされ失われる危険を伴う。その危険を乗り越えて、「現実信頼」は、一度きりの行為ではなく、新たに決断され、呼び起こされ続けなければならない。したがって、「現実信頼」とは、生涯を通した課題なのである(225)。また、「神信頼」も同様に、人間が「神信頼」を選び続けることによってのみ、生の意味の最終的な根拠が明らかにされ続けるのである(226)。

さらにキュングは、「現実信頼」や「神信頼」には、社会的側面があるとしている。それによれば、ある人間が信頼を選択するためには、「汝」と呼べるような相手との人間関係が必要である。人間は、全人格として結ばれるような汝との関係において初めて、私や他者の「存在」を知り、信頼することを学ぶのである。また、信頼をするしないの選択は、たんに個人の内面的な決断にかかわるというだけではなく、とりわけ子供時代の適切な生育環境と社会環境によって左右される。人間は、子供時代に周囲の人間から信頼を教えられることを通して、将来に自立してから信頼を選択する基礎を身につける。そして、成長ののち、周囲から保護されるのではなく、大人として独立して「現実」を信頼することを決断する(227)。また、「神信頼」も同様に、周囲から教えられることを通して、「現実」をより深く信頼することが選びとられる(228)。それゆえ、「現実信頼」と「神信頼」は、「私」の内面における自由な選択という側面だけでなく、社会的に形成される選択という側面を持つのである(229)。

先述の通り、第一章で議論された、恩恵を受けた自然本性と信仰の問題が、対話の文脈では「現実」の内部における信頼の行為として議論し直されている。また、第一章のとおり、キュングは、救済史の中で行われる非キリスト者に対するキリスト者の奉仕を、世界平和の実現という社会的な目標に結びつけようとした。そして、この信頼の議論において、人間の内面と社会的な面の両方が関係づけられているのである。キュングは、諸宗教の人間や世俗の人間と生の意味をめぐって対話するにあたって、人間の内面だけでなく、社会的な面も視野に入れて論じようとしている。それゆえ、人間が恩恵を受けて既に義とされているだけでなく、実際に倫理的に変えられていく聖化の過程が、「現実」における社会的状況を伴った具体的な人間の生に関わるものとして理解されているのである。

第一章の議論によれば、救済史においてキリスト者は、非キリスト教の人間に対してキリストの言葉を用いて奉仕し、それを通して、すべての人が救済へと向けて聖とされていく歴史的過程を歩む。それに対して、この「現実」における議論では、「神信頼」にまで進む諸宗教の信仰者が、「現実信頼」を選ぶ世俗的な人々へと働きかけて、生や社会の改善を促す。それを促す動機は二つの信頼が含む課題に由来する(230)。キュングによれば、世俗的な人々は、「現実信頼」によって宗教から自律して生の意味を知ることができるものの、信頼を選び続けなければならず、また、人間に信頼を促すような社会を作らなければならない。世俗的な人々は、「現実信頼」を通して与えられた人間の生の意味を受け取ったという受動的状態にとどまるだけでなく、その生の意味に沿って、能動的に「人間であることを実現せねばならず、人間らしく生きる」べきなのである(231)。

ここで述べられている「人間であること」という言葉には、説明が必要である。キュングは、世俗的な人間との対話を推進するために「人間であること」が持ちうる倫理的価値に着目した。そして、次節で取り上げるように、この倫理的価値には、世俗的な人権思想によってだけでなく、宗教的な教えによって示される人間の倫理的価値をも包摂されることを、論証しようとした。キュングは、信仰を持たない世俗的な人間と対話するに際して、恩恵や聖化のような神学的概念によって示される人間についての理解だけを用いて対話を進めようとはしなかった。むしろ、人権思想に示される人間理解と神学的な人間理解との相互関係を考察しようとしたのである(232)。

次節で詳しく論じるように、キュングの考えに従えば、世俗的な人間は人間らしくあるために、倫理的な面で諸宗教の信仰者による間接的な援助を必要としている。その間接的な援助とは、「神信頼」をする諸宗教の人間が、「現実信頼」をする世俗的な人間の自律性を認めつつ、「現実」の深みという観点から、より根元的な人間らしさを実践することである。この実践を通して、世俗的な人間の生は倫理的に高められる。倫理的に高められる根拠は、諸宗教の信仰者が、神という「無制約的なもの」に命ぜられて倫理的規範を無条件に義務づけられているところにある。世俗的な人間は、現実信頼を介して「存在」を経験しているものの、その存在の深みにある神という「無制約的なもの」までは知りえない。そのため、人間らしくあることを無条件に自らに課すことができない。そこで、神信頼をする諸宗教の信仰者が、その深みに支えられた人間らしさを同じ現実の内部で実践して見せ、対話をすることによって、世俗的な人間を間接的に援助するのである。この信仰者による働きかけを通して、同じ一つの「現実」内で、世俗的な人間が個別の宗教から「自 - 律」しつつ、存在の深みにある神に教えられて生きることができる。そして、そのような世俗的な人間の状態を「神 - 律」と呼ぶことができるのである(233)。

では、キリスト教において神信頼はどのように理解されるのだろうか。そこで次節では、キュングの「根元的な人間」という主張を取り上げる。

第三節　「根元的な人間」としてのキリスト者

本節では、まず、キリスト者における神信頼の意味を検討し、次に、キュングが提唱した「包括的キリスト普遍主義」(ein inklusiver christlicher Universalismus) という対話の方法を取り上げて、その特徴を示す。

キュングによれば、キリスト者にとって、「神信頼」における現実存在の深みを開示したのは、信仰の原点に立つイエス・キリストである。このイエスが、キリスト者にとっての最も深い人間の生の意味を明らかにした(234)。そして、その意味は、人間の最も深い希望として示された(235)。

> 神は、未来から来たる希望をもたらすものとして、まさしくイスラエルのための未来の約束から、イエス自身から知られるごとくにある……未来は神のものである。その意味は、すなわち、各々の人間が向かうところではどこにでも、生と死において、神はそこにある。人類全体が発展して向かうところにはどこでも、その上昇と没落において、神はそこにある。神は最初のそして最終の現実としてある(236)。

キュングによれば、イエスは、この希望について山上の説教や十字架の死と復活において明らかにした。山上の説教においてイエスは、神の意志が実現することを望み、人間に対して、その心情と行いにおいて神に従順であることを求めた。人間自身が来りつつある神の前で責任をもって立つことを求めたのである(237)。

この神の意志は、キュングによれば、人間の幸福が実現されることである。聖書において一貫していることは、神が人間の幸福を目指し、聖書的な人間の救いのために、決定的かつ包括的な幸福を意志していることである。イエスは、神の到来が近いという考えのなかで、神の意志と人間の幸福を等置したのである(238)。神が人間の幸福を意志することは、イエスの死と復活によって現実となり、さらにその死と復活は、イエス自身に対する信仰へと高められた。イエスは、虚無の中へと死んだのではなく、神である最終的な現実によって受け入れられた。イエスがこの最終的な現実である神の中へ死に、その現実において再び生かされたのである(239)。同時にこの復活への信仰は、神への信仰を強めることになった。すなわち、イエスの復活への信仰は、創造者たる神によって死が克服されたという信仰へと急進化されたのである(240)。

死が克服されたことへの信仰は、キュングによれば、神が愛によって人間の苦しみを引き受けたことに対する信仰である。苦しみが引き受けられたことにより、人間は幸福であるべきだという神の意志が現実になったのである。イエスの死と復活に対する信仰を通して、人間である信仰者にとって、喜びだけでなく、苦しみが神の存在を示すことを意味するようになる。信仰において、神は、人間のための神であり、人間に対して親しい、ともに苦しむ神である。十字架において最も明らかになったことは、神自身が弱い人々、病人や貧者、抑圧された人々だけでなく、非道徳的な人々や神を失った人々の側にも立っているということである(241)。そして、苦しみにおいて神が傍に立っているのは、苦しみに触れさせないのではなく、苦しみにおいて人間に対して神が愛の恵みを与えているからである。イエスの十字架の死と復活において、神は、この最も深い愛を人間に与えたのである(242)。

キュングによれば、その人生と十字架で明らかにされたゆえに、この神の愛の恵みは、福音書に伝えられる、キリストとして信じられたナザレのイエスの人格全体において具体的に説明されている。すなわち、「イエスは、人間の姿形において生きた神の言葉であり意志」である(243)。この人格は、彼の人生で示された神の意志と言葉の「生き生きとした具体化」である。そして、イエスは、「結果の伴わない崇拝や、神秘的な参入」、「文字通りの真似」を呼びかけているのではなく、「個々人の実践的な倣い」を呼びかける。この人格が具体化している点で、キリストの福音とは、本質的に切り離すことができない、イエスという人格そのものなのである(244)。それゆえ、その人格において神の愛を示すナザレのイエスは、真理をめぐる「非人格的な理念や、抽象的な原理、一般的な規範や純粋な思考体系」と比べて、根本から変えられた「新しい人生の行き方」を可能にするはるかに強い影響力を持っている(245)。というのも、この歴史の中で生きた人格は、その生において人間に具体的に教え、呼びかけ、新しい生の実現への期待を与えたからであり、この人格の言動や振る舞いに多様な形で人間は倣うことができるからである(246)。

では、その人格において福音であるイエスは、ある特定の状況に対してどのような具体的指針を与えるのだろうか。キュングによれば、イエスが説いた神の愛が、ある特定の状況におけるキリスト者の振る舞いに方向性を与える。イエスの愛は、あらゆる徳や原理、規範の根本原理であり、隣人の幸福のために意志された行為や振る舞いである。すなわち、愛という動機から隣人の幸福のために行動する者は、イエスが説いた愛という神の法を満たす。そして、この愛は、服従や占有ではなく、隣人を自由にする愛である。「どの状況にあっても、愛は規範を一義的にする。愛によって、人間の幸福を望む神の意志が最上級の規範であり続ける」のである(247)。

このイエスが示した、隣人を自由にする愛は、キュングによれば、政治的経済的な運動によって人生や社会の否定的な側面を一掃することを促すものではない。むしろ、イエスの十字架に示された神の愛は、キリスト者に各々の日常の生活の苦しみを担わせる力を与え、それと戦い、作り変えていくことを教える。すなわち、イエスに倣うことは、喪失や死、孤独や貧困、抑圧や不平等といった生活の苦しみを無くすことはないけれど、それに立ち向かって作り変える力を与える。そして、あらゆる困難や抑圧の中で押しつぶされたり、絶望に陥ったりすることなく、そのような状況の中で自由にし、イエスの十字架を仰ぐ者に希望を与える(248)。

苦しみを担い作り変えるこの希望は、イエスに倣うなかで、最終的に神によって人間に与えられる。キュングによれば、この希望は、その人間の固有の能力、成功、社会的功績に基づいておらず、神の恵みと寛大さを頼りにして与えられる希望である。人間が人生にて最終的に頼りにするものは、自分自身ではなく、神である。「健康や病気、仕事に就いているかどうか、仕事の出来不出来、成功の多寡、借金のありなし」が最終的に人間の人生の価値を決めるのではなく、むしろ、人生全体にわたって神への揺るぎない信頼を持つことが、人間の人生にとって最終的な価値を与えるのである(249)。

キュングによれば、神への信頼に支えられて苦しみを担い克服するという点で、キリスト者であることは、たんに世俗的な人間であること以上の意味がある。すなわち、キリスト者は、人間主義者であると同時に、「根元的な人間」であることができるのである。その「根元的な人間」としてのキリスト者は、十字架にかけられたイエス・キリストに倣うことで、肯定的な面だけでなく、苦しみ、罪、死、意味の喪失といった人間の否定的な面を担い作り変え、その苦しみの中で人生や社会において希望を保つことができるのである。キリストに倣って生きることは、個人的にも社会的にも、苦しみという負の側面を消し去りはしないけれども、そのなかで倣う人を自由にし、新しい道を指し示す。イエスに倣うことは、人生や社会の人間らしくない側面を、より人間らしく変えていくことを可能にするのである(250)。

以上のように、キュングによれば、現実の深みが示す人間の生の意味は、イエス・キリストが具体的に示した。イエスにおいて神は、人間が幸福になることを意志し、人間の苦しみを担った。それゆえキリスト者は、イエスに倣うことを通して、より人間らしくあれる。彼に倣うことを通して、神に頼って苦しみという負の状況においても、より人間であることができる。それゆえ、キリスト者であることは、現実信頼に留まって人権思想を頼りにする人間であることよりも、根元的に人間であることを意味するのである。そして、この「根元的な人間」であるという点に、キリスト者が世俗的な人々と対話をする際の独自性がある。キリスト者は、キリストであるイエスに倣う生を送る中で、神に依り頼む人間らしい生き方を世俗的な人々に示すことができる。なぜなら、この人間らしさは、キリスト者だけの個人的なものではないからである。神がキリスト者に示した、苦しみを担う愛は、隣人を愛することを命じる。キリスト者は、人生や社会の否定的な側面を担い、作り変え、克服するような、苦しみから自由にする隣人愛を他者に絶えず与え続けながら生きる。それゆえ、この人間らしさは、キリスト者にのみ与えられているのではなく、キリスト者の隣人を愛する働きを通して、他者にも伝えられるのである。ここにキリスト者が世俗的な人間と対話する意義がある。すなわち、この隣人愛の実践を通してキリスト者は、世俗的な人々にとっての課題である、現実信頼を促すような人間らしい生と社会の実現のために根元的な人間らしさを示し、奉仕する。そしてキリスト者は、その働きの中で、キリスト教の教えが「根元的」な人間主義であることを、世俗的な人々に対して表明するのである(251)。

キュングは、諸宗教にもまた、それぞれのかたちで「人間であること」に対する独自性と意義があるとするものの、それについて詳しく論じていない。キュングが強調するのは、これまでの議論からすれば、人間であることをめぐって、諸宗教の人間は、世俗的な人間に対して指導的な立場にあるという点である。たしかに、現実信頼の議論にしたがえば、世俗的な人間もまた、同一の現実の中で人間存在について理解する様式の一つである。現実を信頼するただ中に、現実が開示する存在によって、生の意味が明らかになるからである。しかし、神信頼を行う諸宗教の信仰者は、より深く「現実」を経験し、その存在の深みにある神から人間であることを根元的に教えられている。それゆえ、諸宗教の信仰者は、人間らしくあることの実現に際して指導的立場にある。キュングは、宗教と世俗との対話において、宗教から世俗への一方向的な関係を述べているのである。

その一方でキュングは、キリスト教と諸宗教との対話をめぐって、「包括的キリスト普遍主義」を唱える。その考えによれば、キリスト教と諸宗教は、「共通」の真理をめぐって相互批判の対話をする関係にある。キリスト者と諸宗教の人々は、同じ「現実」のなかで神信頼を選択し、「現実」の存在の深みによって示された生の意味について語っている。この点でキリスト者と諸宗教の人々は、「共通」の真理を共同で探求しているのである。そして、諸宗教との対話の際に、キリスト者は、イエス・キリストを真理について判断する決定的な基準とする。諸宗教が説く真理について、イエス・キリストを基準として判断するのである。キリスト者がこの基準を用いることは、諸宗教の人々にとって積極的な意味がある。キリスト者は、「共通」の真理を探究する過程にて、諸宗教の人々が、それぞれに固有の教理や伝統を通して真理についての理解を深めるための、「触媒」や「結晶点」として批判的な働きをするのである(252)。キュングは、このイエス・キリストを基準として対話する態度を、「包括的キリスト普遍主義」と呼ぶ(253)。

キュングは、この「包括的キリスト普遍主義」を、キリスト教と諸宗教との関係においてのみ述べている。しかし、「現実信頼」と「神信頼」を踏まえるならば、キリスト教からみて諸宗教、世俗との関係は、次のように整理できる。すなわち、キリスト者は、諸宗教の人々との間では、イエス・キリストを基準として、「共通」の真理をめぐる相互批判の対話をする。世俗的な人々に対して、キリスト者は、イエス・キリストに倣って生きる、「根元的な人間」として、隣人愛を実践する。諸宗教と世俗的な人々のどちらとの関わりにおいても、イエス・キリストが基準となっている。キリスト者は、このイエス・キリストを基準として、諸宗教が説く真理や、世俗的な人権思想との関係を保つのである。それゆえ、「包括的キリスト普遍主義」なのである。

宗教間対話の議論において、キュングは、宗教多元主義を推進していたヒックやニッターから、「ルビコン川を渡っていない」との批判を受けた。「ルビコン川を渡る」とは、ヒックやニッターなどが述べた台詞であり、イエス・キリストの啓示が真理についての最終的な基準であるとすることを止め、諸宗教の教えもまたキリスト教にとって、イエス・キリストと同等に真理についての規範であると認めることを意味する。ヒックやニッターらは、諸宗教が説く真理の相違は、神的実在についての表現の違いであるとする神中心主義という立場を取っていた[254]。さらにヒックは、イエスを宗教的に優れた人間の一人だと見なし、その教えは、実在に関する諸宗教の教えと共通する内容を持つ諸様式の一つだとした。ヒックにとって神であり人間であるとは現実の出来事ではなく、「もし神の受肉という考えをメタファーとして解釈するならば、まったく自然に、すべての偉大な宗教的人物はそれぞれ異なる仕方で神的実在に応答しつつ生きている理想的な人間の生き方を受肉しているといえるようになる」のである[255]。それゆえヒックらは、イエス・キリストが真理の普遍的な基準であることを譲らないキュングを非難したのである。しかしキュングにとって、イエス・キリストが神について決定的な教えを示したことは否定できない確信である。神であり人間であり、キリストとして信じられたナザレのイエスへ応答する人間がキリスト者なのである[256]。そのため、キュングの立場からすれば、キリストが説いた真理の普遍性を取り下げ、ほかの宗教の教えもキリストと同等の価値あるものとして受け入れることは困難である。

一方で、ヒックやニッターらの批判は、「包括的キリスト普遍主義」というキュングの主張が含む課題を明らかにしている。一つに、神信頼として現実をより深く信頼するというとき、その現実の存在が、どのような信仰対象を意味しているのか曖昧である。諸宗教が信仰する同一の究極的存在を意味しているのだろうか。それとも、キリスト教の立場からのみ真に開示される現実の有意味性を説明しているのだろうか。その場合、ほかの宗教が包摂され、キリスト教の神のもとに立っているのだろうか。二つに、キュングは、キリスト教の場合は述べたが、諸宗教における人間性がどのようなものか説いていない。結晶点の役割を果たす言うとき、キリスト教と同一の人間性に至り、最終的にキリスト教の理解に包摂されて独自性は認められないのだろうか。三つに、キュングは、世俗的な人々は、人間らしくあるために神なしで可能であることを部分的にしか認めていない。現実信頼よりも神信頼がより深い信頼であることが当然とされており、世俗的な人々が人間らしくあるためには、神との結びつきが不可欠として議論されている。そのため、世俗的な立場からの人間性の意味や独自性が十分検討されておらず、世俗的な立場に対してキリスト教からの一方的な主張という評価を免れない。

結局のところ、『キリスト者であること』の頃のキュングは対話に関して、キリスト教の側から論じることに集中しており、キリスト教、諸宗教、世俗の間の相互性が議論の視野に入っているとは言い難い。対話と言いつつも、キリスト教が諸立場を一方的に包括する主張であるため、対話の方法としては諸立場からの支持を得ることが困難であるだろう。

おわりに

本章では、キリストであるイエスという人格に倣ってキリスト者が奉仕することには、諸宗教や世俗という立場に立つ人々に対してどのようなキリスト教の独自性と意義があるのかということを検討した。その検討のために、第一節では、宗教間対話の基本的な枠組みを確認し、キュングに影響を与えたティリッヒの「宗教史の神学」を取り上げた。この神学では、キリスト教と諸宗教の信者だけでなく、人権思想を掲げる世俗的立場の人間もまた対話の相手に数えられ、この三者が、人間の生の意味を知るという共通の目的のために対話するとされた。そして、この三者の教えは、生の意味を根源的に開示する存在が様々な時代や文化の中で異なる様式で姿を現した結果として、人間によって互いに異なって説かれているのだった。それゆえ、この三者は、それぞれの立場が持つ固有の視点に立ちながら、生の意味をめぐって批判的に学びあうことができるとされた。

ティリッヒによれば、この固有の視点は、キリスト教の場合、イエス・キリストである。キリスト者にとって、キリストが生の意味を究極的に明らかにした。キリスト者は、この視点から、諸立場における生の意味に関する教えを批判的に検討する。その意味で、キリスト者にとって、キリストは普遍的なものである。さらに加えてティリッヒは、諸立場の人々が固有の視点に立って対話し、固有の視点からの理解を深めていった先に、その固有性を越える普遍的な人間の理念が見出されるとする。それゆえ、対話の過程にあっては、諸立場の固有な視点が、それぞれの立場の人間にとって普遍的なものであり、対話の帰結するところには、その固有性を越えた普遍的な視点が現れるのである。

第二節では、キュングが述べた、「現実信頼」、「神信頼」という概念を取り上げた。キュングは、対話の理論を構想するに際して、第一章の自然と恵みをめぐる議論を、人間の具体的な生に結びつける形で発展させた。「現実信頼」とは、既に恵みを与えられた存在としての人間が、信仰なしに倫理的に自律している立場であることを神学的に説明するための概念である。「現実信頼」の「現実」とは、個々の人間にとっての意味世界全体を指す。個々の人間は、事物を解釈し意味付け、さらにその意味付けた事物から構成される一人一人に固有の「私と世界からなる現実」を生きている。もしも個々の人間である「私」が、「私」という存在に本来備わっている傾向に従って「現実」を信頼するならば、「現実」の存在自身が、その信頼を選ぶ人間に対して、人間の意味や価値を開示するのである。すなわち、この信頼の意味は、「私と世界からなる現実」の一部としての「私」自身が、恩恵を受けて善を求め行う存在であることを自己肯定することである。この自己肯定により、世俗的な人間は、自らの有意味性を知り、信仰なしに善を求め正しく生きようとすることができるのである。そして、「現実信頼」を決断して生きる世俗的人間は、「現実信頼」を継続し、開示された人間の意味に沿って、「人間らしく」生き続け、また「現実信頼」を引き起こすような人間らしい社会を建設しなければならないという課題を持っている。

「神信頼」を行う諸宗教の信仰者は、その課題を助けることができる。なぜなら、「神信頼」を行う人間は、人間らしくあることを、より深く、根元的に実現することができるからである。すなわち、「神信頼」をすることは、「根元的な人間」であることを意味するのである。「神信頼」とは、同じ「現実」の内部にあって、「現実信頼」よりも深く「現実」を信頼することである。もし深く信頼するならば、「現実」は、信頼の行為者に対して、その存在の深みを明らかにする。そして行為者は、その信頼を行為するただ中に、現実信頼の際よりも確固とした、人間の意味や価値を経験する。それゆえ、「神信頼」をするならば、その人間は、善を行える自然存在であるというだけでなく、現実の深みにある神によって、そのような自己を確証され人生を導かれるのである。

そして、キリスト教にとって、この現実の深みを明らかにした人物が、第三節で述べたように、イエス・キリストである。このイエスを信頼して彼に倣って生きる者は、神が人間の苦しみとともに立つ愛に支えられて、人生の負の側面を担い、作り変え、克服できる。この愛は、キリスト者に与えられるだけでなく、キリスト者の働きを通して非キリスト者にも伝えられる。イエス・キリストに倣うキリスト者は、隣人愛を通して、他者に対して、負の側面を担いつつ自由になる生き方を伝えるからである。そのような生き方は、人間主義者であるよりも根元的に人間らしいのであり、世俗的な人間に対して見本として影響を与える。それゆえ、キリスト者は、「現実信頼」を行う世俗的な人間が、人間らしい生と社会を作るという課題に取り組むことを助けることができる。

しかも、この助けは、世俗的な人間に対して信仰を強制しない。なぜなら、「現実信頼」と「神信頼」とは、同じ現実内で分断されていない、信頼の程度によって区別される人生に対する二つの態度の違いだからである。「神信頼」とは、「現実信頼」に頼る世俗的立場の独自性を認めつつ、神信仰をする立場の方が人間の生き方としてより深いことを示し、さらに、その深みからの協力に意義があることを世俗的な人間に対して説明する神学的な概念なのである。そして、第一章では、恩恵により義とされ神に向けられた自然な状態に留まる人間に対して、キリスト者は、キリストに対する応答によって区別されていた。それに加えて、この「信頼」の議論においては、世俗的な人々とキリスト教を含めた諸宗教の信仰者という区分が、現実信頼より深い神信頼という言い方を用いて宗際的に論じられているのであった。

キュングによれば、「神信頼」を行う諸宗教の信仰者は、同じ現実の深みを示した神のもとで、「共通」の真理をめぐって相互批判と相互理解を深める。その対話の中でキリスト者は、真理の「触媒」や「結晶点」の役割を果たしつつ、対話を促進する。そして、キリスト者にとって、イエス・キリストは真理の基準であるから、その基準を用いて諸宗教の教えを批判的に学ぶ。また、キリスト者は、世俗的な人間に対して、イエスに倣う根元的な人間らしさを伝える。それゆえ、キュングは、諸宗教の信仰者に対しても、世俗的な人間に対しても、イエス・キリストを基準にして関係を保つ、「包括的キリスト普遍主義」を述べるのである。

以上のことから、本章の問いに対する答えが見だされる。キリスト者が、キリストであるイエスに倣って奉仕することは、世俗的な人間に対して、神に頼る根元的な人間らしさを明らかにする点で独自性があり、イエスに導かれて、世俗的な人間が、人間らしい生を送ることを促す点で意義があるのである。そして、キリスト者にとって、キリスト者の独自性はイエス・キリストという真理の基準にあり、諸宗教の信仰者に対してキリスト者が対話に参加する意義は、この基準を提示することによって、「共通」の真理を求める対話を促進する点にあるのである。

しかしながら、対話をめぐってキュングは課題を残している。キュングは、現実との結びつきをもとに世俗的な人々と諸宗教の人々との対話を構想しているものの、信頼の行為において開示される存在が何であるのか明確にしていない。神信頼による存在の深みは、キリストによって真に示されたというのか、諸宗教に共通の究極的な存在なのか不確かである。キュングは、「包括的キリスト普遍主義」を標榜してキリスト教の立場から論じるが、ニッターが指摘したように、諸宗教の固有の立場が認められているのかどうか曖昧であり、キリスト教の優越的な主張だとの批判は免れない。同様に、諸宗教における固有の人間であることの意味も十分検討されていないままである。世俗的な人々に対しても、人間らしくあるために神に頼るほうがより根元的であることが当然として論じられており、世俗的な人々と諸宗教の人々は同等の立場にない。これに対してティリッヒは、晩年の宗教史の神学において、キリスト教、諸宗教、世俗の三つの立場の人々による、生の意味をめぐる対等で相互的な対話の可能性を検討した。そして、相互批判的な対話を経ることで、各立場の固有の視点の先に、普遍的な理念が見いだされることを期待した。それゆえティリッヒと比較して、１９７０年代のキュングには、諸立場の相互影響という考えは見出しづらく、あくまでキリスト教の立場から諸立場にどのような影響を与えるべきか、そのためにキリスト教はどのようにあるべきかを論じることに集中している。

ところが、キュングのこのような考えは、１９８０年代にはいって変化する。キュングは、カトリック教会から処罰されたことで神学部を離れ、宗教間対話の研究に大きく歩を進めた(257)。諸宗教について個別の研究を開始し、信仰や教義をどのように解釈し理解するのかについて歴史という観点から議論を深めようとした。そして、人間性の意味を、キリスト教の立場からのみ論じるのではなくて、内在的と外在的視点を導入して、諸宗教との対話という文脈の中で規定しようとした。そこで第四章では、このような対話をめぐるキュングの新たな試みがどのようなものであるかを、歴史と解釈という点に着目しつつ、検討する。

第四章　宗教の「パラダイム論」と「人間性」

はじめに

前章のとおり、キュングは諸宗教や世俗の人々との対話を試みたものの、その包括主義的な方法は課題を多く含んでいた。しかし、１９８０年代に入ってキュングは対話について大きく研究を進め、とくに課題となっていた、対話において諸立場が相互に影響を与え合うという点について考えを改めることになった。その変化をもたらしたのが、理解することの歴史性について、トーマス・クーン（Thomas S. Kuhn）の「パラダイム論」をキリスト教神学に応用しようと試みたことである。第二章で論じたように、現在の信仰を形作っている種々のキリスト論をはじめとする諸教理は、キリストとして信じられたナザレのイエスとの交わりに始まる信仰の歴史的な過程の中で、発見され理論化されてきたものである。それゆえ、諸教理は原点に立つイエス・キリスト以上に信仰にとって決定的ではありえず、歴史のなかで再解釈されるべきものである。では、どのように歴史の中で解釈すべきなのだろうか。しかも、キリストが神について決定的に明らかにしたという信仰を維持しながら、現代の諸宗教、世俗の立場にある人々との対等な対話を可能にするような解釈の方法が、問題となるのである。そこで本章の第一節では、キュングが取り組んだパラダイム論の特徴を説明する。第二節では、歴史性を重視するキュングのような立場とは反対の立場に立つ、ジョージ・Ａ・リンドベック（George A. Lindbeck）の教理理解を検討し、キュングのパラダイム論について理解を深める。第三節では、キュングが解釈と対話のために定式化した「批判的エキュメニズムの神学」と「エキュメニズムの基準学」を取り上げて、「人間性」を軸に対話が構想されていることを示す。なお、本章で主に用いるキュングの著作は、１９８７年の『新しい出発点にある神学』である。

第一節　宗教の「パラダイム論」

本節では、キュングが提案した宗教の「パラダイム論」について説明する。キュングは、１９８３年にパラダイムについてのシンポジウムをドイツ・テューービンゲン大学にて開催し、パラダイムという概念を宗教学の分野に応用することを試みた(258)。そもそもパラダイムとは、科学史の分野にてトーマス・クーンが１９６０年代から提唱した概念である(259)。クーンは、科学がどのように発展するのか、また対立する科学理論がどのように選択されるのかをめぐって科学史を論じ、パラダイム論を提唱した。パラダイムとは、「所与の集団の構成員によって共有された信念、価値、技法などの全体的な布置」である(260)。自然科学においては、この布置のなかで現象が解釈され、学問的発見が評価される。また逆に、この布置から外れたところで行われる現象の解釈や科学的「発見」は、理解されないか、受け入れられることが困難である。そして、あるパラダイムは、新しい発見や理論の拡大によって新しいパラダイムに取って代わられて転換する。科学者は、科学的探究に際して、前提となる標準的理論、概念のみならず、それに基づいて実験の仕方やデータの解釈方法、問いの立て方や課題などを共有し、それらを専門的な教育課程や研究の経験の中で言語的非言語的に身に着けている。それらが共有されることで、科学者のコミュニケーションが成り立ち、知識が蓄積される。このような科学的探究を形成している諸前提が、パラダイムと呼ばれるのである(261)。

しかし、時に既存の標準理論とは異なる新たな理論が提唱され支持が広がるならば、新たなパラダイムに転換する。新たな標準的理論とともに研究方法や課題に関する諸前提も変化し、そのもとで科学的知識が新たに蓄積される。もちろん、新パラダイムは旧パラダイムから多くの用語を引き継いでいるが、それらの用語は新たに結びなおされて意味付けが異なっており、正しく通訳することは不可能である。たとえば、物が落ちるという同じ出来事について、ニュートンの万有引力とアインシュタインの相対性理論では、その出来事のなかに働いている引力や重力について違うものを観測し異なる説明をしている。ただし、部分的なコミュニケーションは可能であり、共通の用語を使って比較したり議論したりすることができる。しかし、前提にある理論が異なっているため、新しい理論を受け入れるかどうかという点に行きつき、すれ違いに終わらざるをえない。その受け入れは、理論的に劣っているかどうかではなく、心理的社会的な理由によって支持が広がり、パラダイムが転換するのである(262)。

野家によれば、このパラダイム転換が科学とは何かを理解するうえで重要な提起となった。一つは、パラダイムを客観的に評価するための中立的な言語は存在しないという点である。科学において何が観察される事実なのかは、その事実が発見される文脈に依存している。すなわち、その発見が行われる際に前提としていた諸理論に依存しているのである。何が観察される事実であるのかは、理論負荷的なものであり、前提としている理論を離れて存在しない。さらに、理論を証明するための事実もまた理論に依存しているため、証明も真理も理論内的にのみ適用される概念なのである。たしかに前提とする理論にそぐわない反証事例が発見されたなら、前提の理論を放棄するべきだという反証主義は注目されたが、パラダイム論において意味をなさない。あるパラダイムにおいて科学は常に理論に反する事例に取り囲まれており、そのような変則事例を標準理論内で解決する努力が重ねられるのである。また、科学理論は一つの仮説のみで成り立っているのではなく、多数の補助仮説や背景知識を含んだ包括的な仮説であるから、一つの反証事例によってパラダイムとなっている科学理論を否定することはできない。したがって、パラダイムを超越する一つの中立的な言語によって、論理的にパラダイム間の正しさの度合いを判断することはできない。もちろん、前述のとおりパラダイムの間で部分的なコミュニケーションは可能であるが、同じ言葉を用いていても、依存している理論的文脈が異なれば、その意義の説明だけでなく、指示対象は変化している。物が落ちるという現象において用いられる引力や重力という概念は、ニュートンとアインシュタインにおいて異なった理論的対象を指し示し異なる説明を与えられている。同一の実在に対する記述と説明の精密化という観点から、連続的進歩は語れないのである。それゆえ、パラダイム転換は断続的な変化であり、その間を通訳し評価する中立的な言語はあり得ず、その転換は社会的心理的な側面から解明する必要があるのだ(263)。

以上のように、クーンのパラダイム理論に従えば、科学における真理とは、それが発見されたパラダイム内にのみ主張しうるのであり、そのパラダイムの理論的文脈に依拠した規約主義的なものなのである。それゆえパラダイム間を超越する中立言語はありえず、パラダイムの優劣を論理的に比較できないため、その転換は心理的社会的な側面に理由が求められるのである。そしてクーンは、このような転換の意味を踏まえて、科学像の転換を迫った。知識が常に増大して真理へとより接近するという進歩的な科学像を否定し、パラダイムの交代による断続的転換という科学像を提示した。そして、真理という目的のために進歩するという視点に代えて、知っていることからの進化という視点を提案したのである(264)。

パラダイムという概念は、科学哲学の分野を越えて広く普及し、他分野の学問、さらには一般社会にまで拡大解釈されて用いられるようになった。そして、パラダイムの「転換」という点に注目して、自らの学問のディシプリンに適用しその学問の問い直しを論じるための道具として使われた(265)。キュングもパラダイム論を神学に応用しようと試み、自然科学のパラダイムと対比しつつ、宗教のパラダイムと社会のパラダイムについて論じた。自然科学のパラダイムが自然現象を解釈し理解するための知の全体的な布置であることに対して、宗教のパラダイムは、ある宗教が解釈され理解される枠組みを為す知の全体的な布置である。この全体的な布置とは、ある宗教において、諸宗派や諸学問的立場といった個々の自己理解を作り出すような、規範的な思考の枠組みである。この布置の内部にて信仰が理解されるのである(266)。また、自然科学と宗教のパラダイムは、パラダイムの転換における継続と断絶の点で異なっている。自然科学のパラダイムでは、新しいパラダイムを生み出すような新発見がひとたび受け入れられるならば、古いパラダイムは全く放棄される。ところが、それとは異なって、宗教のパラダイムでは、新発見によって新しいパラダイムがもたらされても、古いパラダイムの完全な放棄には至らない。古いパラダイム自体は、放棄されるのではなく、一部の人々によって維持され続ける。パラダイムの転換に際して、その新しいパラダイムにおける伝統の解釈が信仰に適う真なるものであるのかどうかを信仰者は問われるからである。そして、ある信仰者が、適わないと判断する場合は、新しいものを拒否して既存のパラダイムを保持しようとし続けるのである(267)。それゆえ、宗教においては、複数のパラダイムが同時に並行して存在することになる。

宗教のパラダイムにおいて、キリスト教の場合に解釈の対象となるものは、自然現象ではなく、その人格において福音であるイエス・キリストや、その福音を解釈してきた伝統や教理である。さらにイエスは、パラダイムの中で特別な位置を占める。イエスは伝統や教理を通して常に再解釈されることによって、信仰に関する新しい意味をそのパラダイムの中の人々に与えるのである。そして、あるパラダイムにおいて、イエスについて解釈され新しく発見されたことは、部分的な信仰理解の変化に留まらず、時にそのパラダイムにおける規範的な理解に変更を迫り、新しいパラダイムが生じるきっかけにもなる。イエス・キリストの福音は、どのパラダイムにおいても信仰理解の根源的な規範であり、パラダイム転換の原動力となり、解釈され続けるのである。もっとも、福音とその解釈は完全に切り離すことはできないため、過去のパラダイムにて形成された伝統や教理が新しいパラダイムにも伝えられ、そこにおいて別の視点のもとで吟味されるのである(268)。

キュングは、諸宗教にもキリスト教と同様に宗教のパラダイム論を適用する。キリスト教の場合との違いは、パラダイム転換を通じても継続している関心が、イエス・キリストへの関心ではないところにある。諸宗教における、その関心の対象とは、仏陀やムハンマドのような諸宗教の教えにとって各宗教に固有の決定的なものである。諸宗教は、その固有な決定的なものの教えを解釈しようとする過程で信仰理解を改め、各宗教内部の諸パラダイムが形成されるのである(269)。それゆえキュングにとって、諸宗教は、固有の決定的なものに規定される独自のパラダイムを持つ個別の営みである。個別の営みであるから、諸宗教の教えを、特定の教理に還元したり、別の教えに置き換えたりすることはできないのである。

キュングがキリスト教の場合に提案するパラダイムは次の6種類である。すなわち、「原始キリスト教的な黙示的パラダイム」、「古代教会のヘレニズム的パラダイム」、「中世のローマ・カトリックのパラダイム」、「宗教改革のプロテスタントのパラダイム」、「啓蒙された近代のパラダイム」、そして到来しつつある「同時代のエキュメニズムのパラダイム（近代-後）？」である(270)。さらにユダヤ教とイスラム教に関しても諸パラダイムを提案している。たとえば、「啓蒙された近代のパラダイム」は、自由主義神学に結びつけられ、ユダヤ教にも近代に同化しようとするパラダイムと代表的人物が例示されている。諸パラダイムの提案を通してキュングは、諸宗教を宗教のパラダイムごとに比較できるのではないかとする。各宗教のパラダイムという枠組みにそって諸宗教を類型化し、その類型ごとに諸宗教を比較する。その比較は、過去を明らかにするというよりも、それぞれのパラダイムにおける知識の前提や方法が、どのように現在の運動や教派に対して影響し、現在の在り方を形成しているのかを明らかにする。それを通して、現代の諸宗教の平和的相互理解のための基礎研究にしようとするのである(271)。

キュングは、宗教のパラダイムに加えて、社会のパラダイムについて述べている。社会のパラダイムとは、宗教のパラダイムを包摂するような、より一般的に広まっている社会的な確信や価値、経験の様式などに関する布置である。これに対して宗教のパラダイムは、社会の諸パラダイムの中にありながら、その変転する諸パラダイムとは区別される理論的実践的な一定の座標系（Koordinatensystem）を形成している。そして、この二つのパラダイムを区別しているものも、固有の決定的なものに対する一貫した関心である。信仰者は、社会のパラダイムから切り離すことのできない影響を受け取りながらも、伝統や教理を解釈して固有の決定的なものについて知り、宗教的な使信を得ている。それゆえ、諸宗教の信仰者は、信仰を理解するために、固有の決定的なものから得る観点と、その信仰者が生きている社会のパラダイムから受け取る観点という二つのものを持っているのである(272)。

キュングは、社会のパラダイムから受け取る観点があるということを理由に、諸宗教が別々のパラダイムを持つ個別の営みである一方で、諸宗教の相互関係を主張する。諸宗教は、社会の中で、人生や死の意味をめぐって、たんに理論的な言葉の上だけの真理を語っているのではなく、実践を伴う真理を説いている。そのため、真理について問うとき、同じ社会の中で、諸宗教が、相互の無関心や、相対主義、折衷主義に陥ることなしに、相互批判的に対話することが必要になる。そして、その相互批判のための基準としてキュングが着目するのは、「人間性」という倫理的価値である(273)。しかもこの人間性は、人権思想に沿う人間らしさである。現代において諸宗教の信仰者は、互いに出会うだけでなく、世俗的な人間が人権思想によって自律しながら人生と社会を築いていることに直面して、人間性という視点から自らの信仰理解について反省するという課題を共有している(274)。そこでキュングは、人権思想を踏まえながら、諸宗教が説くところの人間性をめぐって対話しようと試みるのである。これについては、第三節でさらに論じる。

以上のようにキュングは、自然科学のパラダイムを参考にして、諸宗教の信仰を歴史的に理解するために、パラダイムを論じている。とりわけキリスト教については、信仰理解の変転を、6種類のパラダイムで説明しようとする。また、ユダヤ教、イスラム教にも諸パラダイムを提案し、諸宗教にまでパラダイム論を広げようとしている。加えて社会のパラダイムについても述べることで、各宗教における信仰理解の変化が社会的な影響を受けてきたことを理論に組み込もうと試み、そのうえで現代の人権思想と人間性という課題に諸宗教を向かい合わせようとする。それゆえキュングのパラダイム論は、諸宗教における信仰理解の歴史的な変転を主張することによって、宗教間対話と、そのための宗教の基礎的な歴史研究の促進を狙いにしているといえる。

しかしながら、キュングのパラダイム論を検討してきたが、神学において、パラダイムと明確に呼べるほどの理解の枠組みがあるのかどうかはいまだ定かではない。もちろん、過去の神学思想を振り返れば、キュングが挙げる過去の5つのパラダイムのような大きな意味での時代ごとの神学的特徴は言いうるのかもしれない。それでも、6つ目のパラダイムは、既存のものではなく、これから来るべきものとされている。「同時代のエキュメニズムのパラダイム（近代‐後）？」というキュングが期待し、そのために努力しているパラダイムが生まれるのかどうかは、不確かである。

ただし、芦名が述べるように、クーンのパラダイムが本来意味していた、「思惟の前提あるいは枠組み」が存在し歴史的に変化してきたという点は、神学にとっても重要な視点である(275)。そして、この点こそキュングが神学にパラダイム論を導入した理由であるだろう。キュングは、イエス以後の信仰の諸理解を、歴史過程の中で生じた歴史的なものとして把握するとはどういうことかについて、対話の発展を念頭において明らかにしようとしている。ちょうどクーンのパラダイム論は、科学が永続的で進歩発展的な真理ではなく、歴史の中で転換する規約主義的なものであること、新しい理論の支持拡大は、心理的社会的な基礎を持つことを示した。このようなパラダイムの特徴は、キュングが強調する、イエス・キリストが信仰にとって決定的であり、それに対して、イエス以後の歴史的な産物である信仰の諸理解は相対的であるという点を、理論的に根拠づけやすいはずである。さらに、科学理論が真理の増大へと連続的に進化していないのと同様に、歴史の中で分化したキリスト教諸教派の信仰理解に優劣をつけることがないため、エキュメニカルな対話を促進しやすい。諸宗教との対話においても、信仰理解が歴史的に変化することの承認を諸宗教の信仰者に対して要求しつつ、同時代の社会的側面から議論をすることで、互いの変化に影響を与えることが可能になる。そこでキュングは、第三節で取り上げるように、パラダイム論を用いて二つの対話のための「学」を定式化するのである。

しかしその学を取り上げる前に、検討すべき点がある。歴史的に変化する規約的なものなら、どのような信仰の理解も相対的であり、福音に規範的な力はないのだろうか。また、心理的社会的な理由で信仰の形が変化するだけで、その変化に福音の働きはないのだろうか。これらの点に取り組むために、まず第二節では、キュングと反対の立場に立つリンドベックの教理論と、それをめぐる議論を取り上げる。

第二節　教理の解釈と人間の経験

キュングのパラダイム論によれば、ある信仰の理解とは歴史のなかで、社会の影響を受けながら変転するものであり、その変転の中で生じる複数の信仰理解は、伝統や教理について異なる枠組みを持つために、どれかのみを正しいと判断することは出来ないのだった。しかし、このような信仰を多元的、相対的に捉える考え方に対して、リンドベックは、歴史を超えて一貫する信仰を理解する枠組みがあり、社会の変化を被っても、その枠組みが変化しないことを訴える。本節では、まずこの主張を説明する。

リンドベックは、諸宗教の対話をめぐって、教理のための三種類のアプローチを提案した。このアプローチは、著作『教理の本質』においてキリスト教のエキュメニカル運動に参加した経験から提示されたものであり(276)、諸宗教の相互関係をどのように捉えるのかについて、宗教間対話の領域をこえて広く注目された(277)。

三種類のうちの一つ目は、「命題‐認知型」アプローチである(278)。このアプローチは、「認知」の側面を強調し、教理が現実世界の事物と一対一対応する命題だと見なすもので、教理が客観的現実について知識を与え、真理主張をすると考える。この教理理解のもとでの宗教間対話においては、ある宗教が対立する教理を持つ場合、どちらかが屈するかまたは両方が自説を取り下げない限り、対立が収まることはない。

二つ目は、「体験‐表出型」アプローチである。このアプローチでは、諸宗教の間で内的感覚や実存的態度が一致しているならば、異なる教理であっても、それらが諸宗教の間で同一の内的感覚を象徴していると見なされる。教理とは、内的感覚や実存的態度についての非知識的・非論証的象徴なのである。また反対に、諸宗教の間に似ていたり異なったりしている教理があるとしても、それらが一致しているかどうかは、それが象徴している内的感覚や実存的態度が実際に調和しているとみなされるかどうかにかかっている。この教理理解のもとで行われる宗教間対話では、共通の内的感覚や実存的態度に根拠を置くことによって、異なる宗教の間でも連帯と協同を生み出しやすいので、説得力のあるアプローチだとされる。

リンドベック自身が採用するのは、三つ目の「文化‐言語型」アプローチである。このアプローチでは、教理が、言説や内的態度、行為に関して共同体の内部で権威を持って働く「規則」を定めると考える。この教理の定める規則に従って、宗教に属する人々は、自己や世界を解釈したり体験したりするのである。そして、ある人が宗教的になるとは、教理が提供する、解釈や体験を可能にする枠組みや語彙を内面化し、それに熟達することである。たしかにこのアプローチにも認知主義的な面はあるものの、その認知は、解釈や体験の枠組みを内面化した結果として、その宗教に属する人々が習得するものである。それゆえ内面化という点で、リンドベックは、「命題‐認知型」と「文化‐言語型」アプローチを区別する。「命題‐認知型」は、教理を第一に現実を説明する信じられるべき命題とする。「文化‐言語型」は、そのような認知の側面よりも、ある一定の様式を持つ、自己や世界の解釈や体験を導く内面化された一連の技術としての教理の側面を重視する(279)。同様に内面化という点で、「文化‐言語型」と「体験‐表出型」アプローチの違いも明らかになる。「体験‐表出型」では、教理によって象徴される、諸宗教に類似の内的感覚や経験が前提としてあると考える。それに対して、「文化‐言語型」では、内的感覚や経験の側面を重視するものの、それは、教理の定める枠組みを内面化した結果として生じるものであって、諸宗教に共通の内的感覚や経験があるというのではない(280)。さらに、「文化‐言語型」アプローチは、「命題‐認知型」アプローチが軽視する、音楽や芸術、儀礼のような非論証的な文化的次元を、「体験‐表出型」と同様に宗教の基礎的要素と見なす。非論証的な文化の中でまとめ上げられている生活全体の構造の内部で、教理が規定する語彙や枠組みは内面化され、力を得るのである(281)。

以上の三つのアプローチの区別に基づいて、リンドベックは、「文化‐言語型」アプローチが宗教間対話において特別な意味を持つとする。「文化‐言語型」アプローチによれば、教理とは、一定の様式を持つ、自己や世界の解釈や体験を導く内面化された一連の技術である。そのため、諸宗教は、教理が異なるならば、宗教ごとに自己や世界についての解釈や体験はそれぞれ異なり、共通性はない。諸宗教が対話するための基盤となる、諸宗教に共通の概念や経験はないのである。もしもある宗教における概念や経験が別の宗教に持ち込まれたなら、それらは意味をなさないか、全く別の意味を持つのである(282)。

共通の基盤がないという点から、リンドベックは宗教間対話の方法について、次のように提案する。すなわち、宗教間対話の方法とは、共通の基盤を求めるのではなく、各宗教が自らの「文化‐言語」の体系に基づいて、対話のための独自の根拠を展開することである。その考えに立てば、諸宗教は、対話の根拠となるような教理や宗教的経験の一致があるという確信は持ち得ない。しかし、共通の根拠がないのであれば、対話は相互に優劣を競うことを必ずしも伴わない。お互いをそれぞれ異なる立場だと率直に認めた上で、自らの挙げる独自の根拠に基づきながら、お互いの類似点や相違点を探し合うことができる(283)。

宗教とは、世界を解釈し理解するための内的な枠組みであり、互いの間に共通の基盤がないという点は、キュングが採用したパラダイム論と類似している。パラダイム論においても、理解とは、そのパラダイムにおける主要な理論に依拠して行われるのであり、そこで把握される事実や真理は理論内的なものである。しかし、リンドベックの場合、パラダイムが転換するということはなく、二種類の水準の教理を指摘することで、ひとつの宗教内には歴史を超えて一貫する枠組みがあると述べる。

まず、第一次水準の教理とは、真理を主張できる命題として使用される場合の教理である。教理が真理を主張できるのは、個人や共同体を形成する礼拝や告白、従順、契約の遵守といった行為等において具体的に使用されるときのみである。すなわち、個別具体的な文脈において特定の対象を指し示す場合の使用によってのみ、その教理は真理を主張できる。それゆえ、その教理が主張する真理についての真偽の判断は、その宗教の言語に通じている者が、その使用状況を理解できる場合にのみ下すことができる(284)。

次に、第二次水準の教理は、第一次水準で用いられる教理の使用方法を定める。すなわち、この水準の教理は、真理を主張するのではなく、第一次水準における教理が何を対象とし、どのような関連を持つのかを説明したり擁護したり、分析したりして、統制する。いわば、文法としての役割を持つ。それゆえ、第二次水準の活動である限り、その教理は、神や神と被造物との関わり、信者の言説や行為をめぐる第一次水準における主張の真偽について何も主張できない。そのような真偽は、第一次水準における教理の具体的な使用においてのみ可能なのである(285)。したがって、第二次水準の教理とは、それ自体の真偽を判断するものが存在しない、その体系内での真理主張を規定する「教理としての教理」なのである(286)。

第二次水準としての教理という点から、リンドベックは宗教の永続性について説明する。それによれば、宗教の永続性は、第二次水準として用いられる同一の教理の体系によって、時代ごとに変遷する人間の基礎知識や経験が解釈されるという点に担保される。まず、時代ごとに、宇宙や人間、正義が何か等についての世界を理解する枠組みは変化し続ける。そして、そのような枠組みとしての世界像に適用される、第一次水準の教理が指示し意味することも変わり続ける。しかし、そのことは、宗教が諸世界像によって解釈されることを意味しない。逆に、変化する諸世界像が、「同じ一つの宗教によって再解釈」されることを意味する。というのも、諸世界像が変遷するにつれて第一次水準にて用いられる言葉やその指示対象が変わりつつも、第二次水準の点で教理は、諸世界像を解釈する第一次水準の教理を統制する文法だという点で同一のまま存続するからである。しかも第一、第二次水準の教理はともに一字一句不変の命題ではなく、異なる言葉や概念を用いた別の文であっても、同じ意味を表現できる。ニカイア信条を、それが定式化された時とは違う言葉で言い表せられるように、第二次水準の教理は、表現形式とは切り離して多様な文で同じことを表現でき、同じ統制する役割を一貫して果たすのである(287)。

そこでリンドベックは、第二次水準の教理が、何を根拠として永続的な文法としての機能を持つのかについて明らかにする。それによれば、聖書というテキスト自身が、キリスト教における第二次水準としての教理の源泉である。すなわち、キリスト教の教理は、聖書というテキスト内から読み取られたものとして創り上げられている。聖書のテキストは、信者たちに自身の人生や世界を解釈するための内的な枠組みを提供する。第二次水準における文法としての教理は、聖書のテキスト内に根拠を持つのである(288)。

リンドベックは、教理が聖書のテキスト内に根拠を持つことについて、キリスト教の中心的テキストである、福音書のイエスの物語を例に説明する。たしかに、福音書にある、イエスの物語については、歴史学、実存主義、倫理学、形而上学に依存する多様な解釈の枠組みがあり、それぞれテキストに関する特定の問いを明確化して、異なるイエス像を浮かび上がらせる。そして、どれもニカイア信条と調和するという意味で、どれも正統なものである。しかしながら、キリスト教の理解と実践にとって、それらは決定的なものではない(289)。「信者は、(ハンス・キュングの場合のように)『再構築された歴史のイエスに従うように』と言われているのでもない」のである(290)。それに対してリンドベックによれば、福音書の解釈の枠組みは、歴史上の出来事のようなテキスト外に指示されるものに規定されない。むしろ、「信者たちは、『イエスの物語に描かれているイエス・キリストに従うように』と言われて」いる。つまり、聖書のテキスト内在的な読み方によれば、「テキストそれ自体の文学上の構成から、神学上の統制的意味を明確にしめす解釈の枠組み」を導き出すことが重要であり、さらに「この種の文学的アプローチは、たんにイエスの物語のみならず、聖書全体に適用すべく押し広げることができる」のである(291)。

リンドベックの主張がパラダイム論と異なるのは、第二次水準の教理という、歴史を超えて続く、信仰の理解を統制する原理があるとする点である。第一次水準の教理が、具体的文脈において指し示すものが歴史の中で変わるのとは異なり、第二次水準の原理は歴史の中で変化せず、しかも時代によって変化する諸世界像を解釈する側でもある。それゆえリンドベックの立場では、第二次水準の教理は、イエスの物語から直接取り出された、非歴史的で無変化な、信仰を理解する枠組みなのである(292)。そしてこの枠組みがキリスト教と諸宗教との間では異なっているから、共通の基盤がない中で対話を行なわなければならないのである。これに対してキュングのパラダイム論では、歴史と社会の影響を受けて信仰を理解する枠組みは変転するとされ、第二次水準のような不変の枠組みは考えられていない。イエスは常に解釈の対象であり、パラダイムごとに異なって理解され、信じられているのである。同時に、イエスは聖書の記述に限定されない歴史上の人物であり、記述の向こうから、常にキリストに倣う生き方を呼び掛けている。その意味で、イエスは単にパラダイムごとに異なって解釈されるだけでなく、諸パラダイムを越えて、彼に倣って生きる人間と社会を造り変える存在である。

したがって、リンドベックとキュングの立場は異なっている。とくにキュングが、諸宗教は社会のパラダイムの中にあることを共通点にして、諸宗教が直面する共通の人間性という課題をめぐって対話し相互変革を進めようと訴えることは、リンドベックの立場からは困難な主張である。たしかにリンドベックの立場でも、共通の基盤がないことを認めたうえで人間性について対話することはできるが、第五章で取り上げる世界倫理のような諸宗教に共通の倫理の探求にまで進み難いのである。

この立場の違いは、キュングが影響を受けている思想的系譜をたどって、より詳しく説明することができる。キュングは、アメリカの神学者トレーシーとともにパラダイム論の研究を行った。カトリック神学者であるトレーシーは、三章で触れたティリッヒの相関の神学を、１９７５年の著作『秩序のための祝福された怒り』のなかで発展させ(293)、批判的相関の神学（critical correlation）を提案した。トレーシーによれば、ティリッヒは相関の神学において十分に相関を実現しておらず、神学にしか問いに対する答えを与える力を認めず、世俗思想や諸宗教からの答えとキリスト教からの答えを比較しなかった。それに対してトレーシーは、キリスト教神学の二つの源泉を挙げて、批判的に相関させようとする。一つが、共通の人間の経験と言語、二つに、キリスト教の伝統である。この二つの源泉が相互に批判的に解釈されることで、両者の相違や類似を解明し、最終的にはキリスト教の信仰の下で評価される。これによってトレーシーは、現代社会の知識や価値観のもとでキリスト教信仰の意義を再提示しようとした(294)。

キュングは、この批判的相関関係に１９８０年に言及し、イエス・キリストと現代の人間の間にある「批判的相関関係」を述べた。それによれば、イエス・キリストの福音は古代社会の世界観にて告げられたため、伝統的に福音書から読み取られ伝えられてきた福音は、現代の人間が持つ常識には理解しがたい対立する内容を持つ場合がある。その対立する内容は、現代の人間に相応しいように再解釈され調和的に理解される。しかし、その対立する内容は、調和的に解決されるだけでなく、ときに現代の人間に対して反省を促す対決的なものとして受け取られる[295]。そしてキュングは1987年に、この批判的相関関係を本章第三節で取り上げる「批判的エキュメニズムの神学」に吸収発展させたのである。

一九八〇年代に入って、トレーシーは、聖書の公共的な役割に注目するようになる。聖書は、他の宗教的な古典や文化的な古典と同様に、真理や意味について新しく開示する力があり、しかもその意味や価値は、個人や教会内でのみ開示されるのではなくて、公共社会や学術界においても開示する力がある。このような教会や個人内に制限されない、聖書の意味や真理の公共性は、聖書に記される神の普遍性に由来している。それゆえ、神学者は、聖書を個人内に留めるのではなく、聖書の意義を社会へと仲介すべきなのである。神学者は、聖書を教会の中でのみ解釈するのではなく、残り二つの場所でも、批判的に他の古典による開示と批判的に結びつけながら解釈するのである。さらに、キリスト教徒以外による解釈によっても聖書は新しい意味や価値を開示することを承認する[296]。ただし、一方的な意味の押し付けではなく、二つの対話と結びついた聖書解釈がトレーシーの重視するところである。その一つが、世俗思想や諸宗教などの他者との対話であり、もう一つが自らの伝統との対話である。トレーシーは、他の伝統との真なる対話は、その伝統への回心への危険をはらむものであるとし、キリスト教の伝統自身も多元的であいまいなものであることを認め、現代社会においてフェミニズムやセクシズムといった批判的側面に向き合う必要を指摘した(297)。

以上のようにトレーシーは、より相互的な形でティリッヒの相関の神学を発展させることから始まって、さらに聖書の意味開示を、世俗や諸宗教の伝統、キリスト教自身の伝統との批判的対話と結びつけながら、現代の公共社会の中で行おうとした。第五章で扱うキュングの世界倫理も、同様の発展の道筋をたどるものであり、イエスに倣うことの公共的な意義を現代社会の中で対話しながら明らかにしようとするのである。

また、トレーシーが、聖書の公共的な意義のために、教会とその外での聖書解釈を古典の一つとして同等に認めて相互批判しようとしたり、キリスト教の伝統を現代的な課題の点から自己批判したりする点は、リンドベックと異なっている。リンドベックによれば、教理とは、聖書から取り出され、信仰を理解するための内面化された枠組みである。それゆえ、その枠組みを持たない教会の外の人々の解釈は、キリスト教徒の解釈とは必然的に異なるはずであるし、第二次水準の教理は現代的な課題によって批判されるのではなく、反対にそれに対してキリスト教的な解釈を与えるはずだからである(298)。このようなリンドベックとトレーシーの立場の違いを、ニッターと似た立場を取るキュングもまた持っており、ティリッヒ、トレーシーの対話をめぐる議論を踏まえながら、自らの対話の方法を模索していたのである(299)。

第三節では、パラダイム論を踏まえたキュングの対話の方法論を取り上げ、とくに福音の規範的な役割を重視しながら、その方法論が構成されていることを指摘する。

第三節　「批判的エキュメニズムの神学」と「エキュメニズムの基準学」

本節では、宗教の「パラダイム論」をキリスト教に適用した「批判的エキュメニズムの神学」と、宗教間対話に応用した「エキュメニズムの基準学」について説明する（300）。「批判的エキュメニズムの神学」は１９８７年に提唱された。この学では、「イエス・キリスト」という最終的な基準のもとで、「イエス・キリストの福音に基づくユダヤ‐キリスト教の伝統（301）」と、「現代の人間の経験世界（302）」という二つの定数（Konstante）が相互批判的に相関する。この二つの定数が、イエス・キリストという最終的な基準のもとで批判的に相関することによって、現在における信仰の理解が新たになされる。

まず、一つ目の定数である「イエス・キリストの福音に基づくユダヤ‐キリスト教の伝統」について説明する。キュングによれば、この伝統は、キリストと信じられたナザレのイエスに接した弟子たちに始まる。そして、新約聖書は、この弟子たちと同じく、ユダヤ教の伝統に属する人間によって解釈され記された、神の啓示を証言する書物である（303）。この人間の書物であるかぎり、新約聖書に記されているイエス・キリストは、その人格において福音であった、キリストと信じられたナザレのイエスとは同一ではない。また、キュングによれば、もしも過去に一人の人格として現れたイエス・キリストを切り離すならば、人間の証言したイエス・キリストについてのみが福音書を通して語られることになる（304）。それゆえ、リンドベックのように、テキスト内の文学的構造のみに注目した福音書解釈がなされるならば、伝統の中で形成された人間の理解のみに沿って、イエス・キリストが語られることを意味する。

二つ目に、「イエス・キリスト」という最終的な基準について述べる。キュングによれば、弟子たちに信仰を引き起こした、信仰の原点に立つイエス・キリストの人格は、現在に至ってもなお人間の側の福音書解釈に働きかける。この原点にあるイエス・キリストの人格自身が、人々の「解釈や神学、宣教、公会議の決定や教会当局の声明のあらゆる限界や誤りを超えて」、聖書について常に新しい価値や認識を人々に気づかせるのである(305)。それというのも、イエスは、聖書の成立前と成立後の歴史のなかで聖霊として人間を信仰において導いており(306)、福音書に伝えられるイエスは、福音書の背後にあって、その記述や史的資料、教会の教えによっては知り尽くすことができないからである。

第二章の議論によれば、この弟子たちが出会って信頼した人格が、イエス・キリストに関するあらゆる理解の起点にある。キュングによれば、キリストとして信じられた、ナザレのイエスという人格が、弟子たちに神であり人間であると信じられ、その信仰のもとにイエスの言葉や振る舞いが伝えられ、福音書に記された。すなわち、この原点に立つ、一つの人格であるナザレのイエスがイエス・キリストである。そして、福音書に伝えられるこのイエス・キリストについての理解を深める過程で、後世の三位一体論や受肉のような概念を含む教義的なキリスト論が発見されたのである(307)。それゆえ、福音書の記述、史的資料、教会の教えが伝えるイエス・キリストは、このイエスという人格自身ではない。信仰の原点にあるイエスという人格は、福音書や教義、史的資料を通して知られる一方で、それらによって完全に知り尽くされることがない。したがって、この「無限に多様な」方法で知られるイエスを前にするならば、人間の側の理解は固定されることなく、常に改められるのである(308)。

三つ目に、イエス・キリストという最終的な基準のもとで、「ユダヤ‐キリスト教の伝統」と、「現代の人間の経験世界」という定数が批判的に相関することについて説明する。ここで批判的相関とは、ある教派で伝統的に教えられてきたイエス・キリストの福音と、信仰者が持っている現代の世界観の間にある、調和的及び批判的な関係を意味する。ある教派の伝統や教理で伝えられてきた福音の解釈は、過去の人間の経験世界に由来する。そして、現在の人間は、過去とは異なる経験世界を背景にして福音書を読み、伝統や教理を解釈する。その過去の経験世界における解釈に対抗して、現代に引き付けて伝統や教理が再解釈されたり、反対に伝統的に教えられてきた福音が現代の人間に対して、自らの信仰理解を改めさせるような批判的な視点を与えたりする(309)。

それゆえ、この批判的関係は、現代に引き付けて解釈する「翻訳」だけではなく、「対決」を含んでいる。「翻訳」とは、過去の世界観の中で発見されたユダヤ‐キリスト教の伝統の中で伝えられてきた福音が、現在の信仰者が生きている状況へと引き付けて言い換えられることである。一方、「対決」は、翻訳に際して、その伝統的に理解されてきた福音が現代の人間の経験に対して根本的に矛盾するときに生じる。そしてこの両者の間で、福音について理解が定まらないならば、最終的な判断は、その人格において福音であるイエス・キリストに従って下される。知り尽くされることのないイエスという人格を前にして、伝統的な理解も個人の理解も反省を促されるからである(310)。

以上のようにして、「批判的エキュメニズムの神学」の内容を明らかにした。この「学」では、「イエス・キリスト」という最終的な基準のもとで、「イエス・キリストの福音に基づくユダヤ‐キリスト教の伝統」と「現代の人間の経験世界」という二つの定数が批判的相関関係にあり、その関係の中で、現代の人間にとってのイエス・キリストの福音が理解されるのだった。そして、その福音書に伝えられる福音を知るに際して、解釈者である現代の人間の経験を背景にする理解と、過去の人間の経験のもとに解釈され形成されてきた伝統や教理が批判的に相互に関係し、ときに対決する。そして、その人格において福音であるイエスが、最終的な基準として、この対立を調停する。それゆえ、この「学」では、理論的に見れば、イエス・キリストが、教理による伝統的な理解を改めたり、現代の人間の信仰に新たな視点を導いたりするのである(311)。

この「学」は、キュングにとって、キリスト教エキュメニズムを推進する根拠になっている。キリスト教諸教派の教理や伝統は、この「学」の中で一つの定数に過ぎない。諸教派の教理や伝統は、信仰者の経験世界や、最終的な基準である「イエス・キリスト」に対して相対化される。諸教派の人々は、自らの教派の教理や伝統が批判的相関関係のために見直しを迫られるときは、イエス・キリストという人格に立ち戻る。それゆえ、諸教派の教理や伝統は個別のものであっても、この「イエス・キリスト」が最終的な基準である点で、諸教派の人々は、一つのキリストの教会に属することになる。すなわち、諸教派には教理や伝統の違いがあるにもかかわらず、原理的には、イエスを中心とするエキュメニカルな教会が見出されるのである(312)。イエス・キリストの人格は、諸教派の伝統の中で形成されてきた教理に見直しを迫り、諸教派はその人格に連なることによって、その教派の伝統の内に固定化されないのである(313)。福音であるイエスという人格を最終的な基準とする限りで、福音書に伝えられるそのイエスは、諸教派の伝統よりも根源的なものとして保持される。そして、その結果として、どの神学者や教派の福音書解釈も教理も決定的な地位を持たないことになる(314)。それゆえ、この神学は「エキュメニカル」だと名付けられるのである。

ところで、定数の一つである「現代の人間の経験世界」には、キュングが挙げるところでは、諸宗教の人々との出会いや、人間の権利や尊厳といった「人間性」という課題が含まれている(315)。ここに着目するキュングは、「批判的エキュメニズムの神学」を発展させて、キリスト教と諸宗教との関係を規定する「エキュメニズムの基準学」を提唱する。また、その「基準学」の前提として、前述のとおり諸宗教にも宗教のパラダイム論を適用している。キリスト教の場合と同様に、諸宗教の人々は次の二つの解釈のための観点をもって、自らの信仰理解を改めているとする。その解釈のための観点の一つは、仏陀やムハンマド、孔子といった各々の宗教に固有の決定的なものである。二つは、信仰者の経験世界である。信仰者の経験世界には、キュングが着目する諸宗教との出会いがあり、さらに信仰者は人権思想を重視する現代の世俗社会のなかで、人間性という倫理的視点から信仰について反省することを迫られている。

キュングは、諸宗教が、各宗教に決定的なものという独自の視点から信仰を理解し、信仰者の世界に意味を与える固有の営みであることを認める一方で、現代の経験世界の中で、人権思想に直面して人間性という点から自らの伝統を反省して信仰理解を改めるという諸宗教に共通の課題を挙げる。すなわち、諸宗教は、人間性という倫理的価値を各々の伝統のなかに再発見して実践し、その宗教の実践が人間性を実現するものであることを示す課題を負っている。そして、キュングの対話の構想における基軸は、人間性を実現しているかどうかという基準で批判し合うことを通して、独自の営みである諸宗教が相互影響を与えあうというところにある。この対話の構想が、キュングの「エキュメニズムの基準学」である[316]。

この「学」の特徴は、前章の「包括的キリスト普遍主義」と比較すると明確になる。この普遍主義では、キリスト教は、諸宗教に「共通」の真理を探究するための「触媒」や「結晶点」として働く。キリスト者が直接にキリストの教えを述べることで、諸宗教の人々は、その伝統の教えをより深く知り、存在によって示される真理の探究を促される。それに対して、この「基準学」においては、個別の営みである諸宗教は「共通」の真理を持たない。各々の固有の教理や伝統を直接の根拠にして、他宗教の教えや実践を批判することはできない[317]。そのために、キリスト教は、イエス・キリストを批判のための直接の基準とする、諸宗教に共通の真理を求めるための「触媒」であることはなくなる。そのかわりに、基準学の方針は、相互批判をきっかけにして、各々の宗教が自らの伝統について自己批判的に深く学ぶことである。そのためにキュングは、次のような相互批判のための間接的な基準を提出する。

その基準は二つある。一つ目の基準が「一般的な倫理の基準」である。この基準は、相互批判するに際して、諸宗教の営みが「人間性」に沿うかどうかを判断するための倫理的な基準である。「人間性」が「一般的な倫理の基準」である理由は、先述した通り、個別の営みである諸宗教は、「人間性」という信仰者の経験世界における共通の倫理的課題に直面しているからである[318]。諸宗教は、社会的な実践を通して、人間性を実現しているかどうかが問われているのである。人間性とは、諸宗教における固有の真理に沿った実践を、倫理という観点から相互批判するための基準なのである。この基準に合うという意味で、信仰者に人間性を実現させる宗教は真で正しく、実現を妨げる宗教は誤りの宗教なのである(319)。二つ目の基準は、「一般的な宗教の基準」である。この基準は、各宗教が、各々に固有の決定的なものである「聖典」や規範的「人物」に従っているかどうかを判断するための基準である。たとえば新約聖書、コーラン、または孔子や仏陀に従っている限りで各々の宗教は真なる宗教である(320)。各々の宗教に固有の決定的なものが「一般的な宗教の基準」となる限り、諸宗教は固有の営みであることができる。

第三章で残された課題の一つは、諸宗教の教えと人間性との関係が述べられていないことだった。キリスト教の場合は、キリストに倣う生き方という点で「根元的な人間」であるのだった。しかし、諸宗教がどのような意味で、「根元的な人間」を実現するのかは、残された課題だったのである。そして、キュングは、「エキュメニズムの基準学」という主張によって、この課題を解決しようとしている。この「学」では、諸宗教の人々は、現代の経験世界の中で、ただ一方的に、人権思想のような人間の価値を擁護する思想を受容することが求められているのではない。むしろ逆に、諸宗教の人々は、固有の決定的なものによって教えられている人間性について、人権思想との出会いをきっかけに反省し、その教えの理解を深めるのである。諸宗教は、一般的な倫理の基準にて人間性の実現を求められていても、その人間性の内容は人権思想の繰り返しではなく、一般的な宗教の基準における固有の決定的なものの教えを解釈しなおして発見された人間性なのである。それゆえ、諸宗教は、この「基準学」における倫理と宗教をめぐる二つの基準に従って人間性を実現するとき、その人間性は、世俗的な現代世界からもたらされた人権思想のままではなく、諸宗教の決定的なものによって教えられる人間性に変えられている。すなわち、この基準学における人間性とは、人権思想を包含するような、諸宗教の伝統に沿う反省された人間性なのである(321)。そして、諸宗教は対話を通して影響を与え合いながら、この人間性を独自に探究するのである。

以上のように、この「基準学」では、人間性をめぐって、諸宗教における伝統の解釈と相互批判という点に重点が置かれている。第三章の議論のように、共通の「現実」の存在とのかかわりで「根元的な人間」が述べられ、キリスト教徒の特別な役割が主張されることはない。むしろ、諸宗教が、それぞれどのように自己の伝統を再解釈するかという問題に、対話を重視しながら取り組む。キュングは、その解釈と対話の方法論に取り組んだのである。そしてこの方法論はキリスト教にも諸宗教にも等しく適用される点で、どの宗教も対等に扱われている。

ところで、「エキュメニズムの基準学」は、キリスト教の場合に、次のように理解される。キュングによれば、イエス・キリストという人格が一般的な宗教の基準に当てはまる。キリスト教は、このイエスに従うことで、宗教として真なる宗教であり続ける(322)。また、このイエスという人格に倣うことは、一般的な倫理の基準である人間性の実現を妨げないだけでなく、人間性をさらに深く実現するものである。それというのも、イエス・キリストに倣うことの中で人間性を理解することによって、キリスト者は、たんに人権思想だけではない、人生の負の側面を担う根元的な人間性を実現するように促されるからである。

さらに、「批判的エキュメニズムの神学」と「エキュメニズムの基準学」の関係は、キリスト教において次のとおりである。「批判的エキュメニズムの神学」では、最終的な基準である「イエス・キリスト」が、諸教派の伝統と現代の信仰者の経験という二つの定数の相互関係を調停する。後者の「エキュメニズムの基準学」においては、このイエスが、キリスト者における人間性についての理解を定める。それゆえ、キリスト者は、両方の学において、福音であるイエスに従って現代の経験世界において信仰を理解し人間性を実現する。また、二つの「学」は、このイエスという基準のもとに、二つの定数や基準間の批判的関係を整理していることから、どちらも「エキュメニカル」な「学」なのである。そして、キリスト者が、福音であるイエスのもとで人間性を実現することは、諸宗教の視点からみて、キリスト教が宗教として真なるものであることを意味する。キュングは次のように述べる。キリスト教がより人間らしくなればよりキリスト教らしくなり、よりキリスト教らしくなれば、諸宗教から見てもより真の宗教らしくなるのである(323)。

しかしながら、もしキリスト者が、対話に際して福音であるイエスを諸宗教に対しても一貫させ普遍的な真理の基準として語るならば、諸宗教の個別性を尊重していないという批判が生じる。この問題をキュングは、「内在的視点」と「外在的視点」を提案して解決しようとする。まず、内在的視点とは、ある一人の人間における、信仰という実存上の視点である。この視点では、自己の人生にとって真なる宗教は一つだけであるとされ、他の宗教は、その福音に反しない限りという条件付きで真の宗教だと見なされる。信仰者は、この内在的視点では、自らの信仰における固有の決定的なものに従って諸宗教を評価し、人間性について解釈し理解する。

次に、外在的視点とは、宗教学的な視点である。この視点からは、他の人間の内面において自分とは異なる真なる宗教が存在することが承認される。また、その宗教の中で理解される人間性が、自らの宗教における理解と対等な、真なるもののうちの一つであることが認められる。さらに、ある一人の人間が、内在と外在の両方の視点を同時に持つことができる。この二つの視点を提案することによってキュングは、自らのイエス・キリストに対する一貫した信仰を守りつつ、諸宗教の対等性と個別性を尊重しようとする(324)。そしてキュングは、対話が行き着く先に、諸立場の固有性を越えた普遍的な真理そのものが見出されるのかもしれないと述べる。その真理とは、どれかの宗教の言葉ではなく、神そのものである。ただし、この真理がどのようなものであるのかについてキュングは明らかにせず、そのような希望を簡潔に告白するだけである(325)。

おわりに

本章では、キュングが論じた宗教の「パラダイム論」、「批判的エキュメニズムの神学」および「エキュメニズムの基準学」を取り上げた。

第一節では、キュングのパラダイム論の基礎となっている、クーンのパラダイム論について述べた。クーンは科学哲学の分野でパラダイム論を提唱し、知識の一貫した蓄積という進歩的な科学観を否定した。パラダイムとは、科学者集団によって共有されている、言語的非言語的な解釈のための枠組みであり、そこには主要な科学理論、概念、分析の手法や問いの立て方などが含まれている。そして、科学的真理や証明とは、依拠する理論によって認識対象も解釈も規定される点で規約主義的な側面を持ち、パラダイム間で依拠する理論的文脈が異なれば、部分的なコミュニケーションは可能であっても、完全な相互了解ができない。また、パラダイム間を一貫して真理を判断する中立言語も存在しない。そのため、科学の知識とは、パラダイムの転換ごとに置き換わる非連続的なものであり、パラダイムが転換する根拠は、ある新しい主張が真理かどうかというよりも、それが受け入れられた心理的社会的側面に求められるのだった。キュングは、クーンの理論を応用して、諸宗教にパラダイム論を等しく適用する。そして、宗教のパラダイムと社会のパラダイムが結びついているとする。諸宗教の信仰者は、社会の影響を受けながら自らの宗教的伝統を解釈し、信仰を理解する。クーンのパラダイム論における非進歩的な科学観を踏まえれば、信仰理解は、歴史の中で変化するけれども、どの理解もそれぞれ異なる文脈に依存しているため、どれかが優越しているということはない。そのため、この考えに立てば、キリスト教諸宗派のエキュメニカルな対話や、宗教間の対話を促しやすくなる。

　第二節では、キュングのパラダイム論を理解するために、キュングとは異なる立場に立つリンドベックの教理論を取り上げた。リンドベックは教理を理解するための三つのアプローチを述べた。一つ目は、教理とは現実を説明する命題であり、その命題の通りに現実が存在すると考える「命題 - 認知型」アプローチである。二つ目は、教理とは背景にある宗教的体験や感情を表出したものだと見なす「体験 - 表出型」アプローチであり、三つ目は、教理とは特定の宗教的体験や物事の理解を導く内面化される解釈の枠組みだとする「文化 - 言語型」アプローチである。この三つ目のアプローチのもとでは、諸宗教が異なる教理を持つならば、教理という内面化された解釈の枠組みから導出される信仰の体験や理解は宗教ごとに異なっている。それゆえ、諸宗教は共通の体験や概念といったものを持たない。宗教とは、教理という解釈のための枠組みによって区別された、独自の営みなのである。そして、教理には第一次水準と第二次水準の二種類あり、後者は前者を規定して、歴史の変化のなかでも一貫して変わらず信仰の理解を決定する教理の教理である。この第二次水準の教理は、キリスト教の場合、福音書に記されるイエスの物語が持つ文学的構成から取り出される。

リンドベックの第二次水準の教理という主張は、パラダイム論とは相容れない。非歴史的に一貫し、社会から影響を受けるのではなく変化する社会を解釈する教理は、パラダイム論には含まれないのである。一方リンドベックと反対の立場に立ち、キュングが参照しているのが、トレーシーである。トレーシーは、ティリッヒの相関の方法を発展させて批判的相関の神学を提案し、現代社会の倫理や諸宗教の伝統をキリスト教の伝統と相互批判的に結びつけて、キリスト教信仰の公共的な意義を引き出そうとした。キュングは、ティリッヒ、トレーシーの思想的系譜に立ちながら、対話の方法を模索しているのである。

第三節では、パラダイム論の研究を経てキュングが提唱した「批判的エキュメニズムの神学」と「エキュメニズムの基準学」を取り上げた。「批判的エキュメニズムの神学」では、「イエス・キリスト」という最終的な基準のもとで、「イエス・キリストの福音に基づくユダヤ‐キリスト教の伝統」と「現代の人間の経験世界」という二つの定数が批判的相関関係にあり、その関係の中で、現代の人間にとってのイエス・キリストの福音が知られる。

さらに福音を知るに際して、解釈者である現代の人間の経験を背景にする理解と、過去の人間の経験のもとに解釈され形成されてきた信仰理解が批判的に相互に関係し、ときに対決する。そして、その人格において福音であり信仰の原点に立つイエス・キリストが、最終的な基準として、この対立を調停する。それゆえ、この「神学」では、理論的に見れば、イエス・キリストが教理による伝統的な信仰の理解を改めたり、現代の人間の信仰に新たな理解を導いたりするのである。

この「神学」を諸宗教に広げて、対話のための方法として一般化したのが、「エキュメニズムの基準学」であり、二つの基準が含まれる。一つ目が「一般的な宗教の基準」であり、イエスや聖書のような各宗教に固有の決定的なものに従っているかどうか、二つ目に「一般的な倫理の基準」という、人間性を実現しているかどうかが問われる。キュングが注目するところでは、現代社会のなかで諸宗教が出会っており、その諸宗教は人権思想を重視する世俗社会のなかで、人間性について反省することを迫られている。そして、人間性を実現しているかどうかという点で諸宗教の信仰者が、相互批判的に対話しながら自己の信仰を見直すことで、人権思想そのままではない、各宗教的伝統の反省を経た人間性の実現を目指すのである。それゆえ、この「学」は、人間性というテーマのもとに、諸宗教の人々が対話を通して影響を与え合いながら、自己の信仰理解を改めていくプログラムだと言える。キリスト教の場合、これら二つの「学」は、イエス・キリストのもとに統合されている。キリスト者が、福音であるイエス・キリストのもとで対話して信仰理解を改め、人間性を実現することは、諸宗教の視点からみて、キリスト教が宗教として真なるものであることを意味する。同様に諸宗教でも、それぞれの信仰に固有の決定的なもののもとで、対話を通した人間性の実現が行われる。

　対話しつつ諸宗教が各自に固有の人間性を実現するというところに、第三章の議論のとおり残されていた課題の答えがある。キュングによれば、現実の存在との関わりにおいてキリスト者は「根元的な人間」であることが訴えられ、諸宗教との対話にて共通の真理を求めるためにキリスト者は「触媒」として働くのだった。しかし、その存在とはキリスト教の神であって諸宗教の独自性は認められていないのか、諸宗教において人間であることの意味が何なのか定かではなかった。それに対してこの学では、存在との関わりではなく歴史の中で解釈することの意味や方法に重点を移すことで、諸宗教の伝統や世俗の思想とキリスト教の独自性を守りつつ、相互批判関係を結ぼうとするのである。それゆえキュングは、少なくとも外在的視点では、包括的キリスト普遍主義を放棄して、多元主義の立場に立っているといえる。

　一方で、内在的視点からは自己の確信としてキリストの普遍性が維持される。キリスト教を含め諸宗教の信仰者は、外在的視点からお互いを対等と見なしつつ、それぞれの内在的視点では、自らが信じる宗教の教えを自らにとって真なる普遍的な基準だとするのである。本論を振り返れば、第一章で言及したように、バルトは、キリスト教外にある啓示の可能性を認め、キリストの言葉を唯一の啓示とすることをキリスト者の内的な告白だとしていた。また第三章のようにティリッヒは、生の意味をめぐってキリストが、キリスト者にとって固有の普遍的な真理の基準であるとしつつ、諸宗教にとってもそのような基準が認められる可能性を残していた。その上で、ティリッヒは普遍的な理念が発見されるまでは、キリストを普遍的な真理の基準としてキリスト教と諸宗教をそれに従わせようとした。同様にキュングは、外在的視点から諸宗教を対等に扱いつつ、人間性を実現するかという現代的な課題にそって相互批判的に対話させようとし、内在的視点から各伝統における信仰理解の自己反省を迫った。そして、対話の先に個別の立場を超えた普遍的な真理を期待するのだった。したがって、キュングの二つの「学」は、バルトの系譜をひきつつ、ティリッヒの諸宗教の神学を、外在的視点という宗教学的な視点から、より諸宗教が対等な形へと発展させ、人間性という公共的な課題に結び付けているといえる。

これら二つの「学」では、諸宗教における固有の決定的なものが、信仰理解の変化において、常に規範的な役割を果たしている。クーンのパラダイム論では、科学的知識がパラダイム転換ごとに変化する非連続的なものであり、そのパラダイム転換の根拠は心理的社会的側面に求められた。そのため、このパラダイム論をそのまま宗教に応用するならば、信仰理解の変化に固有の決定的なものの規範性があるのかどうか定かではなかった。しかしキュングは、キリスト教の場合、信仰理解の変化に心理的社会的影響を認めつつも、福音書の解釈の行為を通して福音の規範的な力が信仰者に与えられるとするようである。福音書の解釈を通してイエスの人格を知ろうとする過程で、伝統と現在の経験世界の「対決」が生じるときに、その時点のパラダイムを変えるような新しい福音の理解が見いだされるからである。それゆえ、規範性の源泉は、信仰の原点であるイエス・キリストの人格が、無限に多様な形で読み取られ、歴史の中で常に新しく意味を示すところにあるといえるだろう。

しかしながら、クーンが進歩の代わりに進化としての科学観を提案したのと異なり、キュングはエキュメニカルなパラダイムが来ることを期待している。そして、そのパラダイムにおいて、キリスト教諸宗派や諸宗教の人々が、対話を通して、世俗的な人権思想を包摂するような人間性の教えを発見し実践することを目指している。たしかに来ることは不確かであるが、そのための努力をすることができる。それゆえキュングは、次章で取り上げるように、世界倫理を提唱するのである。本章の二つの「学」を踏まえて、諸宗教内だけでなく、あらたに世俗的な人々との対話を試み、人間性を基準とする倫理的対話への賛同の拡大と内容の充実を図るのである。

第五章　「世界倫理」と「人間性」の社会的実現

はじめに

前章で確認したように、キュングは、人間性を倫理的な基準として相互批判と自己反省を促す対話を諸宗教の間で行おうとした。そして、その対話を通して諸宗教の信仰者が、世俗的な人権思想の前で人間らしくあることの意味を反省し、それぞれの伝統に沿う、より深められた人間性の実現を目指したのである。その上でキュングは、人間性をめぐる対話の範囲を諸宗教の間から世俗的な人々との間にまで広げ、現代社会の中で、対話を通して見いだされる人間性の実現を目指す。すなわち、平和と人間らしい社会の実現である。そのために提唱したのが、世界倫理である。そこで本章では、世界倫理を取り上げ、それがどのような構想であるのかを明らかにしたい。本章で主に取り上げる著作は、１９９０年の『世界倫理宣言』、および１９９７年の『世界政治経済のための世界倫理』である。第一節では、世界倫理の来歴について述べる。第二節では、世界倫理の目的と理論を説明する。第三節では、世界倫理における人間性の意味や役割の特徴を、他の宗教間対話の論者と比較して示す。

第一節　「世界倫理」の来歴

本節では、キュングが世界倫理を構想し、発展させた歴史的経緯を明らかにしたい。世界倫理の構想につながる最初の着想が見出される著作は、キュングが諸宗教に関する研究を本格的に始めた１９８４年の著作『キリスト教と諸世界宗教』である。これ以前の著作では、キリスト教の観点から宗教間対話について理論的に論じるのみであり、諸宗教の教えや歴史が中心に取り上げられてはいなかった。また、本著作にてキュングは、宗教間対話を行う目的について、世界平和の実現を目指すことだとした。そして、「諸世界宗教の間に平和なくして、世界諸民族の間に平和なし[326]」のスローガンを掲げ、諸宗教は国際政治において平和のための役割と責任があるとした。１９８８年には、『中国宗教とキリスト教の対話』を発表した。この著作では、キリスト教の「文化内開花」(incalturation)について中国宗教を事例に検討した。それによれば、キリスト者は、中国の文化や倫理を受け入れて中国の文脈に適合するだけでなく、聖書に基づく信仰を守りつつ、対話の精神をもって中国の文化や倫理における人間性の側面を発展させることに貢献するのである[327]。

さらに１９８９年にパリで行われたユネスコのコロキウムにてキュングは、諸宗教の代表者とともに、「人間は人間らしくあるべきだ」という「人間性」をめぐる倫理の課題について討議した[328]。そして、人間性という倫理的価値が、諸宗教の間に共通する倫理の基準だと見なしうることに合意した。続いて、１９９０年のダボス世界政治経済会議では、世俗的な人々との間にて人間性の実現について議論した。この二つの会議を通して、キユングは、諸宗教や世俗的な人々が宗教や思想に関するあらゆる違いにもかかわらず、人間性という倫理的基準を共有し、人間性の深化と普及を目指すことができると考えた(329)。

キュングは、1990年には、この二つの会議の結果をまとめて『世界倫理計画』を出版し、「世界倫理」を提唱した。この「計画」では、世界の平和を実現するために、人間性という倫理的基準を諸宗教の信仰者と世俗的な人々が共有し、人間性の倫理的実践を協力して目指すという世界倫理のコンセプトが示されたのである。「世界倫理」におけるスローガンは、1984年のスローガンが発展させられたもので、次のとおりである。「諸宗教の間に平和なくして、諸国民の間に平和なし。諸宗教の間に対話なくして、諸宗教の間に平和なし。神学的な基礎研究なくして、諸宗教の間に対話なし(330)」である。

世界平和という目標をキュングが掲げる背景には、宗教の社会的な地位をめぐる学術的な視点の変化がある。いわゆる近代社会における「世俗化論」の見直しである。一般に世俗化論の視点では、社会の近代化が進むにつれて、宗教が公的な影響力を失って私的で個人的な関心事にまで縮小するとされていた。ところが、縮小するかに見えたものの、実際には宗教が現代社会における影響力を拡大していることが実証的に報告された。その代表が、ハーヴィ・コックス（Harvey Gallagher Cox Jr.）によるもので、都市の中で、宗教が私的領域を越えて人々を公的に連帯させていることが注目された(331)。

キュングもまた、1978年の段階ですでに世俗化論に抗しており、社会が世俗化することは、必ずしも宗教が人々への影響力を失い、消滅することを伴わないと述べ(332)、信仰を持つことが、世俗的な人々に対して意義があることを論じようとした。それが第三章で論じたように、キリスト教は「根元的な人間」を実現するという主張であった。また、第四章で取り上げた宗教の「パラダイム論」は、キュングが、世俗化論を越えて、宗教の未来に新たな展望を示そうとした議論であるといえる。キュングによれば、現在は近代の「パラダイム」内にあって、諸宗教の人間には、人権思想を受容してその思想に示される人間性に沿って人間らしくあることが求められている。これに対して、キュングが到来を期待する６つ目のパラダイム内では、諸宗教の人間が、同じ現実の中で世俗的な人間であることの意義をより深める、「根元的な人間」として生きることを実践するのである(333)。そして第四章で論じたように、その根元的な人間性とは、諸宗教の人々が人権思想に直面して宗教的伝統を再解釈して見出した、人権思想を包含するような宗教的な教えに沿う人間らしさなのである。

さらに、本章のテーマである世界倫理にてキュングは、宗教が政治経済や社会的問題に関して積極的に発言することを通して、宗教に公共的な役割があることを示そうとした。すなわち、世界倫理の普及と実践を通して、宗教が世界平和のために働くのである(334)。そして、キュングの世界倫理は、国際社会の中で世界に共通の倫理を探そうとする倫理的運動の発端の一つとなった。その運動とは、「グローバル・エシックス」(Global Ethics)を発見しようとする哲学的・倫理的取り組みである(335)。世界倫理では、グローバルな世界の中で、国境を超えた諸宗教の倫理的影響力に注目した、世界に共通の倫理が探し求められたのである(336)。

キュングは、世界倫理を具体化する試みとして、１９９３年に「世界倫理宣言」を発表した(337)。その発表経緯は次の通りである。１９８９年２月のパリでのシンポジウムの後、キュングは、パリと同じテーマでシカゴとトロントで講演した。その時、諸宗教に共通の倫理について草案を書くように、アメリカのシカゴ大学の神学者グループから依頼を受けた(338)。このグループは、20世紀に盛んになる宗教間対話を準備した1893年の「万国宗教会議」の100周年を記念して(339)、1993年に「第二回万国宗教会議」をアメリカのシカゴで開催することを計画していたのである(340)。キュングの作成した草案は、諸宗教の代表による修正を経て1993年9月の会議にて「世界倫理宣言」として採択された(341)。

この宣言の内容は次のとおりである。まず、「どの人間も人間らしく扱われなければならない」という倫理的義務に関する根本的要請である(342)。さらに、この「人間らしさ」について具体的に指示するものとして、1、「生命の畏敬と非暴力の文化を目指す義務(343)」、2、「連帯と公正な経済秩序の文化を目指す義務(344)」、3、「誠実に生きることと寛容の文化を目指す義務(345)」、4、「男女の同権と協働の文化を目指す義務(346)」という四方針である。この四方針は、殺すな、盗むな、嘘をつくな、性的不道徳を犯すなという諸宗教古来の教えを現代の観点から解釈し直したものである(347)。

宣言の後、キュングは、世界倫理の普及と研究活動に努めた(348)。1995年10月にキュングは「世界倫理財団」をドイツのテュービンゲンに設立して、世界倫理の研究・教育活動のための拠点とした(349)。そして、1997年には、『世界政治経済のための世界倫理』を出版して、政治経済分野にも世界倫理を発展させた。同年、第十五回インターアクション・カウンシルが開催され、そこで「人間の責任に関する世界宣言」が採択された。この宣言は、キュングら宗教や倫理の専門家の参加のもとに作成され、世界倫理の基本的要素である人間性と人間の義務について訴えるものであった(350)。

次に、1998年には、『学問と世界倫理』を出版して(351)、諸学問における倫理的義務について論じた。そして、「国連文明間の対話年」であった2001年11月の第五十六回国連総会では、諸宗教と諸文明間の対話をテーマにキュングは演説し、世界倫理の取り組みを紹介した(352)。さらに、この国連総会では、「文明間の対話のためのグローバル・アジェンダ」が採択された(353)。このアジェンダは、第二項において、対話を通して、世界の多様な文化を尊重しながら、人間性をめぐる共通の価値と共通の倫理的基準について理解を深める必要性を述べた。世界諸国の代表者による対話を通して、世界倫理が目指すところの人間性について明らかにし、国際社会の倫理的基礎を養成する意義が承認されたのである。諸宗教の代表者の間だけでなく、国際政治機関でも承認を得た点で、キュングの世界倫理の試みは国際政治の中で支持されたといえる。

2009年にキュングは、国連グローバルコンパクトの一環としてニューヨークにて経済のための世界倫理について講演した。そして世界経済及び企業経営における倫理について、経済・経営学者などとともに議論し、グローバル経済倫理マニフェストを作成した。その議論内容が、2010年には、『グローバル経済倫理マニフェスト』として出版された(354)。2012年には、『世界倫理案内』を出版して、世界倫理の内容を整理したり背景の思想を要約したりして、1990年からの世界倫理の発展を説明した(355)。

第二節　「世界倫理」の目的と理論

本節では、世界倫理の目的と、その理論について説明する。世界倫理の目的は、世界平和を実現することである。世界倫理をめぐる諸著作において、キュングは、世界における様々な人道的危機を指摘し、平和の必要を訴える。例えば、世界の経済格差、政治的混乱、自殺者数の増加、飢饉、自然破壊などである。ほかには、欧米の金融危機や福島の原発事故を取り上げて、累積する国際的な危機を解決することが急務だとする(356)。

さらに、累積する危機を前にして、キュングは、人類の「地球的責任」を訴える。すなわち、人類は、人類同朋や環境、将来の世代に対する責任を負っており、そのために文化や宗教・思想の異なる諸立場に属する人々は、共に考え協働することを学ばねばならないのである。キュングは、この協働を可能にするために、諸宗教と世俗的な人々の両方が共に担えるような倫理的義務を提唱する。諸宗教は、この倫理的義務を率先して提唱することを通して、地球規模で人類が連帯することを目指すのである。そして、人類が連帯してその義務を実践するならば、世界に平和が実現されることを期待するのである(357)。１９９０年の『世界倫理計画』によれば、世界倫理とは、異なる宗教・思想を持つ人々が一つの社会で共生するための、「一定の価値、規範、態度に関する最小限の根本的合意」に基づく倫理的義務なのである(358)。

この倫理的義務とは、キュングによれば、「人間は、より人間らしくあらねばならない」というものである。「人間にとって善であることとは、その人間存在を保ち、促し、実現させることである……人間は、その人間らしくあることの潜在力を、可能な限り人間らしい社会と健全な自然環境のために汲み出しきらねばならない」のである[359]。それというのも、いまだ「顕在化していない人間らしくあることの可能性は、現在実現されている人間らしさよりもずっと大きい」からであり、この大きな可能性は、人間社会の未来や環境、後の世代に対して現在の人間が負っている責任を果たすための希望になるからである[360]。

世界倫理は、義務について語っているけれども、権利と無関係ではない。むしろ、人間らしさの倫理的義務は、1948年に国際連合にて採択された「世界人権宣言」に示された人間の権利を補完する。世界倫理は、この人権宣言の繰り返しではなく、人権の擁護を人々に促すような、人間の普遍的な義務を明らかにする。この普遍的な義務が、人間らしくあるべきだという人間性の義務である。しかも、この人間性は、特定の宗教や文化だけにて理解されている人間の倫理的価値ではない。異なる宗教や文化のもとにある人々は、対話を通して、平和の実現に資するような、共通の人間性を発見する。その人間性とは、諸宗教や諸文化の中に共通して見いだされる、人間のあるべき方向性を示すような、一定の共通する人間性である。この人間性について、人々は根本的に合意し、その合意をもって、この人間性が、人間のあるべき方向性を指し示す、人々に共通する人間としての義務であると見なすのである[361]。

共通するということについてキュングは、諸宗教と文化が持っている既存の倫理のうちで、人間性をめぐる最小限に共通する要素だとする。最小限とは、諸宗教と文化にある各々に既存の倫理全体を最大限とすることに対して述べられている。世界倫理が提唱する共通の人間性は、既存の倫理全体のうちから、わずかな要素について合意した結果の共通する人間性なのである。この最小限の倫理の合意内容は、宗教や文化の違いにもかかわらず、すべての信仰者によっても肯定され、さらに非信仰者によっても共に担われることができる共通のものである。それゆえ、この合意は、既存の倫理全体を放棄することを意味しない。また、諸宗教や諸文化における既存の倫理をどうでもいいものにするような新しいイデオロギーだったり、それらが還元されるような上位の構造であったりしない。「トーラーや山上の説教、ムスリムのコーラン、ヒンドゥーのバガヴァッド・ギーター、仏陀の語ったことや孔子の言葉を代替しない」のである(362)。

したがって、この「人間らしくあるべし」という倫理的義務は、一部の宗教組織だけでなく、人間全体にかかわる「世界エートス（倫理）」（Weltethos）である(363)。「Ethos」（エートス）とは、そもそもマックス・ヴェーバー（Max Weber）が述べたものであり、ある社会おいて、諸倫理規範を生み出したり、人々を動機づける力を持ったりする、社会の根底にある倫理的雰囲気である。ある社会において、この共通の雰囲気が共有されることによって、人々は自らの倫理的判断について確信を得ることができる(364)。ただし、本来エートスとは、文化的宗教的背景に由来する倫理的雰囲気であるが、世界倫理では能動的に発見され合意されるものである。キュングがエートスという言葉を通して強調することは、諸宗教や諸文化といった立場が異なっていても、世界の人々すべてに共通する倫理があるという点である(365)。

さらに、キュングによれば、世界倫理を支持し担うからといって、世俗的な人々に信仰が求められることはない。諸宗教の伝統を反映した人間性について聞く時、世俗的な人々は、世俗的な理性という根拠に立って人権思想について自己反省する。世界倫理の人間性は、対話を通して、各々の宗教的伝統や世俗的文化の内部に発見される共通の要素からなるから、その人間性は、どの宗教や文化の文脈にも埋め込まれているのである。それゆえに、世界倫理は、信仰の有無にかかわらず、宗教の信仰者にも世俗的な人々にも支持されるという意味で、世界に共通するエートスなのである(366)。

以上のように、世界倫理とは、世界の諸宗教や諸文化の人々によって共に担われることのできる、人間の目指すべき在り方を指し示す最小限に共通する義務的エートスである。その義務の内容は、対話を通して、諸宗教や文化に固有の倫理の内部に発見され、合意されるものであるから、既に諸立場の固有の倫理に埋め込まれている。それゆえ、世界倫理は、諸宗教や諸文化における既存の倫理を置き換えたり、それらの上位に来たりするものではない。そして、この世界倫理は、世界人権宣言を義務の点から補い、権利だけでなく、義務の点から人々を「人間らしく」あることへと促し、平和の実現に向けて連帯させるのである。それゆえキュングにとって、世界倫理は、民主主義社会の統合原理としての役割を果たす(367)。１９９７年の『世界政治経済のための世界倫理』には、次のように述べられている。

・近代社会は、その深みにおいて、原理主義や道徳主義または都合の良い多元主義によってではなく、結び付け義務付けるエートスによってこそ繋ぎとめられる。すなわち、そのエートスとは、自律した自己実現と社会的連帯の責任に関連付けられた、共通の諸価値、基準、態度に関する根本的合意のことである。

・このエートスは、信仰者にとってはその信仰において、最終的な現実に根付いており、しかもまた非信仰者にとっては人間主義的な根拠から共に担われることができるものである。そのため、このエートスは、全く異なる社会的な集団や政党、民族、宗教を包摂することができる(368)。

宗教的な人間性の意味と世俗的な人権思想の関係について整理する。本書ではすでに第三章の信頼をめぐる議論から言及してきた。キュングによれば、信仰を持つ宗教的な人間は、「根元的な人間」としてより深く人間らしくあることを実現できるのであり、その実現を通して、信仰のない世俗的な人間が、人権思想に頼って人間らしくあることを助けるのだった。第四章の議論によれば、諸宗教は自らの宗教的伝統を反省して、人権思想を包摂するような、その宗教の教えに学んだ人間性を新しく発見する。そして、その人間性に相応しいように自らの信仰を実践する。諸宗教にとって、よりそのような人間らしくあるほど、真の宗教らしくなるのだった。本章の世界倫理では、人間性が宗教内の議論を越えて、対話の中で発見される、諸宗教・諸文化に共通の義務的エートスだとされる。第三、第四章のように、宗教と世俗の立場で別々の人間性をめぐる理解が示されるのではなく、本章では、諸立場に共通する人間性が述べられるのである。

この共通する人間性は、宗教が率先する形で明らかになる。たとえば、1993年の世界倫理宣言では、人間の義務について宗教が世俗に対して語るという形式が取られていた。なぜなら、諸宗教は、人間のあるべき方向性を示す人間の義務を、古代から「黄金律」として語ってきたからである(369)。黄金律とは、例えば、キリスト教の「人にしてもらいたいと思うことは何でも、あなたがたも人にしなさい」であり、または、その否定形の形で述べられる、儒教の「己の欲せざるところ、人に施すことなかれ」という倫理規範である。この黄金律は、キリスト教やイスラム教、ユダヤ教、儒教、仏教、ヒンドゥー教をはじめとする主要諸世界宗教によって述べられてきた。諸宗教は、伝統的な教えの中で人間に対する正しいふるまいを指示してきたのである(370)。

もっとも、キュングによれば、近代以降、諸宗教が、人間性のうち権利の側面から自らの伝統を反省する過程にあるのだという。たとえば諸宗教においては、1970年の「第一回世界宗教者平和会議」にて「京都会議宣言」が発表された(371)。この宣言では、人権の擁護と促進のために、諸宗教の代表がそれぞれの教えに基づいて努力することを誓った(372)。また、諸宗教は、人権の保持や、女性の解放、社会的公正さの実現、戦争の不道徳さといった人間性をめぐる課題について自覚を深めつつあるのである(373)。それゆえ、第四章の議論と同様に、世界倫理においても、人間性を尊重するかしないかが、宗教の真偽を判断する基準となるのである。

a）肯定表現：ある宗教が人間らしさに役立つかぎりで、すなわち、その信仰と倫理の教え、儀式と制度の点で、人間に対して、人間らしいアイデンティティ、意味や価値を促し、人間に意味深く実り多い実存を勝ち取らせるかぎりで、その宗教は真で善い宗教である。

b）否定表現：ある宗教が人間らしくないことを広めるかぎりで、すなわち、その信仰と倫理の教え、儀式と制度の点で、人間に対して、人間らしいアイデンティティ、意味や価値を妨げ、人間に意味深く実り多い実存を獲得し損なうことを助長するかぎりで、その宗教は誤った悪い宗教である(374)。

以上のように、世界倫理で構想されている人間性は、諸宗教の人々と世俗的な人々が対話して発見していく権利と義務の両側面から深められた人間性である。人権思想として示される権利に関する「人間性」、諸宗教が古来より「黄金律」として説いてきた、義務に関する「人間性」が、対話を通して世界倫理において総合される。それゆえ、世界倫理において合意される「人間性」は、世俗的な人々だけによって支持される人権思想だけでなく、宗教的な人々によっても共通して担うことのできる、普遍的な人間性として見なされるのである。第四章の議論と同様に、宗教が世俗的な人権思想に従属させられるのではないのである。さらに、この人間性をキュングは、エートスに加えて、共通する「核となる倫理(375)」や、「純粋な倫理(376)」、倫理の「ある種の普遍主義(377)」などと表現している。

キュングは、この共通の倫理を宗教のパラダイムの側面からも説明している。パラダイムは、世界倫理のなかで、文化との結びつきの中であらためて簡潔に述べられる。すなわち、諸信念、諸価値、経験の諸様式に関する「文化的・宗教的な布置」(Kulturell-religiöse Konstellationen) である[378]。その布置は静的なものではなく、歴史の中で常に生き生きと発展する現実として理解される。そして、発展し変転する諸布置の間の人間性の諸特徴に見られる類似や差異、継続や断絶を、諸宗教間にて比較検討するのである[379]。キュングは、この検討の結果として見出される諸宗教や諸文化に共通の人間性とは、それら異なる立場の布置それぞれに埋め込まれた、「普遍的な倫理の諸定数」(universelle ethische Konstanten) だと述べる。諸宗教や諸文化の中に含まれる、人間性をめぐる普遍的な倫理的方向づけなのである[380]。そして、その共通の方向性が各々の布置に埋め込まれていることにより、「共‐布置」(Kon-stellationen) を形成していくのである[381]。

では、普遍的でありながら、各宗教や文化における既存の倫理に埋め込まれている人間性とは、どのようなものだろうか。キュングは、具体的な倫理的問題に関して現状の諸宗教が、常に同一の判断を下すとは考えていない。人間性について諸宗教の理解は異なっており、安楽死、妊娠中絶といった具体的問題は各立場の文脈において判断されるべきことである[382]。むしろ、先述のように世界倫理とは、黄金律や世界倫理宣言のような基本的要素に留められるのである[383]。しかしながらキュングは、諸宗教の信仰者が、異なっていても「グローバルな展望」、すなわち地球上の「平和な共生のビジョン」を持つことを求める。そのもとで、異なる宗教とパラダイムにある信仰者が互いの間に倫理的な一致点を見出して、対立の解決と平和の実現を目指すのである[384]。

したがって、世界倫理の深化と具体化のためには対話の継続が不可欠である。とりわけ諸宗教の対話とは、第四章で論じたように、諸宗教の融合ではなく、自己変革が生じていくことである。諸宗教にとって対話とは、「各々の宗教が固有の道にありながら、常に新しく自己を革新し、作り変えられること」であり、その結果、「古い信仰は破壊されるのではなく、むしろ豊かにされる」のである[385]。すなわち、対話とは、「創造的な変化の道」なのである[386]。キュングは、この自己理解を深め改めていく対話の先に、人間性に関して普遍的なものがより多く見いだされていくことを期待するのである[387]。

対話によって自己が変革されるという考えは、第三章で論じた通り、ティリッヒの宗教史の神学の構想に由来する。ティリッヒは、諸宗教に固有の視点は、対話の終わりに見出される普遍的な視点にまで深化され、普遍的な人間の理念が発見されるとした。第四章の通りキュングは、相互批判的な対話の終わりに見出されるものが、探求を深めた先にある、固有の営みである諸宗教の枠を越えた普遍的な真理そのものだとしていた。そしてこの世界倫理の構想では、諸宗教や諸文化で教えられ実践されている倫理の中に、人間性について普遍的な要素がより多く発見されることによって、人々に共通の倫理的方向づけを与えるような、倫理の核となる人間性が共有される。この共有によって、人々は社会的に連帯して世界平和の実現を目指す。世界倫理に至ってキュングは、対話を通して獲得される普遍的なものを、この世の社会的な次元で見出され続けるものとしているのである。

このような普遍的な人間性の探求は、対話を通して行われるだけでなく、諸宗教の歴史研究と一体になっている。そのためにキュングは、世界倫理宣言という現代の対話の成果を発表した一方で、人間性をめぐる個別宗教の理解を知るために、アブラハムの宗教の歴史を研究した。その歴史研究の方法に、キュングはパラダイム論を応用する。具体的には、歴史研究の目的を次の三点に据えている。一つに、過去の諸パラダイムによって宗教史を展望するための区分を行うこと、二つに、現代の課題について歴史に基づいた構造化をすること、三つに、未来の可能性のために、現代の課題に関する協議事項を注意深く突き止め引き出すことである(388)。その作業を通してキュングは、様々な種類の宗教的確信、儀式、実践や組織といった点で、現在も営まれて変遷し続けている宗教という複雑な構造物から、諸宗教における「人間性」の類型を導きだそうとする。そして、その類型を比較して、「人間性」の理解をめぐる諸立場の差異や対立の原因を歴史的に分析する。この研究が、人間性という共通の倫理的方向付けを明らかにし、かつその下で諸宗教が相互理解を深めることにつながり、世界平和の土台となるのである(389)。

第三節　宗教の公共的役割と「人間性」の社会的実現

本節では、キュングが世界倫理において重視している、倫理的義務に関して宗教が担っている公共的な役割について説明したうえで、世界倫理の特徴をほかの宗教間対話の論者と比較して指摘する。先述のとおり、世界倫理にて探求される人間性とは、人権思想のような権利としての世俗的な人間性と、黄金律のような義務としての宗教的な人間性を総合するものである。

キュングによれば、この宗教が訴える義務としての人間性には、世俗的な権利としての人間性にはない独自性がある。この独自性があるからこそ、諸宗教が訴えて世俗的な人間に呼びかける世界倫理は、権利だけでなく義務に関する普遍的な人間性として、人々に義務の実践を促すことができる。また、世俗的な人間に義務をめぐって反省を促すことができる。なぜなら、義務に関する宗教の独自性は、権利を訴える世俗的な立場に固有の不足を補うことができるからである。そもそも世俗的な人権思想は、人間としての権利を擁護する思想であっても、人間としての倫理的義務を人間に要求する思想ではない。世俗的な人間性は、自由を中心的な価値としている。そのため、人権という価値規範のもとでは、自由や平等といった他者の権利を擁護することを法的に規定することはできるものの、次のような問題がある。一つに、権利の擁護という点から人間が担うべきすべての義務が導き出されることはない。二つに、法律以前に人間が持つべき基礎的な倫理的義務を、個々の人間に示し要求することができないのである[390]。それに対して、キュングによれば、諸宗教は人間らしくあるための倫理的義務を担うように人間に促すことができる。というのも、「無制約的なもの」である諸宗教の神や、イエス・キリスト、仏陀に命じられているからである。

第三章でも論じたように、「無制約的なもの」は、私と世界からなる条件づけられた現実において、倫理的になすべきことを無条件に義務付ける。キュングによれば、「無制約的なもの」への信仰とは、変転する人間の生や社会という現実において、それらが持ちうる意味や価値の決定的な根拠である。そして、社会や時間、性別や能力など様々に条件づけられた各々の人間の現実の内部で、「無制約的なもの」は、そのような諸条件を通して、各々の人間の意味や価値を実現する可能性を無条件に保証する。それゆえ、人間らしくあるべしという倫理的義務もまた、この「無制約的なもの」に結び付けられてこそ、人間が常に実践しようと促されるものとなるのである(391)。

もちろん世界倫理は、世俗的な人間に対して信仰を求める構想ではない。現実信頼を論じてきたころからキュングは、世俗的な立場を重視している。しかし、キュングによれば、もし諸宗教の信仰者が「無制約的なもの」に命ぜられた人間の義務を語るならば、世俗的な人々は義務について自己反省を促されるのである。そして、世俗的な人々は、諸宗教から義務について学ぶことを通して、民主的な政治議論にて、人権思想のような権利としての人間性だけでなく、義務としての人間性についても反省し、人間性についての考えを深めることができる。さらに諸宗教は、「無制約的なもの」に対する信仰を損なうことなく、世俗的な社会の政治的決定に、一つの影響を与えられる立場として参加する。宗教は、民主的な政治議論にて世俗的な人々を人間らしくあることへと方向づけることによって、平和の実現のために貢献するのである(392)。

この義務をめぐる公共的役割を諸宗教が果たすならば、宗教と世俗の両方を総合した人間性が、民主主義社会の中で実現されることに至る。キュングは、その総合した人間性を、「真の人間性」と述べ、その実現をする宗教が「真の宗教」なのだと断言する。

・真の人間性は、真の宗教の前提である！　すなわち、人間が人間らしくある事（人間の尊厳と基本的価値の尊重）は、諸宗教に対して最小限の要求である。少なくとも人間性（最小限の基準）は、人々が本当に宗教性を実現したいと望むところでは、存在しなければならない。
・真の宗教は、真の人間性の完成である！　すなわち、（包括的な意味、最も高い価値，無条件の義務付けを表すものとしての）宗教は、人間が人間らしくある事の実現にとって最善の前提である。まさに宗教（最大限の基準）は、人々が真に無条件なそして普遍的な義務として人間性を実現し具体化しようとしているところには、存在しなければならない(393)。

この引用に示されるように、世界倫理において探求される人間性は、諸宗教が説いてきた人間性と、人権思想に示されるような世俗的な人間性が総合された真の人間性である。そして宗教は、その真の人間性を実現するための不可欠の前提なのであり、それを実現するならば、真の宗教だと称されうるのである。この宗教の公共的役割に関しては、第六章でさらに詳しく論じる。

また、世界倫理において宗教の公共的役割が、義務と「無制約的なもの」という宗教の内在的視点に結び付けられるだけでなく、外在的視点から宗教学的に根拠づけられている。すなわちキュングは、宗教の公共的役割を論じる際に、諸宗教が世界の諸文化圏を形成していることに注目し、また宗教の心理的な影響力に着目している。キュングによれば、諸宗教は諸文化とともに、国家間だけでなく、都市や学派、家族等の内部における、あらゆる敵対関係をめぐって表面的な次元を形成しているのではなくむしろ、決して軽視されるべきでない深い諸次元を形作っているのである。諸宗教は、そのような次元を作り出す所与の基礎的な構造としてあり、その次元の観点から、政治的、経済的、軍事的な争いが正当化されたり動機づけられたりするのであり、また反対に、その次元の観点から、そのような争いの緊張が緩和されたり平和がもたらされたりするのである(394)。さらに宗教は、対立の原因となるだけでなく、肯定的に見て、精神的な安定や、信頼、希望を人間に与え、精神的な共同体や故郷に対する問いに答えるのであり、政治的には、不公正さに対する抵抗へと立ち上がらせる勇気を人間に備えさせるのである(395)。

ここで人間性を軸にする社会的な実践をめざすというキュングの対話の試みを、同じカトリック教会のニッター、デュプイと比較して、特徴づけてみたい。

第三章で触れたように、ニッターは同一の究極的存在の下で諸宗教の多元性と共通性を訴えていたが、2000年ごろには対話の力点を諸宗教の差異と多様性に移している。ニッターは、対話を通して諸宗教が互いに学び、自己を変える必要を一貫して主張する一方で、その対話を通して獲得した新しい知識が、必ずしも共通の理解を形成しないことを重視する。対話による相互理解や批判を行っても、そこで新しく学ぶものは常に各々の信仰者が属している伝統の延長上にあり、たとえある信仰者が対話の相手について学んでも、それは相手が理解する伝統そのものとは異なる、新しく作り出された理解なのである。そのため、対話による学びや自己の変容とは、常に自己の視点からの理解が変化することであって、必ずしも共通の倫理や真理を獲得することには至らない。それゆえニッターは、宗教間対話を行うことは、対話の当事者同士が包括主義の立場に立つことだと述べる。すなわち諸宗教の信仰者が対話する時、自らの信仰の立場から相手を理解し批判しているのであって、仮定された究極的存在や共通の真理に沿って相手の信仰を理解しようとはしていない。むしろ、対話の当事者の両方が自らの信仰に立って相手を理解しようとするため、一方が相手に優越するのではなく、相互に包括主義なのである(396)。対話において諸宗教は統合されることなく別の立場に立ったまま相互理解を深めつつ、同時にそれぞれが変容を受けるのである。

ただしニッターは、解放という実践的協力を通して諸宗教の間に共通の倫理が見いだされる可能性を期待している。諸宗教の対話とは、差別や貧困といった苦しみから人々や生き物を解放するという目的のために行うべきなのである(397)。しかし、具体的な共通の倫理は、協力を通した対話の開始前に明示できるようなものではなく、対話の中でその都度、獲得されるものである。たとえ一度、ある対話の相手と倫理について共通の理解を得たとしても、その理解の限界や状況の変化により、また相手が変わることによっても、新たに求める必要が生じる(398)。したがって、ニッターにとって対話とは、諸宗教に相互理解を促す可能性があると同時に、常に多様性を生みだす営みでもある。そして、その多様さにこそ諸宗教が対話をする意義があるとする。ニッターは、諸宗教の間の差異を共通性によって覆い隠さないために、諸宗教がそもそも多様なものであることを承認する重要性を説くのである(399)。

デュプイは、キュングより五歳若い、宗教間対話に熱心に取り組んだベルギー生まれのカトリック神学者である。インドで長く過ごして諸宗教との対話の必要に気づかされ、１９８４年からはイタリアのグレゴリアン大学にて宗教間対話について講義した(400)。対話について多くの著作をなしたが、ここで取り上げるのは晩年の著作、『キリスト教と諸宗教』(2001年)である(401)。この著作でデュプイは、第二バチカン公会議前の対話をめぐる状況から説き起こし、多くの教会文書に言及しながらキリスト教神学の視点から対話を総合的に説明した。また、ラーナーやニッターの対話の方法についても論じている。

デュプイは、ニッターと同様に諸宗教が相互に包括的であると考える。デュプイはそれを、「包括的な多元主義」(inclusive pluralism) または「多元的な包括主義」(pluralistic inclusivism) と呼ぶ(402)。デュプイは諸宗教の多様性が原則であるとし、根拠のない共通性を仮定することなく、相違や矛盾を直視することが大切だとする。諸宗教の信者は、自らの信仰に忠実にあり、譲歩できない点を互いに認めつつ、互いの独自性を受け入れて信仰を豊かにし合う。諸宗教は、どれも神の真理と恩恵を伝えており、相互補完的、互恵的な関係にある(403)。

しかし、この相互の包括性の意味は、ニッターとは異なっている。ニッターが諸宗教の啓示を対等とみなし、キリストによる啓示の普遍性を取り下げたが、デュプイはそれを堅持したうえでの相互の包括性を述べるのである。そのためデュプイは、神の働きに注目する。キリスト教の立場から見て、諸宗教の啓示は歴史を通じて行われる神の救いの計画の一部である。神は、イエスの前も後も異なる方法で人類に働きかけ、救いのわざを実現しようとする。諸宗教は、神が様々な方法で自己を開示し、神が救いを意志してきたことの結果である。すなわち、諸宗教が存在するのは、神が人間に対して救いのための「複数の道」を与えたからである。それらの複数の道の間で、イエス・キリストは、救いの歴史を人間が理解するための鍵となる。イエスというみ言葉の受肉と復活によって、人間は神の救いの意志を確証づけられたものとして知り、救いへと導かれる。諸宗教は、その伝統の中で神の自己譲与に預かることができるけれども、イエスにおける決定的な神の自己開示を予期する限りにおいてである。その一方で、他宗教における神の救いを認めるからといって、イエスにおける神の啓示と救いのわざに不足があり、他宗教の伝統によって補填されるということではない。むしろ、他宗教の伝統はイエスへと方向づけられており、対話によってキリスト教の豊かさに貢献するのである(404)。したがってデュプイの基本的な方針は、神が救いにおける主導権を持ち、神の救いの働きの自由を強調することで、諸宗教が救いの道として独自で多様であることを擁護すると同時に、キリスト者の視点からは、イエス・キリストによってこそ救いが与えられ、他宗教もイエスに方向づけられているという包括主義的な考えをするのである。そして相互に包括的であるから、他宗教の視点からすれば、イエスに方向づけられているのではなく、それぞれの伝統に沿って諸宗教の多様性と自らの信仰への忠実さが説明されることになる。

以上のことから、ニッター、デュプイと比較してキュングの特徴を指摘できる。キュングはデュプイと同様に、イエス・キリストが神を決定的に明らかにした、キリスト者にとって常に基準とすべき神の言葉であるとしている。たとえ他の宗教が神について語っていても、何が正しいのかの判断は、最終的にイエス・キリストの教えに立ち戻って行われる。両者は、ニッターのようにどの宗教の教えも同等に扱って、キリストの普遍性を取り下げることはしない。ただしキュングは外在的視点と内在的視点を区別する。二つの視点は一人の人間に常に共在しており、対話において自分と他人の宗教を宗教学的に並列して比較しつつ、自らにとっての真理を直接に他の宗教を批判する根拠にしない。自らの真理は類似点を他宗教に探すために用いられる一方で、人間性の実現という観点から他者を批判し、他者からの批判は自己批判に代えられて自らの信仰理解を改める。それに対してデュプイにおいては、人間性のような仲介物を置くことなしに、諸宗教は直接向き合い、相互に包括主義的な視点から対話する。ニッターはデュプイ同様に相互に包括主義の立場を取るが、解放という共通の課題を述べる点でキュングと類似する。キュングが人間性の実現を目標にして対話するのと同様に、ニッターは苦しみからの解放が諸宗教にとって共通の課題であり、その解決を動機として対話を続けようとする。ただし、解放は実践的な課題として提示するのであり、キュングの世界倫理のような共通の倫理の探求に対してニッターは懐疑的である。一方デュプイには、対話における社会実践という側面は弱い。「神の国」についても述べるけれども、イエスとの結びつきや教会の意味により多くの関心が向けられている[405]。さらに、ニッターとデュプイは、キリストの普遍性に関する理解が対立しているが、包括主義の視点から、諸宗教を通して神が語ったという、同じ神に多様な啓示の根拠を求めようとする点は同様である。それに対してキュングは、「無制約的なもの」を倫理の根拠のために論じ、アブラハムの宗教の親近さを述べつつも、三つの水系という比較宗教学的な方法を用いて諸宗教を区別している[406]。

したがって他の二人にないキュングの特徴は、次のとおりである。一つに、内在的視点と外在的視点を区別して、外在的視点から比較宗教学的な方法で諸宗教の類似点や相違点を理解しようとすることであり、二つに、その方法を用いつつ世界倫理における人間性のような対話のための普遍的倫理を明確に探究しようとすることである。そして三つに、人間性という普遍的倫理を糸口に、世俗的な民主主義社会の政治や経済の議論にキリスト者として参加しようとするところである。

おわりに

本章では、「世界倫理」を取り上げ、それがどのような試みであるかを明らかにしようとした。第一節では、キュングが世界倫理を構想し発展させた歴史を確認した。キュングは、１９９０年に世界倫理を提唱し、さらに、世界倫理を具体化する試みとして、１９９３年に「世界倫理宣言」を発表した。そして１９９７年には、『世界政治経済のための世界倫理』を出版して、政治経済分野にも世界倫理を発展させた。また世界倫理は、「グローバル・エシックス」という世界に共通の倫理を探そうとする学術的な潮流の発端となった。さらに、端緒を作っただけでなく、国連総会にてキュングは演説し、その意見が議決案に影響を与えるほどに、世界倫理は成功した。

第二節では、世界倫理の目的とその理論について説明した。キュングが世界倫理を提唱する目的は、世界平和を実現することである。そして、世界倫理とは、完結した特定の倫理命題の一群を指すのではなく、諸宗教や世俗的な諸文化の間にある普遍的な倫理を発見するための対話の構想である。その対話を通して探求される世界倫理は、諸宗教や諸文化といった立場を越えて、世界の人々すべてが共有し支持しうる普遍的な倫理である。しかもこの普遍性は、諸宗教・諸文化が持っている既存の諸倫理全体を置き換えたり、要約したりすることで獲得されるのではなく、諸倫理の内部に含まれている人間性に関する共通の要素を発見することで獲得される。諸倫理の文脈に含まれつつも、諸立場に共通する倫理であるという意味で、世界倫理は世界のエートスなのである。

この世界に共通する倫理とは、諸宗教の人間と世俗的な人間が対話を通して発見していく権利と義務の両側面から深められた人間性である。世俗的な人権思想に示される権利に関する「人間性」と、諸宗教が古来より「黄金律」として説いてきた、義務に関する「人間性」が、対話を通して世界倫理において総合される。世界倫理にて探求される人間性は、人権思想や宗教的な教えのどちらかのみに基づくものではなく、世俗的な人々にとっても宗教的な人々にとっても自らの根拠に拠りながら、共通して担うことのできる、普遍的な人間性として見なされるのである。また、世界倫理の探求は、対話に並行して諸宗教の研究がもう一つの柱である。その研究は、比較宗教学的な視点から諸宗教の歴史と教えの変遷を調べ、諸宗教の諸パラダイム間の類似や相違を明らかにし、現代の対立に解決の糸口を与えることを目的としている。

第三節では、まず倫理をめぐって宗教が担うべき公共的役割について検討した。キュングによれば、諸宗教には、権利を擁護してきた世俗的立場には欠けている、義務を無条件に課すという力がある。諸宗教の人々は、「無制約的なもの」に命ぜられて、法に規定される以前に、人間らしくあろうとする。「無制約的なもの」への信仰は、変転する人間の生や社会という現実において、人間であることの意味を保ちその価値を実現するための究極的な根拠であり動機づけなのである。これに対して人権思想は自由を旨とするため、権利の擁護を法的に規定する以上に、人間らしくあることを無条件に人々に課することができないのである。この義務に関する独自性があるからこそ、諸宗教が率先して世俗的な人間に呼びかける世界倫理は、権利だけでなく義務に関する普遍的な人間性としてあり、人々に義務の実践を促すことができるのである。

キュングによれば、世界倫理の人間性を探求し、その普及と実践を目指す試みは、諸宗教の人々にとって民主主義社会の政治的な議論に関与することである。もし諸宗教の人々が、「無制約的なもの」に命ぜられた義務を語るならば、世俗的な人々は、諸宗教から義務について学ぶことを通して、民主主義社会の政治的な議論にて、より深く人間らしい決定をすることができる。なぜなら、世俗的な人々は、その学びを通して、人権思想のような権利としての人間性に加えて、義務の側面からも人間性について自己反省するからである。そして諸宗教は、「無制約的なもの」に対する信仰を損なうことなく、世俗的な社会の政治的な決定に、一つの影響を与えられる立場として参加する。宗教は、世俗的な人々を人間らしくあることへと政治的に方向づけることによって、平和の実現のために貢献するのである。この義務をめぐる公共的役割を諸宗教が果たすならば、宗教と世俗の両方を総合した人間性が、民主主義社会の中で実践されるに至る。そして、より人間らしい社会が建設されることを通して、世界平和の実現が期待されるのである。キュングは、この世界倫理にて実現が目指される人間性を、「真の人間性」と述べ、その実現のために働く宗教が「真の宗教」なのだと断言する。

キュングは世界倫理において、キリスト教内や諸宗教内だけに留まる対話ではなく、世俗の立場の人々を交えた対話を試みている。人間性は、宗教によってのみ解明され宗教内で実現の努力がなされるのではなく、この世界内にて社会的な次元で発見され、実現されていく。キュングは諸宗教に伝えられてきた人間性の意味を、社会的な次元で解明しようとし、実現しようとするのである。そしてこの試みは、ニッター、デュプイと比べて以下の特徴的な点があった。その点とは、内在的視点と外在的視点を区別した上で、外在的視点から比較宗教学的な方法で諸宗教を研究し、かつ人間性という対話のための共通な基準を明確にしようとするところである。もちろんこの人間性は、諸立場の信念において固有の決定的なものに従っているかどうかという文脈の中で理解される点で内在的視点に結びついている。しかし、諸立場の人々が実践し実現しようとする人間性を比較検討して批判しあい、外からの批判を聞くとき、多様な人間性の理解は、いったん外在的視点から並列的に扱われている。その上で外からの批判は受けとられ、内在的視点から自己批判をするための材料となる。このように、内在的視点と外在的視点は、一人の人間において相互に結び付けられているのである。

しかしながら、世界倫理について多くの疑問が残る。たとえば、このような内と外の視点の区別は可能なのだろうか。また、既存の倫理的文脈にありながら他の立場における倫理的文脈にも共通している人間性とは、いったいどのようなものだろうか。ほんとうに世俗的な人々に対して宗教を強制しないのだろうか。世界倫理の対話は、実際に普遍的な人間性の発見へと人々を導くのだろうか。次章では、世界倫理の理論的背景を明らかにしつつ、その限界を浮き彫りにしたい。

第六章　「世界倫理」と「人間性」をめぐる諸問題

はじめに

前章では、キュングの世界倫理を取り上げて、その構想を説明した。世界倫理とは、諸宗教の信仰者と世俗的な人々が対話と研究を通して、人間らしい社会の実現を目指そうとする倫理的な構想だった。そして、その人間らしさとは、人権思想のような権利としての人間性と、黄金律のような義務としての人間性を総合した、人類に普遍的な人間性を意味した。本章では、この世界倫理の構想に含まれる三つの論点を検討し、それを通して、対話をめぐるキュングの構想に見られる諸問題を批判的に明らかにしたい。そこでまず、諸宗教や世俗の立場に立つ人々が実践している既存の倫理のなかに含まれていながら、共通する人間性とはどういうものかを明確にしたい。そのために、「重なり合う合意」を述べたジョン・ロールズの議論を参照する。次に、人間性という対話のための基準をキュングが敢えて立てる理由とその限界について検討する。そのために、キュングが言及している、ユルゲン・ハーバーマスの「翻訳」をめぐる議論を取り上げる。最後に、内在的視点と外在的視点の峻別が可能なのかどうかについて、キュングの三つの水系という主張等を取り上げながら、振り返りたい。主に取り上げる資料は、前章の世界倫理に関する二著作に加えて、１９９３年の『キリスト教』、２０１０年の『世界倫理案内』である。

第一節　人間性をめぐる「重なり合う合意」

世界倫理では、諸宗教や世俗の伝統のなかで教えられてきた倫理を、新しい別のものに置き換えたり、新たな上位の倫理を課したりするようなことがなかった。むしろ、それぞれの既存の倫理の中で説かれていることの間に、人間性についての共通の理解を発見し、その共通の理解を、批判的対話を通して拡大していくのである。この試みをキュングは、政治学の議論に言及することで理論的に深めている。

キュングが取り上げているのは、ジョン・ロールズ（John Rawls）が述べた「重なり合う合意」（overlapping consensus）とマイケル・ウォルツァー（Michael Walzer）が提唱した「薄い倫理」（thin morality）である。最初に、この二つの概念をめぐる背景の議論を確認する。出発点は、民主主義をめぐって１９７０年にロールズが出版した『正義論』である。本書は、民主主義に関する原理的な理解をめぐる論争の出発点となった。この論争が、世界倫理との関りにおいて注目される、いわゆる「リベラル・コミュニタリアン論争」である。この論争は、民主主義社会の規範的な理解についての、二つの異なる立場の対立を示している。リベラルの立場に立つロールズが自由や平等といった倫理について普遍的な原理を強調することに対して、コミュニタリアンの特徴は、文化や共同体における倫理の個別性を尊重するところにある。

リベラルの立場にあるロールズは、原初状態という文化や共同体をはぎ取られた状態にある状況づけられない者としての人間が、次の正義の二原理に合意し、その原理のもとに公正な社会を作り上げると主張する。正義の二原理は、人は平等に自由であるという第一原理と、社会的・経済的不平等を解消するために自由が制限されるという第二原理からなる。状況づけられない人間による合意を根拠にして、この正義の二原理がどの文化や共同体にも普遍的に適用され、公正な社会が構想されるのである(407)。

コミュニタリアンを代表するのは、マイケル・J・サンデル（Michael J. Sandel）である。彼は、1982年の著作『自由主義と正義の限界』において、ロールズを批判した。サンデルの主張によれば、正義とは本来、文化や社会、人間関係といった共同体の中で状況づけられた諸々の人間によって反省され合意されるものである。ロールズは、原初状態にある人間を想定することを通して、多元的な複数の人間が正義の二原理に合意することを狙うものの、サンデルによれば、原初状態において人間は状況がはぎ取られることによって、人間の多元性と個別性を失ってしまう。個別に状況づけられた複数の主体間による合意という理解ではなく、抽象的な主体として理解される人間が、普遍的な倫理的観点を認識するという理解に置き換わっているのである(408)。

また、コミュニタリアンの一人に数えられるウォルツァーは、1983年に『正義の領分』を出版して「複合的平等」という考えを提示することを通して、ロールズを批判した。ウォルツァーによれば、ロールズの正義の二原理は、各文化の個別性を尊重せず、特定の正義についての理解を普遍的に押し付けて公正な社会を構想する考え方である。それに対してウォルツァーは、個々の文化において財は異なる意味が付与されているため、平等な配分の方法も文化ごとに異なっていると主張する。財は何でも平等に配分されるのではなく、付与された意味に従って配分され独占が防がれることで全体として複合的に平等が保たれる。それによってその文化における正義が個別な形で保たれるというのである(409)。

以上のように、正義や平等といった普遍的な倫理的観念を肯定するリベラルの立場に対して、コミュニタリアンの立場では、倫理的観念に関して文化ごとの個別性や、その個別の倫理的観念に沿って営まれる共同体が強調される。コミュニタリアンとの論争はロールズにも影響を与え、ロールズは自説を修正することになった。１９９３年の『政治的リベラリズム』にて、原初状態という抽象的な人間理解と正義の二原理を用いて公正な社会を構想するという考えを後退させたのである。そして代わって強調されたものが、「重なり合う合意」である(410)。「重なり合う合意」とは、宗教や哲学、文化のような包括的教説の間にある基本的な価値の一致についての根本的合意である。自由と平等という価値の一致を基礎にして、異なる包括的教説を持つ人々は、そのような一致する価値に沿う社会の建設に向けた政治的議論を行う。原初状態において正義の二原理が合意されるという以前の主張とは異なり、多様な包括的教説の間の自由と平等を基礎的価値とする議論の過程で、包括的教説が持つ個別の倫理的観念やその共同体が尊重される(411)。

以上の議論を踏まえたうえで、キュングの主張を整理する。世界倫理の内容の点で判断するならば、キュングは『政治的リベラリズム』以後のロールズの立場に近い。世界倫理では普遍的な人間性が探求されるけれども、人間性をめぐる諸宗教の信仰者と世俗の人間による根本的合意は、抽象的な人間観から導きだされたものではない。諸宗教や世俗的文化という固有の立場に属する人々の合意である(412)。それゆえキュングによれば、世界倫理は、ロールズの『政治的リベラリズム』における「重なり合う合意」に類似する(413)。キュングが「重なり合う合意」に言及することを通して強調することは、諸包括的教説の間に、合意に至るような共通する倫理的価値があるという点である(414)。そして、この共通する倫理的価値が、世界倫理にて探求される人間性だとされるのである。

さらにキュングは、ロールズを批判した、ウォルツァーの「薄い」倫理（thin morality）という主張を取り上げている(415)。「薄い」倫理とは、1994年の著作『道徳の厚みと広がり』にて、「厚い」倫理（thick morality）と対にして述べられた一組の概念である(416)。厚い倫理は、ある文化が所有している既存のマキシマルな倫理全体を指す。それに対して、薄い倫理とは、諸文化に共通するミニマルな倫理である。そして、この薄い共通部分は、厚い倫理に埋め込まれている。そのため、その厚い部分から分離して独立した薄い倫理のみを取り出すことはできない。たとえ共通性が諸文化に固有な倫理の間に見いだされるといっても、この共通性は、諸文化にて、同じ言葉遣いで表現され、同じ方向性を示しているような似通った倫理だという程度なのである(417)。

薄い倫理は、時には1968年の「プラハの春」のような社会的な危機、とりわけ政治的な対決のときに、さまざまな広がりと薄さを持って独立して立ち現れる。そして、人々はその薄い倫理を支持して連帯する。しかし、諸文化同士のあいだに似通った倫理的方向性があるというだけであるので、この薄い倫理をもとにして普遍的な正義を打ち立てることはできない。「共通」に見える薄い倫理を掲げて政治的抵抗のために連帯しても、人々が共有する価値の意味は厚い倫理の中で異なっているのである(418)。

この一組の倫理でウォルツァーが訴えていることは、諸文化の倫理的個別性を認識することの大切さである。どの人間も、それぞれが属する文化の中で営まれている厚い倫理に加わっている。そして、この厚い倫理の中で、具体的な倫理的判断を下している。たしかに薄い倫理という共通する倫理が、厚い倫理の中に埋め込まれて存在し、ときに諸倫理の間に立ち現れるとしても、それは一時的な出来事でしかない。また、厚い倫理を尊重しなければ、その埋め込まれた共通の倫理が立ち現れることもない。もし共通の倫理を必要とするならば、それぞれの人間が属している文化の厚い倫理という個別性を尊重しながら、異なる文化に属する人々同士は関係を持たなければならないのである(419)。それゆえ、注意を要するのは、この主張を通して、ウォルツァーは、ロールズが述べるような自由や平等といった諸文化に普遍的な倫理の存在を否定していないことである。むしろ、ウォルツァーは、普遍的な倫理があることを認めつつ、その倫理を一義的にあらかじめ定義することなしに、諸文化の多様な倫理の中に埋め込まれる形で存在する普遍的な倫理を擁護しているのである(420)。

キュングは、ウォルツァーのこの擁護を引き継いでいる。諸宗教や諸文化の間に共通する倫理があることを認めると同時に、諸倫理の個別性を重視するのである。その上で、キュングは、ウォルツァーが普遍的な倫理が一時的に立ち現れるとしたことに対して、継続的に存続する普遍的な倫理があるのだと訴え、この継続的な倫理が、厚い倫理の中に埋め込まれているのだとする。キュングは、ウォルツァーの主張を次のようにまとめている。すなわち、ウォルツァーは、諸宗教や世俗的な文化における地域的で相対的な諸倫理の内部に、それらに埋め込まれた普遍的な倫理の存在を示したのである。この普遍的な倫理をキュングは、「核となる倫理」または「最小の倫理」（Minimal Moral）と表現する。また、この倫理の内容とは、真理と正義であり、放棄してはならない「純粋な倫理」なのである(421)。

前章の通り、キュングは世界倫理にて、この純粋な倫理を探求している。それによれば、諸宗教や諸文化に属する人々は、各立場から切り離された普遍的な倫理を承認することはない。むしろ、人々は、自らの厚い倫理の中に、そのような倫理を「発見」する。既に諸立場が持っている厚い倫理について対話の中で相互理解を深めることを通して、対話の当事者はその自らの厚い倫理の内部にある同じ方向を持つ人間性の諸規範を発見し、それらが普遍的な人間性であるとしてお互いの間で「合意」する。この普遍的な人間性の諸規範を諸伝統の内部で「発見」するという点で、世界倫理が述べる人間性は、厚い文化を度外視して規定された、ある単一の倫理的原理ではない。むしろ、対話の中で明らかになり根本的に合意されるものなのである(422)。そして、その発見された人間性をめぐる共通の方向性が、諸宗教の黄金律と世俗的な人権思想であり、これらが新たに結びつけられて、人間らしくあれという義務の形で世界倫理宣言として具体化されているのである。

しかしながら、キュングは、宗教や文化ごとの個別性を尊重しているものの、宗教や文化という枠組み内部における倫理的な多様性を十分に配慮していない。キュングは、人間性をめぐって対話を通して諸立場の人々が合意すると訴えるときに、人間性についての多様性は、背景にある個々の宗教や文化という単位の違いという程度でしか認識していない可能性がある。

個々の宗教や文化という単位より細かい倫理的多様性をめぐって、再びロールズの「重なり合う合意」を取り上げることができる。ロールズによれば、この合意は、「理性の公共的使用」を伴う対話を通して獲得される。理性の公共的使用とは、対話において人々が、特定の世界観に訴えることを控えて、他の世界観を持つ人々にも理解可能なように、「公共的な理由」を挙げて議論することである。その公共的な理由とは、リベラルな公共文化の中で共有される、自由や平等、公平さという倫理的価値に結び付けられた理由付けを意味する。これらの価値に沿う理由付けを持つ主張が「道理にかなった」主張と見なされ、道理にかなう限りで、どの包摂的教説を持つ人々の主張も、正義に適うものとしてお互いに理解できるものになるのである(423)。

ところが、ロールズの「理性の公共的使用」という考えは、何が「道理的」であるかについての理解の多様性を抑圧しているとの批判を受けている。キュングは言及していないが、シャンタル・ムフは、民主主義の「闘技性」を指摘する。ムフによれば、たとえロールズが述べるように、人々が正義に適った判断をして重なり合う合意をするとしても、その議論の前提となる正義の観念は普遍的なものではない。なぜなら、正義の観念を規定している、何が道理でありそうでないかを決める境界線の決定は、所与の共同体における支配的な言説を反映しているからである。そのため、たとえ正義に適った議論がなされるとしても、その議論による合意は、言説の多様性を排除することの上に成り立っているのである。そして、多様性を排除するような多数派の支配的な地位と権力は、「ヘゲモニー」と呼ばれる。すなわち、このヘゲモニーは、対話を通して決定が下される際に、その判断が道理的であると規定し、少数派の見解を議論の埒外に押しやり見えなくする多数派の支配的地位と権力である。しかし、何が道理的であり、またそうでないかの境界線は、常に少数派の側から異議申し立てを受けているため、常に暫定的なものに留まる。そのため、たとえ道理にかなっているとして合意されたことであっても、常に見直しの対象になる。すなわち、政治的な議論の前提になるものとならないものの境界線もまた、常に政治的に議論の対象なのである(424)。したがって、ムフは次のように述べる。

（政治において、）何が「道理にかなったもの」であり、なにがそうでないのか、それを果たして誰が決定するのか。政治においては、「道理にかなったもの」と「道理に反したもの」との区別は、それ自体すでに対立の前線を形成する問題なのである。つまり、そうした区別自体が政治的性格を帯びているのであって、それはつねに所与の支配関係の表れに他ならない(425)。

ムフによれば、民主主義の政治的決定における言説の多様性の排除と支配の関係を受け止めるならば、人々の言説の差異を前景化させ、それらを民主主義の討論過程に取り込むことが不可欠である。そして、ムフは、そのような民主主義を「闘技的」民主主義と呼ぶ。この民主主義の理解では、「権力と排除の痕跡を消し去ってしまおうとするのではなく、そうした痕跡自体が改めて闘争の場となり得るよう、それらを目に見える状態にして前景に押し出す」のである(426)。

ところが、キュングが実際に行った対話を検討するならば、この共同体内部にあるヘゲモニーに注意を払い言説の差異を前景に出すことに関心を払っていないことが指摘される。たとえば、キュングが世俗的な人々との対話に当たって主に働きかけるのは、対話に関心のある政治的影響力のある集団に対してである。それはすなわち、インターアクション・カウンシルや国連といった民主主義社会における主要な団体や政治的要人への働きかけである。政治的な力の大きい人々を中心に選んで対話しており、国連での決議や首相経験者らの宣言を用いて社会に影響を与え、人間性の社会的実現を目指すのである。

人間性を社会的に実現することに重点を置く世界倫理の構想からすれば、対話に関心がある影響力のある団体や人々に働きかけることは、当然の判断のようにみえる。その一方で、一般の市民や、対話に積極的ではない人々に対しては、影響力のある人や団体で決定した内容を宣伝し教育するだけの一方向の取り組みだけが行われている。一般の影響力のない人々へ直接に関わって対話することは行われていない。差別や貧困に言及するものの、その差別されている人々や貧困状況にある人々に対する直接の調査や人道的活動は行われていない(427)。キュングは、世俗的な人々との対話に際しては、政治的に有力な人々との対話をすることによって、政治的な実行力を確保し、その人々との間で深めた人間性についての見解を一般社会に広め実践するという基本的な方針を取っているのである。それゆえ、キュングの対話の方法には、主要な団体や政治的要人への働きかけによっては回収することのできない、少数派の言説との接点が見出しえない可能性がある(428)。

世俗だけでなく、宗教という枠内でも、ヘゲモニーや言説の差異に対するキュングの考慮は十分であるとはいいがたい。例えばキュングは、世界倫理宣言の作成に当たって、一般的ではないとか合意の妨げになるとかいう理由で、一部の意見を宣言内容から外している。たとえば、「宇宙的意識」といった言葉は入れられなかったし、「神」という言葉も仏教を配慮して避けられた。言説の差異に注目するよりも、合意こそが注目されたのである(429)。もちろん、キュングが一部の意見を取り上げなかった理由は、対話に積極的な人々から合意を始めて議論に参加する人々の輪を広げる方針だからとも考えられる。その一方、キュングによれば、諸宗教の間では、地球全体で共有される倫理への関心や、対話の必要性への自覚が共有されていた。そして、キュング自身が文化的宗教的な多様性を自覚して、共通の倫理を見出すために、対話がより深められる必要があるのだと述べている(430)。しかしながらキュングは、人間性の実現を目指す合意のために多様な意見を取捨選択しているものの、その取捨選択を決める判断基準は、キュングら対話をリードする人々の合意を優先するという方針に従っており、この方針による取捨選択は対話の中で必ずしも合意を得たものではない(431)。そのため、この方針を取ることにより、対話を続けても、合意の妨げになるような言説は、その都度の合意をする際に常に排除され続けることになる可能性がある。つまり、キュングの世界倫理の構想は、合意を広く求めるように見えて、意見を取り入れられなかった人々との距離が開き続けるだけに陥るとも言える。

以上のことから、キュングは種々の包括的教説の固有性を尊重しようとするけれども、言説の差異を抑圧する支配関係に対して十分に関心を払っていないといえる。諸宗教や世俗的な諸文化という単位では固有性に気配りしているが、それらの内部にある人間性に関する言説の差異は、合意を得るという目標のために軽視される傾向があったのである。また、政治的指導層に対する働きかけはあっても、少数派の言説を議論に取り込むための取り組みは行われていなかった。それゆえ、世界倫理は、たしかに普遍的な人間性を探求する構想であるけれども、少数派の言説が抑圧されることに対する取り組みが十分に備わっているとは言い難い。そして、この不備のゆえに、たとえ世界倫理において目指される人間性が普及し実践されたとしても、その人間性が見出だされる際に作り出された差異を抑圧する構造を再生産するだけに陥る危険がある(432)。

しかし注意を要する点が二つある。一つに、キュングにとって包括的教説は変化するという点である。相互批判的な対話を通して、包括的教説は歴史の中で互いに変化をもたらすことができる。二つに、人間性にキュングが注目するのは、それが将来に来るパラダイムの基礎だとキュングが考えるからである。それゆえ、探求される人間性という普遍的倫理は、必ずしも過去から一貫して同じ意味で種々の包括的教説に含まれてきたものではない、歴史的なものである。理論的には、現時点で合意が見出せなくても、対話と変化を経た将来には見出せるかもしれないし、現在は主流でない過去の教えの中に、現在参考になる人間性の解釈があるかもしれない。したがって、たとえ現在においてより排除の少ない合意が困難でも、人間性について議論を続けることが平和の実現を目指すキュングにとって決定的に重要である。しかしあえて人間性を探求すべき普遍的倫理として立てて議論するからといって、誰もが人間性について語ることができるのだろうか。次節では、人間性を目標に据える対話が包摂する、「翻訳」という課題について検討したい。

第二節　人間性をめぐる対話と「翻訳」

キュングが世界倫理を提唱する目的は、世界の平和を実現するためであった。そして、その平和のために、人間らしさに注目したのだった。人間性について、宗教や世俗の多様な立場から権利の面でも義務の面でも理解を深め、共通の人間らしい判断と行為を行うことを通して、世界の課題を解決し、人間らしい生き方の実践のみならず人間らしい社会を建設するのである。そのために、人間性をめぐって対話と研究を行うのである。しかし、世界倫理の対話と研究において人間性の内実に注意を払う必要がある。これまで論じてきたように、人間性をめぐって内在的視点からは諸伝統における固有で決定的なものが判断の基準に立てられている。たとえば宗教では、イエスやブッダ、または経典であり、世俗の立場では、信仰のない理性である。そして各々の立場から見れば、人間性は各々の固有の決定的なものに従って理解されている。たとえばキリスト教であれば、キリスト教的伝統のなかでイエスの教えに沿って人間性が理解されてきた。内在的視点から見れば、その人間性はイエスが説いたということによって動機づけられており、外在的視点から見ても、キリスト教的伝統の下にある人間性の理解だと見なすことができる。したがって、諸立場の人々は、人間性をめぐって異なった理解と動機づけを持ったままで向き合い、「重なり合う」部分の合意とその拡大を目指すのである。

ところが、人間性をめぐる対話と研究において、異なる立場に立つ人々は、自らの立場における固有の決定的なものを基準にして自己主張したり相手を批判したりしない。むしろ、「人間らしいかどうか」という観点から説明し、「人間らしくない」からという理由で批判する。たとえば信じている神が述べているからということとは違う根拠づけにいったん言い換えなければならない。もちろん内在的視点から見れば、たとえ言い換えていても、自己の信念に結びついて神の教えだと信じているし、外在的視点からもキリスト教的な価値観だと評価することができる。それでも、いったん対話において人間らしいからという根拠づけに言い換えなければ、自己主張も相手の批判もできない。このように人間らしさへの「翻訳」が、世界倫理をめぐる対話には組み込まれている。

翻訳について、ユルゲン・ハーバーマス（Jürgen Habermas）の議論を参照したい。キュングは、倫理的義務に関してハーバーマスの議論に言及しており[433]、翻訳の問題も関わっているからである。

ハーバーマスは、民主主義社会の中で宗教が持ちうる役割に関して、民主主義の存続に必要な「政治以前の基礎」を指摘しており[434]、この指摘を糸口にして、その主張を確認したい。ハーバーマスによれば、民主主義国家では、投票することや見知らぬ他の市民と連帯するといった社会のための政治的負担を国家の法を用いて義務づけることはできない。自由を基調とする民主主義の思想は、義務を強制しないのである。ところが、この負担を担って民主主義国家の政治決定に参加する人々がいなければ、民主主義国家を維持することができない。そこで、この負担を担うような倫理的動機づけを人々に与えることが問題になる。そして、ハーバーマスによれば、この動機づけの力は、民主主義の討議以前に人々が営んでいる文化のなかに埋め込まれており、とりわけ、倫理的な動機づけの力は、宗教が担っている。宗教には倫理的な洞察の力があり、その力が市民社会の政治的な責任を引き受けることへの動機づけを与えると期待されるため、討議の過程に引き入れる必要が生じる(435)。

しかしハーバーマスによれば、民主主義の討議の中へ宗教の倫理的な洞察を引き入れる時に課題となることがある。その課題とは、民主主義国家は、宗教的世界観に対して中立的でなければならないというものである。すなわち、民主主義国家は、信仰を持つ宗教的市民であっても、「特定の世界観にもとづかない統治という原則」を承認していることを前提としている。この原則の下では、宗教的市民であっても、宗教的世界観に基づいた発言は許されず、非宗教的な公共的必要性に訴えて議論する必要がある。それゆえ、宗教的市民は、自己の宗教的信念を別の非宗教的な言い方に置き換える「翻訳」をして発言しなければならないのである(436)。ハーバーマスは、この翻訳という考えを、「翻訳に関する制度的留保条件」として明確化している。この条件は、諸宗教が民主的な討議に参加して発言する際に課される。すなわち、「法的に実現可能な規範はかならず、すべての市民が理解できる言語により表現されうるものであり、また、公的な議論の場で正当化しうるものでなければならない」というものである(437)。

宗教側に翻訳が課される理由は、たんに民主主義国家が世俗主義を標榜するからではない。誰もが理解できる言葉で討議するためには、特定の世界観に基づかないことが必要だからである。ハーバーマスによれば、異なる人々の間で合意の獲得が成功するかどうかは、ある主張が妥当であるとする根拠に合理的な説得力があるかどうかにかかっている。そして、その説得力があるかどうかは、対話の参加者同士が、互いの主張に同意したり反論したり、場合によって自らを批判にさらして議論に規則正しく参加するかどうかによって判断することができる。対話において自分の感情に屈したり、直接的な利害に屈したりすることなしに、その主張が公正に正当化しうるものかどうかを仮定的に吟味し、ときには自らの主張の誤りを認めて訂正し創造的に学びあうならば、ある主張に説得力が得られる(438)。ここで、特定の信仰や教義を持ち出して不動の根拠づけをするならば、創造的な学び合いはなく、その世界観を受け入れない限り、ある主張が説得力を持つことが困難になる。

加えて、そのような学習の態度を持ちながら、議論に参加する異なる根拠づけをする人々は、互いに異なって根拠づけられた同意を獲得しうるという強力な前提を共有して、そこから直観的に対話を始める。とりわけ道徳的規範をめぐる議論において、ある行為の規範は、その性質から、当事者全体に共通の関心を表出しており、普遍的承認を与えるように要求する。もし妥当性のある行為の規範があれば、その規範は該当の領域において、当事者全体の合理的に理由付けられた賛成を獲得できるように要求する。この要求を前にして、先の前提から出発する人々が、道徳的規範をめぐる議論を行う。そうすることによって、多様な根拠づけを伴って対話する人々の間にて承認可能な合意の獲得を目指しうる(439)。したがって、宗教を信じる人々は、特定の世界観を優先することなしに、多様な根拠づけのなかの一つとして主張し賛意を得るために、翻訳が課されるのである。

「翻訳」という条件のもとに宗教的発言が認められる意義は、第一に、宗教的市民であっても同胞として立法過程に参加ができる点である。たとえ自らの宗教の言葉しか知らず、翻訳ができない場合でも、その宗教的市民は他の市民の翻訳の協力を得ることで、自らを市民の一人だと自覚することができる。第二に、宗教が持っている道徳的直観についての特別な言説を、世俗的市民が学ぶことができる点である。そして、宗教的言語が誰にでも理解できる言語に翻訳される限りで、その直観が公的な意思決定過程に影響を与えることができる(440)。

ただし、ハーバーマスによれば、この「翻訳」を通した世俗的市民と信仰を持つ宗教的市民の関係は、宗教的市民のみに負担を課す一方的なものではなく、相互の「学習プロセス」である。宗教的市民は、世俗的な国家を承認して公的な政治過程では「翻訳」して発言することを学び、世俗的市民の側は、宗教的市民を同胞として承認し、宗教に対する否定的な態度を自己反省する。その自己反省とは、規範的には、翻訳された宗教的な言説を聞き取る自己理解を持つことである。この自己反省を世俗的市民がすることによって、宗教的市民は、翻訳を通して、宗教的言語が聞き取られるという期待を抱く。そして、世俗的市民の側は、その期待に応えることで、民主主義国家が宗教的に中立であるという精神を宗教的市民に対しても等しく要求できる。それゆえ、「翻訳」とは、宗教的市民だけに負担を与えるのではなく、世俗的市民にとっても課題を与える相互の学習プロセスなのである(441)。

以上のように、この「翻訳」のもとで、ハーバーマスが宗教に倫理的な洞察を期待するとき、神や無制約的なものといった倫理の根拠までをも求めてはいない。あくまでも諸宗教の発言は、民主的な討議の過程に影響を与える一つの公共的な言説として理解され、その討議過程を通じて社会の倫理的合意が形成される。宗教的人間は、民主主義国家の政治的討議に参加するとき、一人の宗教的市民として信仰を求めない「翻訳」をするからこそ、発言することができる。そして、その翻訳された発言を聞き入れる討議の過程で、信仰を持たない世俗的人間は、宗教的洞察に含まれている倫理的意義を学ぶことができるのである(442)。

キュングの世界倫理を振り返るならば、宗教的発言を世俗的な討議に引き込もうとするハーバーマスの構想に応えるものであると言える。世界倫理のなかで、キュングは宗教が翻訳を課されることを受け入れている。世界倫理の中で、宗教的な人々には、非宗教的な言葉を用いつつ、義務について世俗的な人々に対して語りかけ反省させる役割がある。さらに、世俗的な人々は、民主的な討議のなかで、非宗教的な言葉で語られる義務について学び、権利だけでなく義務の面でも人間らしい政治的決定を下すことが期待される。それゆえ、世界倫理の構想では、ハーバーマスが期待するような倫理的な洞察を、翻訳という条件のもとで世俗的な人々に与えることができる。

ただしキュングは、宗教の側が翻訳条件を受け入れることで、世俗の側に対して宗教が従属的立場に立つのだとは考えていない。これまで論じてきた通り、キュングはむしろ、世界倫理において人間性をめぐって宗教が世俗の側に影響を与えることを狙っている。また、人間性に注目するのは、近代のパラダイムの中で人権が基軸だったからであり、キュングが期待する次のパラダイムでは、その人権を宗教が義務の側から補って、より深く人間性を実現しようとするからである。それゆえキュングの構想では、世俗的な立場も宗教的な立場も対等である。世俗も諸宗教も対等な関係の包括的教説であり、それぞれの教説を信奉する人々が、互いの教説の間で異なる根拠づけをしながら、人間性について重なる部分の合意をしようとする。しかもその合意は、相互学習によって拡大されていくのである。

加えて、内在的視点からすれば、宗教を信じる人々にとって、信仰を放棄せずに、翻訳したうえで人間性について語ることに意義がある。第三章で論じた「信頼」の議論の頃から、信仰を持つことが、倫理的に特別な意義があるという考えをキュングは一貫して保持しており、これまで論じてきたように世界倫理の構想でも放棄していない。人間性という解釈の基準を立てることを通して諸立場を平等に扱うけれども、内在的視点からキュングは宗教の意義を重視している。それゆえ世界倫理を諸宗教の率先により提唱しようとするのである。

世界倫理では、対等な形で多様な立場が認められているけれども、ハーバーマスと同様に、その諸立場の間には、ある一つの共有される前提がある。ハーバーマスは、対話に参加する人々が異なる根拠づけをしながらも、倫理について合意を獲得できるという信念を前提にしていた。一方キュングの場合、信頼をめぐる議論は、虚無主義に対抗して行われていた。現実に対する信頼を選ばない虚無主義の立場は、世界や生に意味や価値が無いとする生き方を意味するが、その立場はたとえ可能であっても、一貫して維持することのできない非合理的なものであった。それに対して、信頼を選択する世俗的な人々と諸宗教の信仰者は、ともに現実の内部において世界や生には意味や価値があるということを前提として生きており、人間らしくあることをめぐって、対話を通してお互いに影響を与えられるのである。世界倫理も、第四章で論じた「基準学」の議論を経て、「信頼」の議論の延長上にある(443)。世界倫理の核心にある、諸宗教の黄金律も、世俗的な人権思想も、現実を信頼する立場からの教えや思想である。それゆえ世界倫理の構想において、諸宗教と世俗の立場の人々は、人間らしさをめぐって合意できるという考えが、前提とされているのである。

世界倫理の特徴は、ハーバーマスと第二章で取り上げたラッツィンガーとの対話を用いて、より明確にすることができる。両者は対話において、宗教が倫理的な面で現代の民主主義社会にて貢献できる点で一致した。ところがラッツィンガーは、信仰が無ければ世俗的理性は倫理的義務をめぐって不十分な状態に留まるとして、世俗的な人間に信仰を最終的に要求する。これを批判してハーバーマスは、世俗的な理性が、神のような存在を認める世界観なしに、討議によって倫理的義務を正当化できるとした。さらにラッツィンガーは、キリスト教信仰と世俗的理性の普遍性を否定したうえで、世界倫理のようなすべての人が承認する倫理的合意が不可能であると指摘する。そして、信仰と理性が相互に学ぶという相関性を主張するものの、最終的には理性の基礎に信仰があることを認めるように促すのである(444)。これに対してキュングは、互いに異なる立場の人々が対話を通して普遍的な合意に至る可能性を否定しておらず、外在的視点からは世俗的立場と宗教的立場の対等さを認め、積極的に宗教的な発言を「中立的な」言葉に翻訳しようとしている。そのため、世界倫理は、ハーバーマスの主張により適合する構想であるといえる。

以上のように世界倫理の構想を翻訳という側面から説明した。しかしながら、キュングの議論には、翻訳に対する疑いを見出すことができない。果たして誰もが伝統的な教えを人間らしいかどうかという点から説明しなおして語れるのだろうか。受けた教育や性格などの理由で翻訳に慣れている人もいれば、文化的距離が遠いために翻訳が難しい場合もある(445)。また、翻訳によって伝統的な教えが含意することをすべて伝えることはできないために、信仰者にとって翻訳するという選択が必ずしも正しいとは言えない。しかし、世界倫理の構想では、翻訳しないと決めた立場の人々が考える人間性は、対話において無視される恐れがある。その上、完全な形で普遍的な人間性が見いだされるのは、未来の話である。それまでは何が人間らしいのかについて合意の一方で対立が続くのである[446]。そして、人間らしくないとする判断は、いまだ普遍的ではない人間性の理解に基づいて行われることになり、新たな対立を生む火種になり得る。しかし、キュングの議論には対話への強い意志が見られても、これらのような翻訳における課題について十分な注意が払われているとは言い難い。

次節では、キュングの内在的視点と外在的視点の区別に着目して、そのような区別が本当に可能なのかどうか検討する。

第三節　人間性と二つの視点の区別

世界倫理の構想では、内在的視点と外在的視点を区別して対話したり研究したりするとされていた。内在的視点とは、実存的な視点であり、自らにとって真なる宗教は一つであり、その宗教の教えが自分にとって唯一の真理であるとみなす視点である。世俗の立場であれば、信仰のない合理的理性が唯一正しい根拠である。自分が信じるもの以外の宗教や思想は、自らの信念に反しない限りで認められる。それらが説く人間性についても自らの信念における固有の決定的なものにしたがって解釈され評価される。それに対して外在的視点は、比較宗教学的な視点である。それぞれの人間の内面には、その人々にとっての、自らと異なる真なる宗教や思想があることを認め、それらを対等に扱う視点である。一人の人間は両方の視点を同時に持つことができ、自らの信念に忠実でありながら、同時に外在的視点から自らを含め多様な立場の主張を並列して比較検討し、自らの信じる宗教や思想に関する理解を修正することができる。それゆえ内在的視点において自らの信じる宗教や思想が決定的な真理だからといって、それが一切の批判を受け付けないほどに正しいということではない。

これまでキュングの対話をめぐる構想を論じてきたように、どの立場でも対話を通した自己反省と変化が求められている。そのため、自らにとって唯一の真理があるという発言は、自らの主張を変える必要がないという意味ではない。むしろその意味は、一つに、自らの立場に固有で決定的なものから、真理について、人間性について忠実に学ぶことであり、二つに、対話を通して新たな知識を得たり現在の理解を自己批判したりしても、何が人間らしいのかについて固有で決定的なものが説く真理によって最終的に根拠づけるということである。したがって一人の人間の中で二つの視点は区別されていても相互に結びついており、人間らしさとは何かについての理解は二つの視点から影響を受けるけれども、最終的には内在的視点から決定づけられる。

以上のような二つの視点の結びつきは、諸立場の間でも図式的に整理することができる。キュングは、諸立場における人間性とその根拠づけを比較宗教学的な方法で分類しており、その議論を取り上げる。1989年の『中国宗教とキリスト教の対話』においてキュングは、諸宗教の宗教学的な分類方法を提案した。これは、世界の諸宗教を、アブラハムの宗教、インド系の宗教、中国系の宗教という宗教の三水系に分ける分類方法である(447)。さらにこの分類方法は、1994年の『キリスト教』にて世界倫理との関りで深められる(448)。

それによれば、ユダヤ教、キリスト教、イスラム教は、同一の神を信仰するアブラハムの宗教に属する。この三宗教は信仰の中心に神という「無制約的なもの」が存在する立場であるが、他の水系の宗教には別の「無制約的なもの」がある(449)。そこでキュングは、世界倫理を諸宗教の信仰者が支持できるように、神という共通性に代わって、人間性という倫理的共通性を挙げる。アブラハムの宗教においては、アブラハムの神自身が、人間性の擁護者であり、キリスト教はイエス・キリストの愛によって人間性を教えられている。このイエスの愛は、人権思想以上に人間であることを深く実現する、イエスに倣う根元的な人間性を指示する。そして、ユダヤ教、イスラム教は、それぞれモーセとムハンマドによって、人間性について教えられている。それゆえ、アブラハムの宗教は、それぞれの預言者に従いつつ、同一の神という根拠を持って、人間性を擁護することができる(450)。

しかし、アブラハムの宗教は、他の二水系であるインド系の宗教、中国系の宗教、加えて諸々の民族宗教との間では、神を共有していない。それでも、これらの宗教は、各々の伝統の中に人間性を擁護する根拠を持っているはずであり、その根拠に立って人間性を支持できるはずである。それゆえ、インドと中国の水系の宗教は、異なる根拠に立ちながら、アブラハムの宗教に並んで、人間性を共通の倫理と見なすことができる。すなわち、アブラハムの宗教は、共通の神に根本的に従いながら、その神に教えられる人間性を、他の水系の宗教との間にある共通の倫理として担うことができる。そして他の水系の宗教は、アブラハムの神ではなく、別の「無制約的なもの」に従って、その共通の倫理である人間性を担うのである(451)。

以上のようにキュングは、人間性という倫理をめぐる水準と、その人間性の根拠という宗教に関わる水準に分けて、世界倫理の人間性について説明する。世界倫理にて普及が目指される、権利と義務を総合した人間性は、アブラハムの宗教から見て、人権思想を包摂するような、神に教えられた人間性であり、その他の宗教から見れば、アブラハムの神を共有することなく、各々の信仰対象によって支えられている人間性なのである。

この三水系の議論は宗教がテーマであるため、世俗の立場が扱われていない。しかし、第五章で論じたように、世界倫理は諸立場の人々が対等に話し合う構想だった。それを踏まえれば、三水系と同様に、世俗的な人々の内在的視点から見て、人間性という倫理の水準は、諸宗教の信仰を共有しないまま、理性的な根拠に支えられて擁護される。それゆえ、世界倫理の人間性は、キリスト教、諸宗教、そして世俗それぞれの立場における内在的視点から全く捉えられ、その立場における根拠に依っている倫理なのである。そして、そうであるからこそ、諸宗教の信仰者は、現代社会に貢献するに際して、信仰を失ったり、世俗的立場を否定したりすることなしに、人間性をめぐる対話とその実現を協働の目標にすることができるのである(452)。

しかしながら、理論的には人間性という水準において対等な対話が行えるように見えるけれども、キュングの実際の発言を調べてみると、キュングの内在的な視点によって制約された主張が、対等な関係の対話を阻害している。まずキュングは、対話が始まる以前から、いくつかの信仰理解を否定してしまっている。排他主義と多元主義は受け入れられない。固有の教えのみが正しく、自らの宗教以外の教えを真でないと否定する排他主義、反対にどれも同様に真理であり善い宗教であるとする多元主義は、キュングによれば適切な宗教理解ではない(453)。さらに、宗教の混交主義や消費主義もまた否定される。それらが否定される理由は、倫理的な基礎を欠いた文化や人生を人間にもたらすからである。また、諸宗教から好みの部分を集めて都合の良い宗教を作り出すことは、「宗教のカクテル」であり、そのような宗教は神秘的に見えても、宗教の教えを真に実践していることにはならないからである。社会生活の必要に合わせて様々な宗教的要素を商品サービスとして利用することは、どの教えも真剣に受け止めていないことと同様なのである(454)。

しかし、世界倫理におけるキュングの試みは、本来、多様な信仰の仕方を認めており、虚無主義以外は否定されていないはずである。人間らしさを基準に自らとは異なる立場の考えを批判することはできるが、排他主義をとるからといって、一律にその人が人間らしくないとは言えない。また、複数の宗教を混ぜ合わせているからといって、そのような立場の人すべてが、一つの宗教に忠実な人よりも人間性で劣っているとは言えない。どの立場が人間性という基準によって否定されるのかどうかは、具体的な指摘を伴う対話のなかで明らかにする必要があるだろう。もちろんキュングは、外在的視点からの客観的な主張だと反論するのかもしれないが、キュングの一方的な偏見だという非難を免れがたい。

もちろん、多様な立場が認められるからといって、対話においてキュングの個人的見解の表明が禁止されることはない。しかし、否定されるべき信仰理解を述べてしまうことで、世界倫理のプロジェクトを開始した本人であるキュング個人の信仰理解が、他の信仰を持つ人々を緊張させ、対話の進展を阻害する恐れがある。そのために、世界倫理は、キュングの信仰理解を押し付けていると批判される可能性が生じる(455)。たとえばシセラ・ボク（Sissela Bok）によれば、世界倫理宣言における人権思想に引き付けた黄金律の言い換えは、その構想に反して、どのような宗教や信仰理解に立つ人々にも受け入れられる内容ではなく、宣言の理想に同意できない人々に対する不寛容が示されている(456)。結局のところ、キュングは、対話が始まる以前に、対話の入り口を制限し、一定の立場の人々を排除してしまっている(457)。

加えて、世界倫理と民主主義社会における基本的価値の一つである自由という観点から見れば、キュングが否定するところの排他主義は批判されるべき立場ではない(458)。なぜなら、諸宗教の人々は、信教の自由が認められており、自らの宗教的世界観に沿って私的領域で発言し、その宗教の教えを守って行動する権利を持つからである。そして、信教の自由が認められる要件は、諸宗教と対話をすることではない。たとえある宗教が、諸宗教との対話を求めず、自らの宗教を他宗教に対して優越視する考えを持っていても、他者の自由を尊重し、法を遵守する限りで、民主主義社会の一員として認められる。信仰の自由が認められる要件は、宗教間対話ではなく、自由の擁護や法の遵守を自らの教えに矛盾しないよう各立場において整合的に理解することなのである(459)。それゆえ宗教間対話は、自由という観点から、どの宗教にも必ず求められる課題ではない。もちろん見落としてはならないのは、法の作成や執行の曖昧な部分において、また法の対象にならない場面で、人々の間に差別や対立が生じる点である。宗教多元主義が、この点を捉えて他者の立場の承認を訴えたことには意義がある。しかし、世界倫理も多元主義も、排他主義を理論的に適切に位置づけられていないのである。

さらに、宗教の消費主義や混交主義を否定的に捉えるならば、世俗的な人々に対して宗教が与える文化的な影響を、本当の信仰ではない二級品の宗教的なものとして見なすことにつながる。これは、世界倫理において想定されている宗教の文化的影響力を否定することを意味する。宗教が文化的な原型として影響力を行使し世俗的な人々に倫理的な振る舞いをうながすとき、世俗的な人々は、必ずしも伝統的な教えのままを受け取っているわけではない。各々の精神的必要に応じて、文化の中にある宗教的な資源から宗教的なものを選んでいるのである(460)。それゆえ、もし世俗的な人々が、ある神学者や司教などによる教会で教えられる「正統」な教えのみを聞くべきなのであれば、宗教の文化的影響力の多様さを二級のものだと否定することによって、世界倫理の基礎を解体することにつながる。

以上のようにキュングは、たしかに内在的視点と外在的視点を組み合わせることによって、多様な立場に立つ人々が互いに独自の根拠づけを行いながら、共通の人間性について理解を深められるように工夫を重ねていた。しかし、キュングの内在的視点からの主張は、対等な対話を妨げる要因になっていた。たとえ外在的視点からみてどの立場も対等であると捉えていても、実際は、一部の信仰的立場を否定するキュングの主張が、他の立場の人の発言を制約し排除していたのだった。もちろん、その制約はキュングが意図するものではないかもしれないし、キュングは外在的視点からの客観的な主張だと訴えるのかもしれないが、キュングの主張は外在的視点に立っていると断言できず、かつ世界倫理の構想とは整合的ではないのである。そのため、キュングの主張が象徴するように、内在的視点と外在的視点を、他者の排除を生まない形で明晰に区別することは困難なのである。たしかにキュングは二つの視点の批判的相互関係を重視するが、それだけではキュングが両立しようとする信仰の忠実さと諸宗教間の対等な対話を実現するには不十分であるだろう。

おわりに

本章では、キュングの対話の構想に含まれる課題を三つの観点から検討した。一つ目に、世界倫理において多様な立場の間で対話され合意される人間性とは、どのようなものかを明確にしようとした。この合意に関してキュングは、政治学の分野におけるロールズの「重なり合う合意」を参照していた。重なり合う合意とは、異なる包括的教説を信じる人々が、お互いの教説の間で自由や平等といった基礎的価値が重なり合うことに合意し、その合意の上で共通の政治的な決定を下すことである。それゆえ、世界倫理で探求される人間性は、諸立場にて説かれる人間性を置き換えたり要約したりするものではなかった。むしろ、その探求において人々は、それぞれの倫理的教説の間で、黄金律と人権という人間性をめぐって重なり合う点に共通するものとして合意し、その合意された人間性を批判のための基準にしたり人間らしい実践のための判断基準にしたりするのだった。

しかし、「重なり合う合意」は、「ヘゲモニー」という点で批判を受けていた。何が道理にかなっているのかは、多数派と少数派の間で対立しており、いったん道理にかなっていると合意されたことでも、それはヘゲモニーを持つ多数派の見解を反映しており、少数派から常に合意の見直しを要求されているのである。そしてキュングの対話の仕方を振り返ってみると、キュングはヘゲモニーの問題に十分な注意を払っていなかった。たしかに諸宗教や世俗、文化という大きな違いは尊重しているが、対話において合意が優先され、少数派の意見は軽視される傾向があったのである。それゆえ、ヘゲモニーの問題に取り組まない限り、世界倫理における人間性は、少数の意見を抑圧したうえで合意されるものにとどまり、たとえその人間性を普遍的なものとして普及させても、その合意の際の抑圧を再生産する恐れがあったのである。

二つ目には、「翻訳」の点から世界倫理における対話について検討した。世界倫理では、人間性をめぐって対話するとき、諸立場に固有の世界観の言葉をそのまま用いて、他者を批判したり人間性について立論したりするのではなかった。むしろ、自らの信じる立場の言葉をそのまま使うのではなく、人間らしいかどうかの点に言い換えて相手を批判したり、人間らしさとは何かという点に言い換えて真理を説明したりするのだった。そのため、人間性への「翻訳」が、対話の参加者には不可欠の作業だった。この翻訳について、キュングの議論は、ハーバーマスの宗教と公共性をめぐる構想に結びついていた。ハーバーマスは、市民的義務についての合意と動機づけを市民へともたらすために、公共の議論の中に宗教的言説を持ち込むことに注目した。しかし宗教的発言は、かならず特定の世界観に基づかない言葉に言い換える義務を課された。翻訳したうえで公共の議論の中に取り込まれることで、宗教的言説は、義務をめぐる市民の合意に影響を与えるのである。

世界倫理においてキュングは、この翻訳の義務を受け入れている。宗教的立場の人々は、人間性をめぐる言葉に翻訳して発言しなければならない。しかし翻訳することによって得られる点がある。諸宗教の信仰者と世俗的な立場の人々は、互いに異なる根拠づけをしながら、人間性について重なる部分の合意を目指すことができる。同時に、異なる根拠づけを擁護できるので、諸立場の人々は自らの信念に忠実であることができる。さらに、キュングの構想では、虚無主義の立場には立たないことが前提とされている。そのため、異なる立場に立つ人々は、あらかじめ「現実」には意味や価値があるという確信の下に、人間らしさの実現を社会でも個人のレベルでも協力して目指すのである。

しかしながら、キュングは、「翻訳」が誰でも可能なのかどうかについて積極的な検討をしていない。そのため、翻訳する能力がない人々や、翻訳をしないと決めた人々の主張は、世界倫理において十分に考慮されないままに置かれる恐れがあった。

本章では三つ目に、内在的視点と外在的視点の区別が多様な立場の間の対等さを本当に保証しているのかどうか検討した。キュングによれば、諸宗教は三つの水系に分類され、諸宗教は人間性という倫理の水準とそれを根拠づける「無制約的なもの」の水準を持っている。どの水系の宗教にも二つの水準があり、諸宗教の人々は外在的視点に立って互いの二つの水準を対等に比較しあえるのであり、内在的視点に立って自らの立場にて信じる「無制約的なもの」によって根拠づけられた人間性を保つことができるのだった。

しかしながら、キュング自身の発言を調べるならば、キュングは人間性について対話の中で合意することなしに、排他主義や多元主義、消費主義などの信仰のあり方を否定していた。世界倫理における対話の構想は、キュング個人の見解の表明を許さないということはない。しかし、本来、ある信仰を否定するには、対話の中で人間らしいかどうかを基準に批判しなければならなかったはずである。外在的視点からは多様な立場の人々が対等に話し合えるはずであるが、内在的視点からの見解によってキュングは、いくつかの立場に立つ人々との対話が困難になっているのである。この困難は、キュング個人の問題に留まらない。世界倫理は二つの視点を提示することによって多様な立場の承認を理論的に解決済とするかのようであるが、実際は外在的視点を装った内在的視点からの意見の表出によって生まれる他者の排除の問題を捉え切れていない。

以上のように、世界倫理におけるキュングの対話の構想には、ヘゲモニーによる少数派の抑圧、翻訳の可能性や意志の有無、内在的と外在的視点の絡み合いについて課題を残していた。これらの課題は排除の問題に結びついており、解決に取り組まない限り、世界倫理において探求される人間性は、たとえ対話を重ねたとしても、一部の人々が合意したものに留まる恐れがある。しかも一部の人々のものでしかないにもかかわらず普遍的なものとして普及に努めるならば、その合意に取り入れられない意見を持つ人々と世界倫理との距離がさらに広がり続ける結果に陥り、その距離が平和の実現を阻害する要因にもなりかねないのである。

終章では、第一章からの議論を振り返って、人間性を軸とする対話に取り組んだキュングの行程をまとめ、その人間性の特徴と課題を整理する。

終章

本書では、キュングが生涯にわたって取り組んできた宗教間対話を取り上げ、その取り組みの中で重要な位置を占めた人間性という概念が、どのような過程をたどって中心的テーマとなり、どのような意味を与えられてきたのかを明らかにしようとした。そのために、初期の著作から後期の著作までにわたってキュングの対話をめぐる議論を確認してきた。キュングは、第一章で示した自然と恵みに関する神学的人間論から出発し、第二章のとおり、キリストであるナザレのイエスの人格に着目して、それに倣う人間の生き方を訴えた。第三章のとおり、イエスに倣い彼に頼って生きるならば、信仰者は「根元的な人間」として生きることができ、信仰を持ってそのように生きることが、信仰なしに世俗的に生きる人々を助け、より人間らしく生きることを促すのだと述べた。第四章のとおりキュングは、諸宗教の信仰者が、人権思想に向き合って伝統や教理を再解釈するなかで、自らの信仰に教えられる人間性について新しく学び実践することを求めた。さらに第五章のとおりキュングは、世界平和の実現を目指して普遍的な人間性とは何かを探求し、その普遍的な人間性に沿う社会の倫理的基礎として世界倫理の提唱に至った。この世界倫理においてキュングは、諸宗教の信仰者と世俗的な人々が、別々ではなく、対話を通して一緒に人間性について理解を深めることを求め、各自の立場において互いに異なって根拠づけられた普遍的な人間らしさへと人々を方向づけようとしたのである。

以上のとおり、キュングの神学的行程の始まりには神学的人間論がある。キュングにとって人間性とは、対話のための便利なテーマとして持ち出されたものではなく、イエス・キリストの人格に倣うという確信から行き当たった課題なのである。キュングは、救済史におけるキリスト者の奉仕が、この世という経験的世界に結び付いていることを重視した。すべての人間を義としたキリストに倣って生きる人間のあり方を、対話を通して多様な立場に立つ人々からなる社会の中で理解し、それを広め実現しようとしたのである。それゆえ、キュングが探求する人間性は、内在的視点から見れば、常にイエス・キリストによって教えられるものであり、人間らしい社会の実現というこの世の倫理的課題に取り組むのは、救済史の中でキリストの信仰の呼びかけに応え、キリストによって義とされたすべての人間に奉仕するためなのである。世界倫理という倫理的構想は、対話を促進するためにキリストに対する信仰を括弧に入れて提唱されているのではなく、キリストに対する信仰とその教えに従うからこそ提唱されるのである。

しかしながら、第六章のとおり、人間性をめぐるキュングの探求には限界がある。広くキュングの議論を振返るならば、次の点が指摘される。すなわち、一つに、キュングは人間性を探求する際に多数派のヘゲモニーに留意せず、少数派の見解を合意のために軽視する傾向があった。二つに、世界倫理の構想は、諸宗教の信仰者が、人間性をめぐる言葉に自らの信念を翻訳して話すことを前提にしていたが、キュングは、翻訳が誰にでも可能であるのかどうか真剣な検討がなかった。そのため、翻訳が困難な人やしない人の人間性をめぐる主張を置き去りにする恐れがあった。三つに、内在的視点と外在的視点の絡みあいの問題である。キュングは外在的視点に立って多様な立場を理論的に承認しようとしていた一方で、内在的視点から特定の宗教的理解をあらかじめ拒絶した結果、その理解を持つ人々との対話が困難になっていた。キュングとしては外在的視点に立って拒絶しているのかもしれないが、その主張は外在的視点を装った内在的視点からのものであるとも判断できるのだった。そのため、たとえ世界倫理の理論としては多様な立場を受け入れていても、他の立場を一方的に否定しない形で二つの視点を峻別するのは困難であった。

これらの課題は、他者の排除の問題に結びついていた。しかし、このような限界があるけれども、人間性を探求するキュングの試みには、それらを乗り越えるような準備がある。対話においてキュングは、「根元的な人間」や、世界倫理宣言という形である程度明確化された人間性の内実を明らかにしている。ところがキュングはそこで止まらず人間性の探求を続け、特定の内実を最終的なものとして決定づけることはなかった。内実が決定づけられていないのは、キュングが、人間性が何であるのかを突き詰めることができなかったということを意味しない。なぜなら、イエス・キリストの福音は歴史の中で知り尽くされることがなく、かつ、その福音に沿って神学を営むキュングは、完結した体系的な神学よりもむしろ、常に開かれた、途上にある神学を試みているからである(461)。

さらにキュングによれば、現代においてもなお営まれ続ける神学は、キリスト教の源泉であり中心であるイエス・キリストの視点から、アンビバレントで多様な要素からなる現代世界と真剣に関わりあう神学である(462)。

この人格において福音であるイエス・キリストは、福音書や教義、史的資料を通して知られるものの、それらを通しても知り尽くすことのできない、定義し尽くすことのできない信仰の原点である。そして、定義し尽くせないからこそ、この人格は、無限に多様な方法で倣うことのできる人生の模範なのである。すなわち、キリストによって与えられる人間性の意味は、キリストを信頼し、その人格に倣い続ける限り、汲みつくされることがない。キュングは、この知り尽くすことのできない人間性の意味を、救済史におけるすべての人間との対話を通して明らかにしようと試み、そのための対話の方法論として、最終的に世界平和の実現という社会的課題を目標に据えた世界倫理を提唱した。キュングにとって人間性とは、イエス・キリストに倣って生きるなかで、時代の移り変わりとともに、その福音を常に新しく解釈することにより知られるものとして捉えられている。そして、その新しい解釈を試みる中で、残された課題についても、福音を通して解決への希望が示されていくのである。

以上のまとめを踏まえて、キュングの説く人間性の主要な特徴を二点指摘する。一つ目は、当初から「世界人権宣言」に代表されるような人権思想が人間性の先行理解として重視されている点である。キュングの神学的行程は、第二バチカン公会議の影響のもとに、人権思想に向き合い、宗教が人権思想をいかに受容し、さらに発展させるかという点を問題にしていた。第一章から述べてきたとおり、キュングは、キリスト教が近代社会に向き合い、そこに参加して、宗教としてどのような独自性を社会の中で発揮できるのかという問題を解決しようと試みていたのである。加えてキュングは虚無主義を否定したうえで、虚無主義ではない宗教や思想は人間らしさを人間に促すとしていた。そのため、人権思想が既定の方向性であり、たとえ人権思想を宗教的立場から深め発展させるといっても、人権思想にそぐわない人間性の理解はキュングの神学的行程の中で受け入れられていない。

二つ目は、人間性が対話のためのテーマとしてあらかじめ定められている点である。キュングは、対話の参加者が、対話の都度にテーマや合意を自由に行うことを目指していない。あくまで世界平和を実現するための倫理的基礎を獲得するために、普遍的な人間性について宗教と世俗の多様な立場の間で合意しようとするのである。そのため対話の参加者は、人権思想をあらかじめ受け入れなければならないし、世俗的立場にも伝わる言葉を用いて人間らしさについて述べなければならない。これをしない人々は世界倫理の対話に参加することが難しい。しかし、対話のテーマを参加者の関心に合わせて、その都度、自由に設定するのでは、世界倫理のような普遍的価値をめぐる対話の継続が困難になってしまうのである。

次に、キュングが説く人間性について、これまでの議論全体を振り返って、批判を加える。本論で述べてきたように、キュングは世俗主義をたびたび批判していた。キュングが人間性について論じる理由の一つは、世俗主義に対抗するためであり、人間らしさの実現において宗教には世俗的立場と並んで独自の意義があると信じるからであった。しかしキュングは世俗主義と世俗化を区別して、宗教の消滅や完全な私事化を目指さない後者を否定しない。それどころか、信仰を持たない人々に受け入れられ、特定の世界観に基づかない民主的な制度に融和するように神学を構築している。たとえば、人権思想を受け入れ、世俗的理性に独自の根拠を承認したり、人間らしさへの翻訳を疑わなかったりした。キュング自身が世界倫理の唱導により、宗教の世俗化を促進している。ところが、先に指摘した世界倫理の三つの課題に示される通り、キュングの言う「世俗化」が含意している人権思想や民主主義、比較宗教学的な視点には、排除をめぐる問題がつきまとっていた。そのため、宗教が「世俗化」して、世界平和を目指すからといって、「世俗化」した宗教が、排除の問題を解決できるとは限らない。むしろ、「世俗化」自体を問題として捉え、宗教的伝統を用いながら理解し直すことに意味があるだろう。

さらに言えば、キュングの主張からは「宗教」と「世俗」の区別が十分に明確にならない。たしかに、たびたび論じたようにキュングは宗教と世俗の間の相互批判による共なる発展を目指しており、宗教の側に自発的にある程度の「世俗化」を求めていた。しかし、結果として宗教の側に負担が多く、宗教が世俗に吸収されているように見えるが、一方で宗教の側が世俗的立場を偽装しているようにも見える。そのため、対話において、世俗の側に立つ人と宗教の側に立つ人の双方に不満が生じる恐れがある。もしかするとキュングは、対話の実務的な発想によって何かしら信仰を告白する人を宗教的立場、そうでない人を世俗的立場に分けているのかもしれない。しかし、すでに指摘したように信仰や宗教の持ち方は多様化しているため、実務的な分け方には疑問が残る。同様の理由で、ある対話の当事者の内在的視点から宗教と世俗、宗教的なものとそうでないものを区別しても、その区別が他の当事者に受け入れられるとは限らない。そのため、二つの視点による宗教と世俗の区別も不十分である。

以上のようにキュングに対して批判を重ねたが、宗教間対話について簡単に私見を述べたい。たしかにキュングの行ったような宗教的真理や普遍的倫理をめぐる宗教者や学者、政治家たちの対話は重要である。しかし一方で、キュングが回避していた具体的な問題に取り組むことが重要だろう。ニッターのように宗教者が協力して難民や貧困といった社会的問題に取り組むのも一つの方法である。それに加えて、最初からキリスト教や仏教、イスラム教といった視点から具体的問題に取り組むのではなく、地域における個々人の生活や食事、学校や就職、入院といった際の具体的問題の解決から始まる取り組み方もあるだろう。その問題の把握においてはじめて当事者の宗教的理解や実践のあり方が浮き彫りにされ、問題の解決に結び付けられるのである。これは社会生活への順応に宗教を矮小化しているのではない。宗教は多様化しているのだから、個々の文脈から宗教を理解すべきであり、抽象的な議論だけでなく、個々の人生に着目することが重要なのである。加えて具体的な問題を通すことによって、人間らしさとは何かについて当事者に支持される内実をより明らかにできる可能性がある。もちろん具体的な問題はより大きなレベルの法的、組織的問題に発展する場合もあるため、そこにおいてキュングの行ったような対話も重要になる。ここで詳細に述べる余裕はないけれども、現実の社会にて対話の終わりが来るはずもないため、宗教間対話は、具体的な問題への取り組みを積み重ねることによってさらなる発展が望めるだろう。

最後にキュングの学問的な影響関係の幅について述べる。キュングは、その神学的行程において、プロテスタント神学との間では、バルトの神学に取り組んで対話へと方向づけられ、そしてティリッヒやケーゼマン、モルトマンなどの影響を受けながら対話の理論を構想した。とりわけ、バルトを通して、キリストにおける神の言葉と、それ以外における神の言葉の関係に関心を持つに至った。そしてその関心について考える過程で、各章で示してきたように、ケーゼマンから聖書の歴史批評研究を学び、ティリッヒの相関の神学に触発されて、福音と人間の間にある相互関係を明らかにすることに心を砕いていた。さらに世界倫理では、ハーバーマスやロールズのような世俗的な学問分野の議論とも交渉し、諸宗教の研究者と対話して、比較宗教学的な基礎研究も自ら積極的に行った。キュングは、学術的な議論に留まらず、国連で演説をしたり世界倫理宣言を発表したりしたように、政治や経済、諸宗教の指導者と広く協力関係を持って政治的社会的な影響力を行使した。このような対話の取り組みが第二バチカン公会議以前のカトリック教会では困難であったことを踏まえるならば、その成果は特筆すべきことである。キュングは、第二バチカン公会議の現代に開かれた教会という精神を保って信仰の可能性を自ら広げてゆき、人間性に注目した対話の試みを、人間らしい社会の形成を通した世界平和の実現という社会的実践の領域にまで具体化していったのである。

参考資料

図 1. キリスト教の内在的視点から見た世界倫理（1994 年、DC: S.899.）。

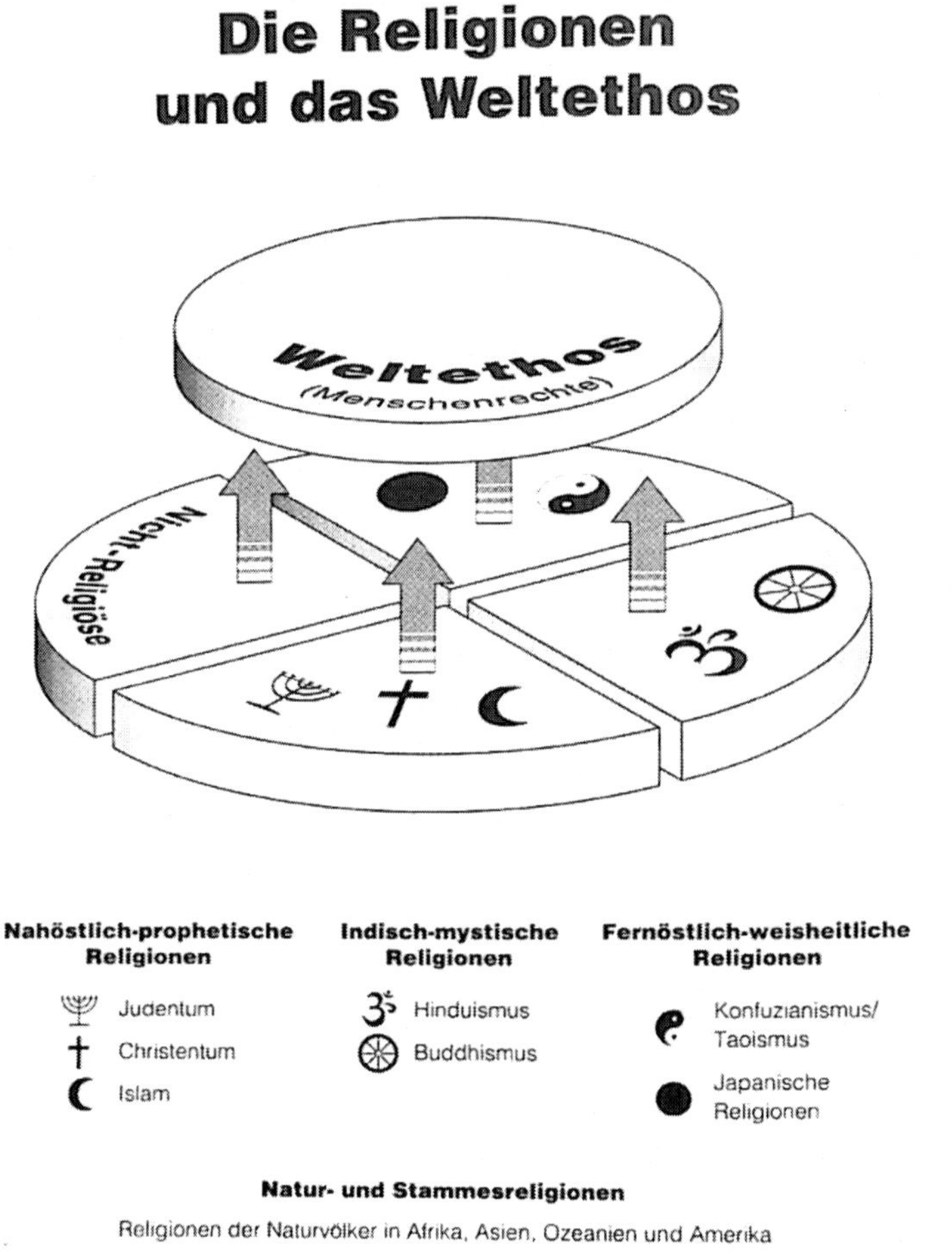

図 2. 外在的視点から見た世界倫理（1993 年、EW: S.84.に初出。ただしこの図は DC から採った。両著作における図に違いはない。DC: S.898.）。

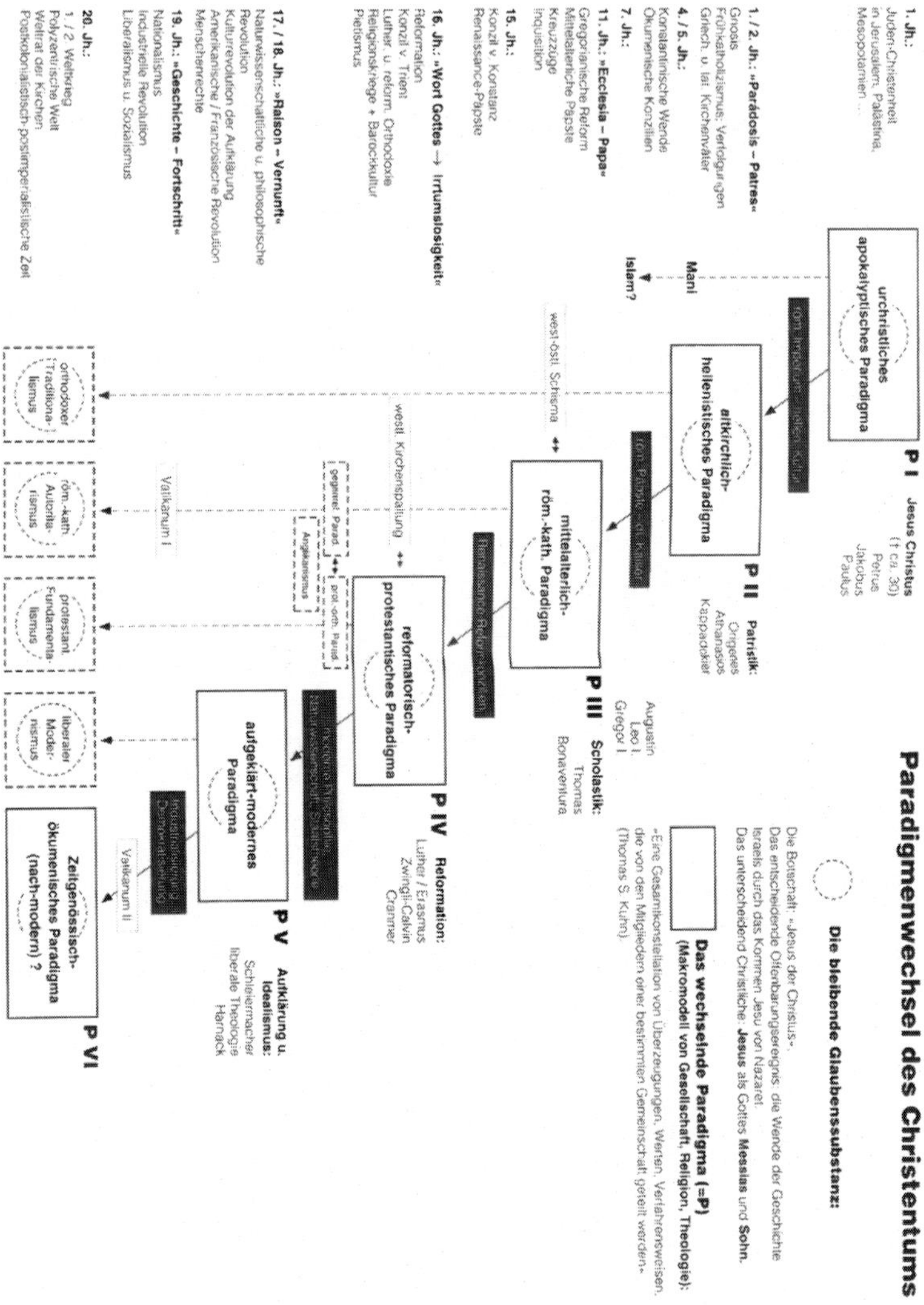

図 3. キリスト教におけるパラダイム史の図解（DC の表紙の裏から採録）。

写真 1. キュングの生家（スイス・ルツェルン州）

写真 2. キュングの生家に張り付けてある記念板

脚注

（1）Küng という名前について、いくつかの日本語表記がある。現在のところ、キュンク、キュング、キューン等が見受けられる。本書では、キュングを採用した。理由は、Küng の「ng」の発音は、鼻音だからである。日本語の「ク」とも「グ」とも異なる音であり、一般的に「ング」と表記される。

（2）キュングは、１９２８年３月１９日にスイスのルツェルン州ズールゼーにて生まれた。現地には生家が残っており、その建物には出生を記念するプレートが貼られている。巻末の写真を参照のこと。略歴は、脚注４のファーガス・カーの著作、キュングの自伝等を参考にした。

（3）神学雑誌『コンキリウム』のＨＰ「https://concilium.hymnsam.co.uk/about-us/」（２０２０年５月１０日閲覧）。

（4）教皇の手による著作をのぞいて、キュングの著作はカトリック教会にて群を抜いて広く読まれている（ファーガス・カー、『２０世紀のカトリック神学』、前川登ほか監訳、教文館、２０１１年、２４２頁）。

（5）Norbert Greinacher - Herbert Haag(Hrsg.), Der Fall Küng: Eine Dokumentation, Piper: München, 1980 に処分の関係書類がまとめられている。特に次に挙げるページの二つの文書を参照した、S.87-90 と S.144-146.

（6）UW: S.601-604. １２月１５日に処分が発表されて、すぐに撤回を目指した活動が行われたが、ほどなく撤回が望めなくなったようである。また、撤回のために、キュングの友人のエバーハルト・ユンゲルとユルゲン・モルトマンが連帯したという記述がある（UW: S.610.）。

（7）Ibid. S.658-660.

（8）EM: S.699-700. 記述によれば、視力の低下は、加齢黄斑変性が原因。

（9）John B. Cobb Jr, " Hans Küng' s Contribution to Interreligious Dialogue," In: *Transforming Christianity and the World*, Orbis Books: New York,1999, p.169. この著作はもともと以下のドイツ語著作で発表されている。John B. Cobb Jr., Interreligiöser Dialog, Weltethos und die Problematik des Humanum, In: Hans Küng Neue Horizonte des Glaubens und Denkens ein Arbeitsbuch, Piper: München, 1993, S.589-606.

（１０）キュングは、「世界倫理計画に至る長い道程」（１９９９年）という講演のなかで、世界倫理に至る自らの神学的行程を六段階に分けた。第一段階：「実存的な諸前提：自らの信仰への毅然とした態度および無制限の対話の能力」、第二段階：「教会論的な諸前提：ラディカルな普遍主義」、第三段階：「キリスト論的な諸前提：歴史のイエス」、第四段階：「神‐論的諸前提：有限なものの中の無制約的なもの」、第五段階：「宗教学的な諸前提：パラダイム転換を伴う宗教の三水系の体系」、第六段階：「倫理的な諸前提：共生のためのグローバルな諸基準」である。なお、この著作紹介は、高柳俊一の研究に助けられている。

（１１）この自然神学をめぐる議論は、第一章で取り上げる。

（１２）脚注６５を参照のこと。

（１３）LW: S.5-7.

（１４）Hans Küng. Konzil und Wiedervereinigung, Herder: Wien, 1960. 邦訳：國嶋一則ほか訳、『再合同のためのキリスト教革新』、ルーベルト・エンデルレ書店、昭和３９年。

（１５）ファーガス・カー、前掲書、２５１頁。

（１６）Hans Küng. Strukturen der Kirche, Herder: Freiburg, 1962. および、同書の“ Vorwort zur Taschenbuchausgabe“ , Piper: München, 1987を参照した。

（１７）Hans Küng, Kirche im Konzil, Herder: Freiburg, 1963.（中村友太郎訳、『公会議に現れた教会』、ルーベルト・エンデルレ書店、昭和４１年。著者前書きを参照した。）

（１８）Hans Küng. Die Kirche, Herder: Freiburg, 1967. また同書の“ Vorwort zur ersten Auflage,“ 、および、同書の“ Vorwort zur Taschenaufgabe“ Piper: München, 1977を参照した。

（１９）Hans Küng. Unfehlbar?：eine Anfrage, Benziger: Zürich, 1970. および、Hans Küng（Hrsg.）. Fehlbar?：eine Bilanz, Benziger: Zürich, 1973.

（２０）Hans Küng. Menschwerdung Gottes: eine Einführung in Hegels theologisches Denken als Prolegomena zu einer künftigen

Christologie, Freiburg: Herder, 1970, S.609-610.

(21) Hans Küng. Christ sein, Piper: München, 1974. の„Für wen dieses Buch geschrieben ist" を参照した。また、同書の文庫版に所収の" Vorwort zur Taschenausgabe" を参照した（Piper: München, 1993.）。

(22) エドワード・スヒレベークス、『イエス：一人の生ける者の物語』、宮本久雄，筒井賢治訳、新世社、１９９４（原著の第一巻は１９７４年、オランダにて出版された）。

(23) Hans Küng. Existiert Gott, Piper: München, 1978. 同書に所収の序文、„Was Dieses Buch will" を参照した。

(24) Hans Küng, David Tracy and Johan B. Metz (Eds.), *Toward Vatican III*, The Seabury Press: New York, 1978. 本書の Preface を参照した。

(25) Hans Küng, David Tracy (Hrsg.), Theologie - Wohin?, Benziger: Zürich, 1984. および、Hans Küng; David Tracy (Hrsg.), Das neue Paradigma von Theologie: Strukturen und Dimensionen, Benziger: Zürich, 1986.

(26) Hans Küng. Theologie im Aufbruch. Eine ökumenische Grundlegung, Piper: München, 1987.

(27) Hans Küng. Christentum und Weltreligionen. Hinführung zum Dialog mit Islam, Hinduismus, Buddhismus, (zusammen mit Josef van Ess, Heinrich von Stieten- cron, Heinz Bechert), Piper: München, 1984.

(28) Hans Küng. Christentum und Chinesische Religion, (zusammen mit Julia Ching), Piper: München, 1988.

(29) Hans Küng. Projekt Weltethos, Piper: München, 1990. Hans Küng, Weltethos für Weltpolitik und Weltwirtschaft, Piper: München, 1997.

(30) Hans Küng. Das Judentum. Die religiöse Situation der Zeit, Piper: München, 1991. Große christliche Denker, Piper: München, 1994. Das Christentum. Wesen und Geschichte, Piper: München, 1994. Der Islam. Geschichte, Gegenwart, Zukunft, Piper: München, 2004. また番組は、Spurensuche : die Weltreligionen auf dem Weg. SWR: Stuttgart, 1999.

(31) Hans Küng. Spurensuche, Piper: München, 1999, に所収の序文、" Liebe Leserin, lieber Leser" 、および巻末の" Dankeswort" を参照した。

(32) Hans Küng. Erkämpfte Freiheit – Erinnerungen, Piper: München, 2002. Umstrittene Wahrheit – Erinnerungen, Piper:

München, 2007. Erlebte Menschlichkeit – Erinnerungen, Piper: München, 2013. Was ich glaube, Piper: München, 2009.

（３３）Hans Küng. Was ich glaube, Piper: München, 2009, 本書の序文にある„Eine ganz- heitliche Weltsicht“を参照した。

（３４）Hans Küng. Handbuch Weltethos, Piper: München, 2012. Häring, Hermann- Schlensog, Stephan (hrsg.). Hans Küng. Was bleibt. Kerngedanken, Piper: München, 2013.

（３５）Gasper Martinez, *Confronting the Mystery of God*, Continuum: London, 2001, pp.217-218.

（３６）もちろん、世界倫理の要点であるために「人間性」は、世界倫理を取り上げる論説にて、たびたび言及されている。とりわけモンは、『キリスト者であること』にまで遡って世界倫理の人間性について丁寧に考察している。しかし、ラッツィンガーと対比しながら、キュングがキリストに対する信仰をヒューマニズム的な倫理に還元していると結論づけている。これは以下論じるように本研究における判断とは異なる（Ambrose Mong Ih-Ren, “ Hans Küng's Humanum and the Quest for the True Religion” , In: *DIALOGUE & ALLIANCE*, Vol.24, 2010, pp.21-39.）。

（３７）Karl-Josef Kuschel, “ Existiert Gott?” , In: Leonard Swidler(ed.), *Consensus in Theology?*, The Westminster Press: Philadelphia, 1980, S.154–155.

（３８）邦訳が既にある著作については、その邦訳名を併記した。邦訳がない著作のうちで、著者が仮に邦訳名を付けて本論で挙げた著作については、その邦訳名を記した。後者の場合、『邦訳名』のみが記されている。また、邦訳名を付けるに際しては、キュングの著作についての高柳俊一の諸書評を参考にした。

（３９）ファーガス・カー、前掲書、２４２頁。

（４０）新スコラ主義の説明については、以下の著作を参照した。ファーガス・カー、前掲書、第一章。および、Thomas Carson(Eds.), *New Catholic Encyclopedia Vol.12, Second Edition*, Gale: Detroit, 2011, pp.772-777.

（４１）デンツィンガー編、『カトリック教会文書資料集（改訂版）』、改訂５版、浜寛五郎訳、エンデルレ書店、平成１４年、４４７頁。

（４２）増田祐志、『カトリック教会論への招き』、上智大学出版、２０１５年、１６５頁。N・P・タナー、『教会会議の歴史—ニカイア会議から第２バチカン公会議まで』、野谷啓二訳、教文館、２００３年、１２７-１２８頁。フーベルト・イェディン、『公会議史』、梅津尚志ほか訳、南窓社、1986年、129-130頁。ロジェ・オーベールほか、『キリスト教史9』、上智大学中世思想研究所編・監修、平凡社、1997年、88-90頁。松本佐保、『バチカン近現代史』、中公新書、2013年、50頁。

(43) 増田祐志、前掲書、166-169頁。N・P・タナー、前掲書、130-131頁。L・S・カニンガム、『カトリック入門』、青木孝子訳、教文館、2013年、312-314頁。ロジェ・オーベールほか、『キリスト教史9』、1997年、145-146頁。

(44) 松本佐保、前掲書、51-53、92-94頁。

(45) 松本佐保、前掲書、138-142頁。N・P・タナー、前掲書、139-140頁。G・アルベリーゴ、『第二ヴァティカン公会議—その今日的意義』、小高毅ほか訳、教文館、2007年、26-28頁。

(46) 増田祐志、前掲書、171-173頁。上智学院新カトリック大事典編纂委員会編、『新カトリック大事典』第2巻、研究社、1998年、545-546頁。Thomas Carson (Eds.), *New Catholic Encyclopedia Vol.9 Second Edition*, Gale: Detroit, 2011, pp.756-757.

(47) 増田祐志、前掲書、178頁。L・S・カニンガム、『カトリック入門』、316-317頁。『新カトリック大事典』第3巻、研究社、2002年、1563頁。なお、人権をめぐる第二バチカン公会議の前後のカトリック教会の動向について、次の書籍が簡潔にまとめており参考になる。渡部奈々、『アルゼンチンカトリック教会の変容』、成文堂、2017年、41-61頁。本書は、アルゼンチンを舞台にカトリック教会の解放の神学の展開と公共宗教の役割を詳細に論じており、欧米を舞台にするキュングの同時代的背景を知ることができる。

(48) この雑誌は、リベラルで進歩的な立場にあると言われた。反対に、1972年に創刊された『コムニオ』(Communio)は、保守的な立場にあると言われた。後者は、バルタザールやラッツィンガーらによって創刊された。両雑誌は、カトリック教会の改革をめぐって補い合うものだった（カー、前掲書、207頁）。

(49) N・P・タナー、前掲書、128-129頁。および、EG: S.564-565. N・タナー、『新カトリック教会小史』、野谷啓

二訳、教文館、２０１３年、２６６－２６７頁。

（50）引用はＮ・タナー、前掲書、２６６頁。また、デンツィンガー、『カトリック教会文書資料集（改訂版）』、４５３頁。

（51）Ｎ・Ｐ・タナー、同上。EG: Idem. この憲章には、教会と近代的学問や社会との相互関係を深める可能性が含まれていたが、第一節で述べたような実際の歴史的推移を見れば、それらに対してカトリック教会は慎重な態度を容易には崩さず、決定的に態度を変えたのが第二バチカン公会議であった。

（52）EG: S.567-570. バルトによるこの批判は、キュングの理解に沿って説明している。キュングは、たとえばバルトの次の箇所を参照している。Karl Barth, Kirchliche Dogmatik I/2, Evangelischer Verlag: Zollikon, 1960, S.328-343, II/1, S.86-88.

（53）Hans Urs Von Balthasar, Karl Barth, Jakob Hegner: Köln, 1951, S.390-391. および、EG: S.573-574.

（54）EG: S.574.

（55）上智学院新カトリック大事典編纂委員会編、『新カトリック大事典』第２巻、研究社、１９９８年、１６４－１６５頁、同書第３巻、５７９頁。Thomas Carson(Eds.), *New Catholic Encyclopedia Vol.8, Second Edition*, Gale: Detroit, 2011, pp. 86-88. なお、日本語では混乱するが、義認も義化もドイツ語では Rechtfertigung である。

（56）RF: S.220-221, 224, 228-229. 伊藤は、キュングにおける義認の客観的な側面と主観的な側面について紹介している（伊藤之雄、「Hans Kung の思想」、所収：『研究紀要』第１３号、東洋英和女学院短期大学、１９７４年、３１－３８頁）。また福田も背景を含めて詳しく紹介している。福田誠二、「ハンス・キュンクの『義認論』研究とキュンク神学の射程」、所収：『清泉女子大学キリスト教文化研究所年報』１６巻、平成２０年、１－２７頁、および、「ハンス・キュンクの義認論：カール・バルトに対するカトリック側からの応答」、所収：『清泉女子大学キリスト教文化研究所年報』１７巻、平成２１年、１－２５頁。

（57）Ibid. S.227, 252-253, 260.

（58）Karl Rahner, “ Questions of Controversial Theology on Justification” , In: *Theological Investigations vol.5*, Baltimore: Helicon Press, 1966.

(59) Ibid. pp.199-200.
(60) Ibid. pp.210-211.
(61) Idem. それゆえ、たとえばラーナーによれば、人間の自由意志は、キリストの恵みである。人間が自由意志によって神を求めるのは、神がキリストにおける契約に恵み深く忠実であるからであり、その契約が、すべての被造物を善性へと保持しているのである。そうでなければ、被造物は、神を求めることが絶対的に不可能な弾劾のなかに埋没していたはずである（Idem.）。
(62) Ibid. p.217.
(63) Idem.
(64) Ibid. p.218. 括弧は藤本の挿入。訳については、カー、前掲書、２４８－２４９頁を参照した。
(65) バルタザールの『カール・バルト』やキュングの『義認論』は、カトリック教会とルター派教会の間の義認をめぐるエキュメニカルな宣言に影響を与えた。１９９９年にカトリック教会とルーテル世界連盟の間で「義認の教理に関する共同宣言」が出され、トリエント公会議以来の義認をめぐる両者の対立が実質的に解消した（上智学院新カトリック大事典編纂委員会編、『新カトリック大事典』第２巻、１６４－１６５頁、増田祐志、『カトリック神学への招き』、上智大学出版、２００９年、１５６頁）。
(66) RF: S.344-345. EG: S.576.
(67) Karl Barth, Die Kirchliche Dogmatik I/2, Evangelischer Verlag: Zollikon, 1960, S.328-331.
(68) EG: S.579-580. 本節のバルト理解はキュングに拠っている。
(69) Karl Barth, Die Kirchliche Dogmatik IV/3, S.160-161.
(70) Karl Barth, Die Kirchliche Dogmatik IV/3, S.157-158.
(71) RF: S.344-345. EG: S.576.
(72) WRG: p.25. キュングの初期の諸宗教の救いに関する考えは、以下の研究に詳しい。Robert D. Baird, *Category Formation*

and the History of Religions, 2nd ed. Mouton de Gruyter: Berlin, 1991, pp.114-121.彼によればキュングの議論は対話に積極的で諸宗教の真理を肯定しているが、神学的に抽象的な議論に留まっており、諸宗教の具体的な教えについては未だ取り扱う段階に至っていない。また、諸宗教に対するキリスト教の関わり方は、十分に対話的ではない。

(73) Ibid. p.53.

(74) Ibid. p.46.

(75) Ibid. p.52-53.

(76) Ibid. p.56-57.

(77) Ibid. pp.59-61.

(78) Ibid. p.66.

(79) Ibid. p.55. ジョン・ヒックは、「プレキリスト者」というキュングの主張を批判している。なぜなら、キュングは、諸宗教が神の救済史の中でキリスト教とは別個の救いを担うと見なすにもかかわらず、「プレキリスト者」だとすることによって、どの宗教も最終的にはキリスト教に属すると見なすからである（John Hick, *God has many names*, The Macmillan Press Ltd: London, 1980, pp.50–51.）。

(80) Karl Rahner, Das Christentum und die nichtchristlichen Religionen, In: Karl Rahner, Schriften zur Theologie vol.5, 3. Aufl., Benzinger: Einsiedeln, 1968, S.154-155. 自己譲与については、カール・ラーナー、『キリスト教とは何か』、百瀬文晃訳、エンデルレ書店、昭和５６年、１６０、１７０、３１８‐３１９頁（Karl Rahner, Grundkurs des Glaubens: Einführung in den Begriff des Christentums, 3. Aufl., Herder: Freiburg im Breisgau, 1984, S.126-127, 132-134, 238-239.）。

(81) 第２バチカン公会議文書公式訳改訂特別委員会監訳、『第二バチカン公会議公文書　改訂公式訳』、カトリック中央協議会、２０１３年、１４６‐１４７頁。

(82) WRG: pp.55-56. また、教会論にても同様の主張が繰り返されている（Ki: S.375-376、邦訳、下巻、８９‐９０頁）。高柳によれば、「無名のキリスト者」とは、非キリスト者を何らかの形で教会に結びつけるための概念である。キリストの普遍的な恩恵と、それに基づいた、全人類に対してキリストの福音を告知する教会による奉仕の働きを両立する概念なのである。そして、高柳は、キュングが、「無名のキリスト者」という概念をめぐって、本人が望まないにもかかわらず諸宗教の信仰者をキリスト教に包摂するという不誠実な態度を批判したと指摘している（高柳俊一、『カール・ラーナー研究』、南窓社、1993年、138-139頁）。しかし、本論のように、キュングは、意志に反して包摂する不誠実さを問題にするだけでなく、そもそも教会の基礎にあるキリストを通した恩恵と信仰の告白の両方を重視するのである。ところがここでキュングが直面しているのは、キリスト教の独自性を強調するあまり、教会外の恩恵に対する教会の奉仕が優越的だという問題である。すなわち、「プレキリスト者」という考えは、他宗教にとって受け入れがたいであろう。この問題が、第三章で論じる「人間であること」の探求へとつながっていく。

(83) Ki: S.153-156（邦訳、上巻、200-204頁）。以下『教会論』の翻訳は邦訳を基本としつつ、適宜、藤本が翻訳した。

(84) Ibid. S.378（邦訳、下巻、93頁）。

(85) Idem.

(86) Idem. 森田の解説を参照のこと（森田雄三郎、『現代神学はどこへ行くか』、2005年、教文館、112-116頁）。

(87) Ibid. S.158-159（邦訳、上巻、206-208頁）。

(88) 増田祐志、『カトリック教会論への招き』、195-197頁。および、Ki: S.391（邦訳、下巻、111頁）。

(89) 「現代世界憲章」38項（第2バチカン公会議文書公式訳改訂特別委員会監訳、『第二バチカン公会議公文書　改訂公式訳』、2013年、637頁）。

(90) 「現代世界憲章」92項（前掲書、703頁）。括弧は藤本の挿入。カトリック教会では、1963年のヨハネ二十三世による回勅「パーチェム・イン・テリス」が、カトリック教会が人権を初めて積極的に肯定し、総合的に論じた中心的文書となった。そして、この回勅が、『現代世界憲章』の方向性を定めた。この回勅にてヨハネ二十三世は、世界人権宣言を取り上げて高く評価した（プテンカラム ジョン・ジョセフ「カトリック社会教説にみられる尊厳、人権、貧しい人々」、所収：『人間学紀要』第32号、上智大学、2002年、169-187頁、および、第2バチカン公会議文書公式訳改訂特別委員会監訳、『第二バチカン公会議公文書　改訂公式訳』、２０１３年、８０６頁）。

(91) Ki: S.391（邦訳、下巻、１１１頁）。

(92) Hans Küng, “Vorwort zur Taschenbuchausgabe 1986”, In: Hans Küng, Rechtfertigung, Piper: München, 1986, とくにXVIII. および、増田祐志、『カトリック教会論への招き』、２８６-２８７頁。

(93) カトリック教会による社会に対する倫理的提言は、社会教説と呼ばれる。社会教説の概要に関しては、次を参照のこと。増田祐志、『カトリック教会論への招き』、３０１-３４３頁。また、松本佐保、『バチカン近現代史』、２４０-２４５頁。

(94) 犬飼政一、「現代社会における神学の社会的課題とその機能的役割」、所収：『カトリック神学』第１５号、上智大学神学会、１９６９年、１１３-１２６頁。

(95) この史的イエスの探求については、以下の三冊を主に参照して叙述した。アリスター・E・マクグラス著、『歴史のイエスと信仰のキリスト』、柳田洋夫訳、キリスト新聞社、２０１１年（Alister E. McGrath, *The making of modern German Christology*, Blackwell: Oxford, 1986.）。大貫隆ほか編、『イエス研究史』、日本キリスト教団出版局、１９９８年。水垣渉ほか、『キリスト論論争史』、日本キリスト教団出版局、２００３年。

(96) ヴォルフハルト・パネンベルク、『キリスト論要綱』、麻生信吾ほか訳、新教出版社、１９８２年、２０-２２頁（Wolfhart Pannenberg, Grundzüge der Christologie. um ein Nachwort erweiterte Aufl., Gütersloher Verlagshaus G Mohn: Gütersloher, 1976, S.26-27.）。

(97) 邦訳は既に何度か出版されている。新しいものは次の通りである。エルネスト・ルナン、『イエスの生涯』、上村くにこ他訳、人文書院、２０００年。

(98) 大貫隆ほか編、『イエス研究史』、１９９８年、１０３-１０８頁。ルナンの作品は、社会的に大きな反響を得た。１９２３年までに２０５版まで出版され、各国語に翻訳された（同上）。この試みでは、教会の権威を背景にした信仰告白のイエス像よりも、それを離れた宗教的に生き生きしたものが人々に受け入れられた。そして、その成功が刺激となって、１８６０年代から、イエス伝が数多く出版された。加藤によれば、このような一連のイエス伝には、福音書の資料問題というよりも、その作品が書かれた精神に特徴があった。それは、当時の人々に感覚的に受け入れられる内容を「真理」としてイエスを描くというものである。すなわち、「リベラルな」著者の権威によって資料が選択され、足りない部分は心理学的精神分析学的に解釈されたのである。その結果、自由な宗教性を備えた、倫理的に優れた人間というイエス像が教養ある人々の間に浸透した（大貫隆ほか編、『イエス研究史』、１９９８年、１１１‐１１３頁）。

（99）マルティン・ケーラー、「いわゆる史的イエスと歴史的＝聖書的キリスト」、所収：森田雄三郎ほか訳、『現代キリスト教思想叢書2』、白水社、１９７４年（Martin Kähler, Der sogenannte historische Jesus und der geschichtliche, biblische Christus, (Neu Hrsg. von E. Wolf), Chr. Kaiser: München, 1969.）。

（100）前掲書、１７８‐１７９頁。

（101）前掲書、１７０、１８２‐１８３頁。

（102）前掲書、１８８‐１８９頁。

（103）ケーラーにとって、実存的・歴史的キリストを信仰するからこそ、聖書を神の言葉として信頼することができる。信仰の決断は何らかの形で聖書を経由するけれども、聖書の史的イエス像は、歴史的キリストに対する信仰を呼び起こさない（前掲書、１９６‐１９７頁）。

（104）マクグラスは、たとえばバルトの次の箇所を参照している。Karl Barth, Die Kirchkiche Dogmatik, IV/2, S.84-85.

（105）アリスター・E・マクグラス著、『歴史のイエスと信仰のキリスト』、２０１１年、２２０、２２５頁。キュングも同様に、バルトが新約聖書の歴史性を回避したことを指摘している（GD: S.246, 253. 邦訳３１５‐３１６、３２４頁）。

（106）パネンベルク、『キリスト論要綱』、１９８２年、２１頁、原著、S.27.

（107）Albert Schweitzer, Das Messianitäts- und Leidensgeheimnis : eine Skizze des Lebens Jesu, Mohr: Tübingen, 1901.（アルベルト・シュヴァイツェル、『イエスの生涯：メシアと受難の秘密』、波木居齊二訳、岩波文庫、１９５７年）。アリスター・E・マクグラス著、『歴史のイエスと信仰のキリスト』、２０１１年、１６３‐１６４頁。

（108）脚注９８を参照のこと。

（109）William Wrede, Das Messiasgeheimnis in den Evangelien, Vandenhoeck & Ruprecht: Göttingen, 1901.

（110）アリスター・E・マクグラス著、『歴史のイエスと信仰のキリスト』、2011年、169-170頁。

（111）ブルトマンによれば、ナザレのイエスについての史的事実が明らかになり、ケリュグマの内容の一部がイエスの宣教に帰することを証明しても、その事実のみからイエスの宣教とケリュグマとの一致を述べることはできない。その史的事実が信仰を伝えるとはいえない。ケリュグマこそが、イエスをキリストとして指し示し、それを信仰するように語るのである（ルドルフ・ブルトマン、「史的イエスと原始キリスト教のキリスト使信との関係」、所収・飯峯明、橋本滋男訳、『史的イエスとキリスト論』、宗教思想選書5、理想社、昭和40年、106-107頁、原著、**Das Verhältnis der urchristlichen Christusbotschaft zum historischen Jesus, 3. Aufl. Carl Winter Universitätsverlag: Heidelberg, 1962. S.17.**）。

（112）前掲書、120-121頁（原著、**S.27**）。マクグラスによれば、ブルトマンのケリュグマという考えは、福音書の歴史批評研究をめぐる次の発展を反映している。すなわち、19世紀に福音書は、イエスの歴史の一次資料と見なされる傾向があったが、20世紀には、原始教会の歴史の一次資料でありイエスの生涯についての二次資料と認識されるようになったのである（アリスター・E・マクグラス著、『歴史のイエスと信仰のキリスト』、2011年、272-273頁）。

（113）ルドルフ・ブルトマン、『新約聖書神学Ⅰ』、川端純四郎訳、第二版、新教出版社、1970年、3-4頁（原著、**Rudlf Bultmann, Theologie des neuen Testaments, 2. Aufl., Mohr: Tübingen, 1954, S.1-2.**）。さらに、ブルトマン、「史的イエスと原始キリスト教のキリスト使信との関係」、1965年、104-105頁（原著、**S.16-17.**）。

（114）マクグラスは、ブルトマンのケリュグマという考え方が、「上から」と「下から」のどちらかのみに当てはめることはできないとしている（マクグラス、前掲書、273頁）。

（115）パウル・ティリッヒ、『組織神学　第2巻』、谷口美智雄訳、新教出版社、1969年、135-136、144頁（**Paul Tillich, *Systematic Theology*, Vol.2, The University of Chicago Press: Chicago, 1957, pp.106-107, 114.**）。また、ティリッヒは、ケーラーの影響を受けている（アリスター・E・マクグラス著、『歴史のイエスと信仰のキリスト』、2011

年、２７８頁）。
（116）ティリッヒ、前掲書、１４５‐１４６頁、原著、pp.114-115.
（117）ヴォルフハルト・パネンベルク（Wolfhart Pannenberg）は、哲学的な人間論を用いている点で、ティリッヒを下からのキリスト論に分類している（パネンベルク、前掲書、２５頁、脚注２、原著、S.27f.）。
（118）Ernst Käsemann, Das Problem des historischen Jesus, In: Exegetische Versuche und Besinnungen 1. Göttingen 1960, S.187-214. とりわけS.206から。
（119）アリスター・E・マクグラス著、『歴史のイエスと信仰のキリスト』、２０１１年、２９３‐２９５頁。パネンベルクも、マクグラスと同様の点を指摘して、ケーゼマンは、ケリュグマとイエス自身との間の連続性を問題にすると述べている（ヴォルフハルト・パネンベルク、『キリスト論要綱』、１９８２年、５０頁）。また、キュングも、史的イエスと原始教会の間にある史的連続性に関するケーゼマンの史的を取り上げている。キュングは、復活前のイエスと復活後の原始教会の宣教との間には、非連続性のなかにも連続性があると主張し、ケリュグマか史的イエスかは誤った二者択一だとしている（CS: S.149）。
（120）キュングは、ケーゼマンに言及しつつ、ブルトマンの実存主義への還元も、バルトの歴史批評の軽視をも乗り越えることによって、人間性を真に解放することをめぐって、「史的イエス」に新しい可能性を見出せるかもしれないと述べている（GD: S.254. 邦訳３２６‐３２７頁）。
（121）第２バチカン公会議文書公式訳改訂特別委員会監訳、『第二バチカン公会議公文書　改訂公式訳』、２０１３年、７８２‐７８３頁。
（122）ヴァルター・カスパー、『イエズスはキリストである』、犬飼政一訳、あかし書房、昭和５３年、１５頁以下。
（123）Karl Rahner, Probleme der Christologie von heute. - Chalkedon – Ende oder Anfang?, In: Alois Grillmeier, Heinrich Bacht (Hrsg.), Das Konzil von Chalkedon, Bd.3, Würzburg: Echter, 1954.
（124）Ibid. S.170. カトリック教会にて下からのキリスト論を積極的に使い始めたのは、カール・ラーナーだと言われる（増田祐志、「キリスト論におけるナザレのイエスの位置づけ」、『カトリック研究』69号、上智大学神学会、2000年、126頁）。

（125）カール・ラーナー著、『キリスト教とは何か』、昭和56年、409-410頁、原著、S.300-301.

（126）ヴァルター・カスパー、『イエズスはキリストである』、昭和53年、16-17頁。ほかの例としては、テイヤール・ド・シャルダン（Pierre Teilhard de Chardin）に見られる宇宙論的次元における考察、ラーナーの人間論的な試み、ユルゲン・モルトマン（Jürgen Moltmann）に見られる、歴史の進展における具体的な人間を義と救済の関連から考察するキリスト論である（Idem.）。

（127）ヴァルター・カスパー、『イエズスはキリストである』、昭和53年、18頁。

（128）同上。また、キュングは、ラーナーに対して、歴史批評を軽視したとの批判をしている（TA: S.132.）。

（129）MG: Vorwort, VI. および、Karl-Josef Kuschel, »Jesus Christus ist das entscheidende Kriterium« Die Aufhebung von Barth und Hegel in einer Christologie »von Unten«, In: Häring, Hermann (Hrsg.), Hans Küng. Neue Horizonte des Glaubens und Denkens. Ein Arbeitsbuch, Piper: München, 1993, S.429.

（130）Idem.

（131）第2バチカン公会議文書公式訳改訂特別委員会監訳、『第二バチカン公会議公文書　改訂公式訳』、2013年、404-405頁、憲章第12項「聖書を解釈すべき方法」。

（132）MG: Vorwort, VI-VII. および、Karl-Josef Kuschel, 1993, S.440, 442. キュングは神学者として、ケーゼマンに触れながら、教義のみではなくイエスの人格を語ることによって、弟子たちがイエスに出会って彼が誰か問うたように、現代人が彼は誰かと問うことを助けると述べている（Hermann Häring and Karl-Josef Kuschel (eds.), *Hans Küng His Work and His Way*, Robert Nowell (transl.), Glasgow: Collins, 1979, pp.164-165.）。

（133）この「人格」は、ドイツ語原語では「Person」である。一般的な訳語は、「人物」、「人」である。しかし、「人物」と訳するのでは、キュングの意図に反してイエスが単に人間であるとの印象を与えかねない。また、「人格」は一般的にドイツ語で「Persönlichkeit」であものの、キュングの意図を表すために「人格」の語を当てはめた。

（134）CS: S.434. 括弧は藤本の挿入。

（135）Ibid. S.439.

（136）Ibid. S.439-440.

（137）Idem. 高柳は、キュングのキリスト論について適切に説明している。高柳俊一、「〈現代神学の動向〉最近の三つのキリスト論」、『カトリック研究』31号、上智大学神学会、昭和52年、144-153頁）。

（138）キュングによれば、「イエス・キリストの歴史において、真の人間と真の神が問題となっていることに、キリスト者は今日もなお信仰において決然として留まらなくてはならない」（Ibid. S.439.）。この発言だけに注目すれば、キュングは原始教団のケリュグマにイエス・キリストへの信仰の始まりを見出す「上からのキリスト論」の立場に立っているように見える。しかし、キュングは、後に論じるように、イエス・キリストへの信仰の始まりがナザレのイエスにあるとし、さらにこのイエスを、信仰を見直す際に常に立ち返る原点だとしている。たしかにキュングは、イエスが復活したと信じられ、キリストとしての彼自身に対する信仰が生まれたことは神の行為による真の奇跡だとする。しかしその復活は、ナザレのイエスが求めた神への信仰の急進化であり（CS: S.349.）、そのイエスによって説かれたことを裏書きするものなのである。復活によってイエスは、神への決断を求めるしるしとなり、決定的な信頼性を与えられた。イエスを信頼するかどうかが、神への信頼と結びつけられた。ここに、ナザレのイエスと復活後のキリストとの間に、非連続性の中で連続性が見出されるのである（Ibid. 373.）。したがって、キュングは、ナザレのイエスにイエス・キリストに対する信仰の始まりを見出す「下からのキリスト論」に立っていると言いうるのである。

（139）CS: S.505-506.

（140）Ibid. S.440、および S.542. 芳賀は、物語の神学におけるイエスについて次のように述べる。キリスト教の救済論の一般的な命題化は困難であり、救済の物語として伝えられている。キリストとしてのイエスを、他の仕方でも反復しうる一般的な真理の単なる例示と見なすには、あまりにも密接にその救済内容と歴史的事件とが結びついており、その救済内容があくまでこの特異な歴史的人格と業によってもたらされるものとして、不可分の関係にある（芳賀力、『物語る教会の神学』、教文館、１９９７年、３０３-３０４頁）。

（１４１）Ibid. 542-543. EG: S.756-757. キリストに倣うことは、キュングの信仰理解にとって決定的な要素であり、後期の著作のDCにおいても論じられている。このことを福田も指摘している。福田誠二、「ハンス・キュングのキリスト教理解における本質と非本質に対する問い」、所収：『清泉女子大学キリスト教文化研究所年報』１９巻、平成２３年、１-２３頁、とくに１７頁以下。

（１４２）CS: S.537-539.

（１４３）Ibid. S.542.

（１４４）Idem. 括弧は藤本の挿入。キュングは、１９７４年に次のようにインタビューに答えている。「キリスト者であることは（人間の生や社会の）建設を可能とし、同朋との交わりを生ましめ、より正しい社会を保証するような態度をもつことを意味します……イエスによって自己を規定するところどこでも、この世界において何かが変わるのです。二人の関係において……より大きな規模での人間関係においても」。イエスは、社会的・政治的な反体制派でもなければ、既存の社会体制と一体化した保守派でもなく、その教えが実現されるところでは、一人の人間や社会が常に新しく変えられるのである（アルフレッド・Ａ・ヘースラー、『教会に未来はあるか』、佐伯晴郎訳、新教出版社、１９８０年、３８-４０頁、原著、Alfred A. Häsler, Gott Ohne Kirche?, Walter-Verlag: Olten, 1975, S.41-42. 括弧は藤本の挿入）。

（１４５）Karl-Josef Kuschel, Geboren vor aller Zeit?: der Streit um Christi Ursprung, Piper: München, 1990, S.595-596.

（１４６）Ibid. S.599-600.

（１４７）Ibid. S.605-606. クシェルとは異なって、マクリーディはキュングのキリスト論に対して距離を取る評価を下している。マクリーディは、キュングの下からのキリスト論に対する批判をまとめたうえで、評価が二分されていることを指摘する。そして、キュングのキリスト論は現代社会に対してキリストの意義を訴えるかもしれないが、伝統的なキリスト論を軽視して専門的な説明が不十分であり、説得力の弱いものになっていると述べる。（Douglas McCready, *The*

Christology of the Catholic Tübingen School, Peter Lang Publishing: New York, 1991, pp. 281-287.)。ポール・クルーガーは、キュングのキリスト論を肯定的に評価している。カルケドン公会議以来の三位一体論による伝統的なキリスト論を全く放棄することは困難であるが、「新神学」の影響を受け、対話に対して開かれたキュングの下からのキリスト論は、言葉通りの定義を越えて伝統的なキリスト論の本質を問うための刺激を与えているのである(Paul Kruger, „Christian Identity In Inter-Religious Dialogue: The Challenge Of Hans Küng`s Strategy" , In: Eduradus Van der Borght(Ed.), *Studies in Reformed Theology*, Brill: Leiden, 2008, pp.337-340.)。

(１４８) キュングの下からのキリスト論に対して、金は次のように批判している。すなわち、キュングは、イエス・キリストの神性を軽視して、人間中心主義の、単なる倫理的に優れた人間の一人にしてしまっている(金珍熙、「宗教間対話を目指す現代の神学におけるキリスト論の問題点」、所収:『論集』１４３号、四国学院大学、２０１４年、１７‐２７頁)。しかしながら、カスパーはこのような批判を否定している。すなわち、「下からのキリスト論」にて、キュングは史的に証明されたことのみを信仰の内容にするつもりはなく、三位一体論のような教義を否定しようともしていない。むしろ、キリスト論を上から、教義から引き出そうとするのではなく、下から、すなわちイエス・キリストにおける歴史的な啓示から出発して明らかにしようとするのである(Walter Kasper, Christologie von unten? Kritik und Neuansatz gegenwärtiger Christologie, In: Leo Scheffczyk(Hrsg.), Grundfragen der Christologie Heute, Freiburg: Herder, 1975, S.160-161.)。また、高柳は、キュングが、ナザレのイエスについて、たんに教義的なキリスト論とも、「イエスの生涯」運動とも異なる、神であり人間であるイエスを探求したと見なす(高柳俊一、「〈現代神学の動向〉最近の三つのキリスト論」、昭和５２年、１５２‐１５３頁)。

(１４９) CS: S.408.

(１５０) Idem.

(１５１) Ibid. S.154, 408-409. 史的に責任のある信仰という考えは、キュングの後の著作においても保持されている。すなわち、１９８７年にキュングは、「歴史批評的に基礎づけられた聖書解釈は、歴史批評的に責任のある教義学を呼びかけている」と述べる（TA: S.235.）。また、１９９４年には「キリスト論や三位一体論に関してさえも、歴史批評的に突き止められた聖書的所見から出発して、一言でいえば、歴史批評的に基礎づけられた聖書解釈の観点から歴史批評的に責任を負った教義学を獲得しようと試みるだろう」とカール・バルトに関連して述べている（GD: S.254. 邦訳３２６頁）。さらに、イエスの事柄については、Ibid. S.541を参照のこと。それによれば、信仰において重要であるのは、論じることだけでなく、復活後のキリストと一体であるこの世において人々に教えたイエス・キリストの言葉、振る舞いに倣い実践することである。

（152）緒方は、次のように述べている。すなわち、「下からのキリスト論」において探求される「史的イエス」とは、「まず史的批判的方法によって対象化される史実としてのイエスのことであり、同時にそれは教義的伝統のキリストと対立するイエスのことであり、人々が伝統から解放されて立ち返り、そしてそこからはじめて行くのを可能にするところの原点」をなしているのである。しかし緒方によれば、この対立は決定的な二者択一に陥るのではなく、両者は緊張関係にある。そして、史的イエスには復活「前」あるいは「いまだ」という根本的性格があるのだとする。この根本的性格を見失うと、イエスからキリストへの、イエスからケリュグマへの全道程、さらに言えば、イエスの誕生、生涯、活動、死、復活という神の啓示の道程も見失われる。復活によるケリュグマにおいて史的イエスがゴールに到達している。したがって、史的イエスを抜きにしては、ケリュグマは抽象化されるし、史的イエスはケリュグマに対して構成的意義を持つ。ケリュグマによって、史的イエスが「前」、「未」と位置付けられ、「肉にある者」この世にある者、歴史にあるものとして、我々は大胆に人間存在、歴史の場において彼を問わしめられ、同時にその中からケリュグマにおける史的イエスのゴール到達を、我々の思いを超えて働く神の行為として驚き、これを受け入れるのである（緒方純雄、「史的イエスとケリュグマ」、所収：佐藤敏夫編、『教義学講座３　現代の教義学』、日本基督教団出版局、１９７４年、３２‐３３、５２‐５３頁）。たしかに緒方が述べる通り、キュングにとっての下からのイエスとは、常に立ち返り、そこから新たに始めることを可能にする原点である。このように緒方は史的事実と教義的伝統の間の緊張関係を論じるが、ケリュグマをゴールと見なし、ケリュグマの視座からナザレのイエスを一方向的に把握する点で、キュングと異なっていると推察される。キュングは、ナザレのイエスという史的人格にすでにキリスト論の根拠と始まりを見て取り、その人格に後のキリスト論を批判する権威を与えているからである。また、緒方の言う緊張関係にあるイエスは、神のわざを示し人間が受け入れるための単なる象徴ではなく、人間がその言葉と振る舞いに倣い実践するための模範だからである。

(153) Sacramentum Mundi, Bd.2, S.920-921. 邦訳は、上智大学神学部神学ダイジェスト研究会、『神学ダイジェスト』68号、オリエンス宗教研究所、1990年、107-108頁を参照した。

(154) 百瀬文晃、『イエス・キリストを学ぶ』、中央出版、1986年、19-20頁。

(155) Hans Küng, Wie ich mich Jesus annährte, In: Der Jesus des Papstes, Hermann Häring(Hg.), Lit: Berlin, 2011, S.7.

(156) UW: S.33. ラッツィンガーとの比較研究としては、先のモンの研究のほかに、福田がラッツィンガーの「求める者」という実存理解の観点から検討している（福田誠二、「ハンス・キュンクとヨゼフ・ラッツィンガーの真理問題理解」、所収：『清泉女子大学キリスト教文化研究所年報』18巻、平成22年、1-27頁）。

(157) Idem. および Hans Küng, Wie ich mich Jesus annährte, 2011, S.7.

(158) ヨゼフ・ラッツィンガー、『ナザレのイエスⅡ 十字架と復活』、里野泰昭訳、春秋社、2011年、5頁（Joseph Ratzinger, Jesus von Nazareth: Beiträge zur Christologie, In: Joseph Ratzinger, Gesammelte Schriften, Bd. 6, Teil 1, Herder: Freiburg im Breisgau, 2013, S.419.）。

(159) 前掲書、126-127頁（Ibid. S.496.）。

(160) 前掲書、128頁（Ibid. S.497.）。

(161) 同上（Idem.）。およびヨハネ福音書1章14節。

(162) ヨゼフ・ラッツィンガー、『ナザレのイエス』、里野泰昭訳、春秋社、2008年、6-8頁（Joseph Ratzinger, Jesus von Nazareth: Beiträge zur Christologie, In: Joseph Ratzinger, Gesammelte Schriften, Bd. 6, Teil 1, Herder: Freiburg im Breisgau, 2013, S.132-133.）。ラッツィンガーによれば、この次元は、聖書の歴史批評によっては明らかにならない。歴史批評は、一つに、言葉を過去のとおりに理解するのみで、今日的な意味に変えることはできず、二つに、歴史的出来事の等質性を前提にするからである。そのため、聖書は終始一貫して人間の言葉でしかない。高い次元と呼ばれる、聖書の言葉の中の「余剰価値」を感じることができない（同上）。

（163）前掲書、11頁（Ibid. S.135-136.）。

（164）同上（Idem.）。

（165）同上（Idem.）。

（166）前掲書、11－12頁（Ibid. S.136）。

（167）同上（Idem.）。

（168）第一章のとおり、キュングにとっても、教会は旅する神の民である。しかし、その民の基礎は、ラッツィンガーと異なって、神イエス・キリストと人間の間の個人的な応答関係にある。

（169）前掲書、303頁（Ibid. S.321.）。ただしラッツィンガーは、ヨハネ福音書を主に取り上げて語っている。

（170）前掲書、27頁（Ibid. S.144-145.）。

（171）同上（Idem.）。

（172）ヨゼフ・ラッツィンガー、『イエス・キリストの神』、里野泰昭訳、春秋社、2011年、30－31頁。

（173）前掲書、30－31、33－34頁。ヨゼフ・ラッツィンガー、『ナザレのイエスII 十字架と復活』、2013年、118頁（Joseph Ratzinger, Jesus von Nazareth: Beiträge zur Christologie, 2013, S.492.）。

（174）ヨゼフ・ラッツィンガー、『ナザレのイエス』、2008年、83－85、128頁（Joseph Ratzinger, Jesus von Nazareth : Beiträge zur Christologie, S.179-180, 206-207.）。具体的には、神中心主義から神の国中心主義（救済中心主義）への変遷をラッツィンガーは要約して批判している。

（175）CS: S.468-469, 470. 第一章三節も参照のこと。

（176）ジャック・デュプイ、『キリスト教と諸宗教』、阿部仲麻呂監修、教友社、2018年、174－175頁。この箇所でデュプイは、多元主義神学としてニッターまたはヒックを前提に議論している。しかしキュングは、後の章で取り上げるように、彼らと対立して、イエスが真理について唯一の基準であることを主張し続けた。

（１７７）例えば、カスパーは、キュングのキリスト論が持つ問題点として、聖書と伝統にとって中心的な考えである受肉は維持されているのか、とりわけキリストの先在説が否定されているのではないかと述べる。これに対して、キュングは、キリストの教義的理解から議論を始めるべきではないと訴える。そして、むしろ、聖書の観点から直接に基礎づけられる理解として、「歴史的に理解されるべき啓示の統一」を述べる。この点こそが、人間であるイエスと父である神、地上のイエスと挙げられたキリストとの統一に関して、聖書の根源的な問題提起である。この提起からキリスト論について議論が始まるのであって、聖書後の教会の教えから議論が始まるのではないとする（Hans Küng, Anmerkungen zu Walter Kasper〃Christologie von unten?〃, In: Leo Scheffczyk(Hrsg.), Grundfragen der Christologie Heute, Herder: Freiburg, 1975, S.176-178.）。

（１７８）DC: S.236-237.

（１７９）レイスは次の著作の第一章から第四章にてこの類型を詳細に説明している。Alan Race, *Christians and Religious Pluralism*, Orbis Books: New York, 1982.

（１８０）Gavin D- costa, *Theology and Religious Pluralism*, 1986, p.75. デコスタは包括主義を支持していたので、この参考文献では多元主義、排他主義、包括主義の順に説明している。レイスは多元主義を支持していたので、排他主義、包括主義、多元主義の順で説明している。本書では、いずれの立場をも支持する意図なしに、類型を提示したレイスにならう順番にした。

（１８１）カトリック教会は、トリエント公会議以来、プロテスタント教会に対抗して「カトリック教会の外に救いなし」を主張していた。また、排他主義とされるバルトの主張は、第一章で紹介した。そこで挙げた『教会教義学』第一巻第二分冊（１９３８年）の「宗教の止揚としての神の啓示」、および『教会教義学』第四巻第三分冊（１９４８年）の「生の光」を参照のこと。バルトは、神であるイエス・キリストの言葉と人間の言葉の対比で語っており、前期では宗教を不信仰と断定しつつ、キリストの言葉を与えられているキリスト教を真なる宗教としたが、後期ではキリスト教外に起きた啓示の可能性を認め、キリストの言葉を決定的だとすることは信仰者の内的な確信であるとして、キリスト教の優越性を限定した（Karl Barth, Die Kirchliche Dogmatik, I/2, S.328-331, IV/3, S. 160-161.）。クレーマーにとって聖書に述べられるイエス・キリストこそが唯一真に神を明らかにしており、それ以外はあり得ない。しかし、諸宗教に寛容になり対話を試みる必要を１９６２年に指摘している（Hendrik Kraemer, *Religion and the Christian Faith*, Lutterworth Press: London, 1956, pp.360-365. Hendrik Kraemer, *Why Christianity of All Religions?*, Lutterworth Press: London, 1962, pp.116-117, 120-121.）。

（１８２）Gavin D- costa, *Theology and Religious Pluralism*, 1986, pp.111-112.

（１８３）包括主義的な宗教間対話の方法に関して、第一章で紹介したように、ラーナーは「無名のキリスト者」という考えで知られている。その考えにおいて、神の自己譲与を受けた人間の実存という哲学的な人間論によって、原理Aと原理Bが結びつけられている。また、ティリッヒは包括主義に分類される。ティリッヒは、「根源啓示」と「従属啓示」、「現実啓示」と「終極啓示」、の四つを挙げる。根源啓示は、新たな状況における真理の開示あるいはその内容である。ある根源啓示が受け入れられ、その啓示が後々の時代に伝えられていった内容は従属啓示と呼ばれる。たとえばキリストと教会の関係である。さらに、各々の文化・宗教において究極的関心に答えるものが現実啓示であり、その現実啓示が、ある人にとって常に参照点となる決定的な啓示である時、終極啓示と呼ばれる。たとえばキリスト教徒にとってキリストは終極啓示である（パウル・ティリッヒ、『組織神学　第1巻』、谷口美智雄訳、新教出版社、１９９０年、１５８－１５９、１６５－１６６、２８０頁、Paul Tillich, *Systematic theology*, Vol.1, University of Chicago Press: Illinois, 1951, pp.126-127, 132-133, 220-221.）。

（１８４）Gavin D'costa, *Theology and Religious Pluralism*,1986, p.45-46.

（１８５）ヒックは、「コペルニクス的転回」で知られている。それによれば諸宗教は、固有の教祖や教えを持つが、どの主張も本来は「神」中心に向けられた主張である。この神は、「聖なる実在（divine Reality）」であって、諸宗教の教えは、これについての異なる表現であるので、相補的に理解する必要がある（John Hick, *The Second Christianity*, SCM Press

Ltd: London, 1983, pp.82-83.）。ヒックにおいては、原理Aが原理Bより優先されている。

（186）David Pitman, *Twentieth Century Christian Responses to Religious Pluralism*, Ashgate: Farnham, 2014, pp.143-158. ただしピットマンは、キュングが多元主義へと立場を移したと指摘している。本書でも、第四章にてキュングが包括主義から立場を変えたことを指摘する。

（187）たとえば、キュングは、ティリッヒを批判して、史的イエスの組織神学に対する重要性を低く評価し続けたが、同時にキリスト教の福音を現代の問いに結び付けようと努力したと述べている（Ronald Modras, *Paul Tillich' s Theology of the Church with a Forward by Hans Küng*, Detroit: Wayne State University Press, 1976, pp.11-12. 加えてティリッヒについて、EM: S.172-173. また、キュングは、自身の「パラダイム論」が、ティリッヒの宗教史の構想を発展させたものだと述べる（EM: S.122-123.）。PW では、ティリッヒのキリスト教普遍主義を批判的に採用していると述べる（PW: S.128, 153.）。

（188）パウル・ティリッヒ、「生きる勇気」、所収：『ティリッヒ著作集９』、大木英夫訳、白水社、１９９９年、１９６頁。

（189）同上。

（190）前掲書、１９６－１９７頁、括弧は藤本の挿入。

（191）パウル・ティリッヒ、「地の基が震い動く」、所収：『ティリッヒ著作集別巻１』、加藤常昭訳、白水社、１９７８年、４７、５０頁。パウル・ティリッヒ、「失われた次元」、所収：『ティリッヒ著作集４』、野呂芳男訳、白水社、１９９９年、５８－５９頁。

（192）パウル・ティリッヒ、『組織神学　第１巻』、１９９０年、７５－７９頁、原著、pp.61-64.

（193）パウル・ティリッヒ、「キリスト教と世界諸宗教との出会い」、所収：『ティリッヒ著作集４』、野呂芳男訳、白水社、１９９９年、７１－７３頁（Paul Tillich, *Christianity and the Encounter of the World Religions*, Columbia University Press: New York, 1963, pp. 3-6.）。また、パウル・ティリッヒ、『組織神学　第３巻』、土居真俊訳、新教出版社、１９８４年、１６６頁（Paul Tillich, *Systematic Theology*, Vol.3, The University of Chicago Press: Chicago, 1963, pp.130-131.）。

（１９４）パウル・ティリッヒ、「聖書の宗教と存在の問題」、所収：『ティリッヒ著作集４』、１９９９年、２５６頁。パウル・ティリッヒ、「宗教哲学の二つの道」、所収：『ティリッヒ著作集４』１９９９年、１８８-１８９頁。

（１９５）パウル・ティリッヒ、「組織神学者にとっての宗教史の意義」、所収：『宗教の未来』、大木英夫ほか訳、聖学院大学出版会、１９９９年、１０７頁（Paul Tillich,“ The Significance of the History of Religions for Systematic Theologian”, In: Paul Tillich, *The Future of Religions*, (Ed.) Jerald C. Brauer, Haper and Row: New York, 1966, pp.87-88.）。

（１９６）前掲書、１０８頁、原著、p.88. パウル・ティリッヒ、「キリスト教と世界諸宗教との出会い」、１９９９年、７６-７７、１０４-１０５頁、原著、pp.10-11, 48-50.また、芦名によれば、宗教史の神学において、次のような精神史の見取り図がある。すなわち、「神律-自律-他律」である。精神が宗教にとらわれている他律の状況に対して、精神が合理的批判でもって宗教から「自律」して、その進展の先に精神がその「深み」を失う。それを経て、精神が再度、他律には陥らない形で、精神の深みを取り戻す状態を「神律」という（芦名定道、『ティリッヒと現代宗教論』、北樹出版、１９９４年、２１９頁）。

（１９７）パウル・ティリッヒ、「キリスト教と世界諸宗教との出会い」、１９９９年、１３２-１３３頁、原著、pp.89-90.

（１９８）前掲書、１３６-１３８頁、原著、94-97. パウル・ティリッヒ、「組織神学者にとっての宗教史の意義」、１９９９年、１０９-１１１頁、原著、pp.88-90.

（１９９）この基準をめぐる議論について、ティリッヒは、カイロスとカイロイを述べている。カイロスは、歴史の中のある象徴的瞬間であり、その後の歴史の意味を解釈する起点となる。キリスト教においてはイエス・キリストの出現である。カイロイとは、そのカイロスを思い出させ再経験させる歴史の瞬間である。または、自らが信仰するカイロス以外の歴史における象徴的な瞬間である。他の宗教に対してキリストが歴史を解釈する普遍的な出来事であるとする根拠は、信仰にある。そのため、自らの信仰以外に、他の宗教や民族では別の起点が認められる。また、カイロスとカイロイという象徴的出来事をめぐる普遍的な宗教史として、諸宗教の関係を整理する余地が生じる（パウル・ティリッヒ、『組織神学第３巻』、１９８４年、４６４-４６６頁、原著、pp.369-371.）。また、パウル・ティリッヒ、「組織神学者にとっての宗教史の意義」、１９９９年、１０３‐１０５頁、原著, pp.84-86.)。芦名によれば、この別の起点を認める点で、ティリッヒは、包括主義的立場から１９６０年代には多元主義を意識するようになったという（芦名定道、『ティリッヒと現代宗教論』、１９９４年、２１５‐２１６頁）。また、ピットマンも同様に、ティリッヒが宗教史の神学において包括主義から多元主義に移行しつつあったと述べている（David Pitman, *Twentieth Century Christian Responses to Religious Pluralism*, 2014, pp.120-123.)。

（２００）LW: S.12-13. Je: S.11.

（２０１）緒方は、現実信頼について、キュングがその前提として述べている哲学的議論を中心に紹介している。また、緒方によれば、現実信頼は、カトリック的な存在論的論理を背景にしている（緒方純雄、「Existiert Gott? ——Antwort auf die Gottesfrage der Neuzeit/Hans Küng(1978)——」、所収：『基督教研究』第４６号、基督教研究会、１９８４年、１３７‐１４７頁）。

（２０２）「新神学」の議論を学びつつキュングは、キリストにおける創造の秩序を、「超自然的（übernatürlich）」と呼ぶことに疑問をますます感じるようになった。そして、『義認論』では、「自然」と「超自然」の区分が不適切であることを指摘し、後に至ってこの語の使用を避けるようになった（Hans Küng und Stephan Schlensog (Hrsg.), Sämtliche Werke Hans Küng Bd.1. Rechtfertigung, Herder: Freiburg, 2015, S.306-307.)。

（２０３）EG: S.476.

（２０４）Ibid: S.477.

（２０５）Ibid. S.478.

（２０６）Idem.

（２０７）Idem.

（２０８）Ibid. S.480, 484.

（２０９）Ibid. S.483.

（210）Idem. “ Ich selber in meiner ganzen Person erfahre mich als Ursprung meines So-und-anders-Wollens.”
（211）Idem. キュングの自由の定義においては、選択したものとは別の選択肢が本当に選択可能であったのかどうかという自由意志の存在を客観的に証明することは問われていない。むしろ、内的な経験を通して、存在に従う選択肢を選んでいるのだという自らの意志が強調されているといえる。キュングの根本的信頼という用語は、発達心理学者のE・H・エリクソン（Erik H. Erikson）に由来している。エリクソンは、乳児の心理的発達を説明する概念として、基本的信頼（basic trust）を提唱した。この信頼は、親との関りを通して乳児が獲得する、世界や自己に対する肯定的な感覚であり、この信頼は、生涯にわたって自己や他者への関りに影響を与えるとされる（EG: S.508-509. また、エリク・H・エリクソン著、『アイデンティティとライフサイクル』、西平直ほか訳、誠信書房、2011年、52‐53頁。原著は1959年刊行）。ただしエリクソンと比べて、後述の通りキュングは、成人してから自覚的に行う根本的決断を強調している。
（212）EG: S.485.
（213）パネンベルクによれば、信頼の行為とは、相手の正しさや誠実さに依拠して、未知なるものに、つまりある不確実な将来に自分を賭けることである。また、人間だけでなく現実全体もまた究極的には支配しえない未知なるものであるから、人間はすでに自らが差し向けられているその現実の中で、自らの現存在を確かにするために、現実に対しては信頼関係を取り結ぶことができるだけである。そして、この差し向けられている現実の根源をパネンベルクは神と呼び、その神に対してもまた信頼関係を結ぶことができるのであるとする。さらに、この信頼を、ルターの信仰理解に結び付けている。（ヴォルフハルト・パネンベルク、「信頼にかわる保証？」、所収：パネンベルク著、『現代キリスト教叢書』、熊沢義宣、近藤勝彦訳、白水社、1975年、375‐380頁）。差し向けられることについては、脚注227も参照のこと。
（214）EG: S.486.
（215）Ibid. S.493, 500.
（216）Ibid. S.495-496.
（217）Idem.

（218）Ibid. S.626.
（219）Ibid. S.528, 627. キュングは、Gott-Vertrauen とも表記している。また、神信頼について、高柳がパスカル・ニーチェとのかかわりを中心に詳細に紹介している。高柳によれば、信頼と不信頼の選択は、「超越的でありながら、内在する対応者の呼びかけであり、たまものである」（「『神の問題』の理解をめぐって」、『カトリック研究』35号、上智大学神学会、昭和54年、229頁）。
（220）Ibid. S.628-630.
（221）EG: S.467-469, 499.
（222）キュングは、カントが神存在に関する問いを論じる際に、理性的な存在証明を断念して、認識的理性ではなく実践的理性に訴えつつ、その問いを人間の倫理の問題に結びつけたことを評価する。そして、倫理をめぐる実践的課題として神の存在が要請されるとしたことを承認する。しかしキュングは、カントを批判して、倫理的な要請として神の存在を論じても、そもそも神を持たない虚無主義や世俗的な立場を取る人々に対して説得力がないことを指摘する（EG: S.599-601, 622.）。
（223）Ibid. S.500.
（224）Ibid. S.632.
（225）Ibid. S.502.
（226）Ibid. S.631.
（227）Ibid. S.507. パネンベルクは、キュングとハンス・アルバート（Hans Albert）との間の論争に言及しつつ、エリクソンの基本的信頼と神学との連関を説明している。キュングは、乳児期において保護者によって育まれるエリクソンの基本的信頼を踏まえつつ、成人して後に自立して行う、現実への根本的信頼と不信頼のどちらかを選ぶ二者択一の決断を強調している。子供時代の保護された状態から出でて、その与えられた信頼を基礎にして、成人は決断によって自ら現実信頼を行うのである。キュングが決断を強調する一方で、パネンベルクの注目するところによれば、この二者択一を前にしても、人間はその決断の時において既に事態に巻き込まれていることが、神学的に重要である。すなわち、「基本的信頼はまず第一に最も身近な関係者に置かれるにもかかわらず、それは、その無制約性によって《暗黙のうちに》すでに常に母親および両親を越えて、このような信頼の無制約性を正当化しうる審級へと向けられ」ており、この審級とは、その無制約性に相応しい神なのである。それゆえ、基本的信頼と神学との連関は、キュングのように基本的信頼それ自体を現実信頼・神信頼という枠組みを用いて根拠づけ説明するところにあるのではなく、また、たしかに大人として自ら選び取る現実信頼の決断が人生において重要であるとしても、むしろ「人間は本来、そして少なくとも暗に神へと差し向けられている」というところにあるのである。そして、一定の宗教的伝統も保護者との関りの中で伝えられているのである（W・パネンベルク、『人間学』、佐々木勝彦訳、教文館、２００８年、２８６‐２８９頁、原著、Wolfhart Pannenberg, Anthropologie in theologischer Perspeltive, Vandenhoeck & Ruprecht: Göttingen, 1983, S.224‐227.）。なお、パネンベルクに従えば、アルバートは、キュングが神信頼によって根本的信頼、すなわちエリクソンの基本的信頼を基礎づけようとしたことを批判している。アルバートは、キュングの議論において根本的信頼を基礎づけつつ、それ自体としては基礎づけられないものとして現れる神の「現実」に反対する。アルバートによれば、キュングは、基本的信頼の不確かさから導いて神の受容を促すよう要請しても、その要請を疑わしいものとさせるような必要性については論じなかったのである（同上、および Hans Albert, Das Elend der Theologie : kritische Auseinandersetzung mit Hans Küng, Hoffmann Campe: Hamburg, 1979.）。

（２２８）EG: S.631. キュング自身は神信頼も周囲から教えられると明確には述べていない。しかし、神信頼も現実の中で行われるものであり、現実信頼に連続してより深い意味の根拠に達するための行為であることを踏まえるならば、現実信頼と同様に神信頼もまた、神信頼を既に行っている周囲の人々から教えられるはずである。さらに、脚注２２７の通りパネンベルクは、保護者から与えられる基本的信頼を通して、人間が神へと「差し向けられている」ことを指摘している。

（２２９）キュングは、生の不確かさに固執する虚無主義への対抗は、議論だけでは決定的ではないとする。そして、議論を超えて、最も有効である反論は、最終的には実際に現実を信頼して生きている姿だとする。この信頼の実践が、いまだ信頼を決断していない人々の内部に信頼への力を呼び起こすのである（Ibid. S.499.）。
（230）デイヴィッド・トレーシーは、ティリッヒが究極的な関心の前提においた実存的な孤独や不条理さという人間の関心は、現代神学において、社会的な抑圧や、世界的な危機といった状況にある人々の連帯と解放という関心へと深化したと述べ、その関心に沿ってイエスの言葉が理解されているとする（David Tracy, " Tillich and Contemporary Theology" , In: James Luther Adams(eds.), *The Thought of Paul Tillich*, New York: Harper and Row, pp.270-271.）。
（231）EG: S.522-523.
（232）CS の S.17-23 および第一章を参照のこと。「キリスト教は人間主義の対立物ではない。キリスト者は人間主義者であれるし、人間主義者はキリスト者であることができる」（CS: S.23.）。
（233）EG: S.636, 640. CS: S.524-526.
（234）EG: S.685-686, 750.
（235）希望という点について、キュングは、エルンスト・ブロッホの「希望の哲学」を取り上げて、哲学と神学は、人間に希望を与える点で共通の土台を持っているとする。また、モルトマンの「希望の神学」にも言及している（EG. S.538-539.）。高柳によれば、『キリスト者であること』にてキュングは、現代の世俗的な精神の特徴を、ブロッホに代表される希望にあると考えている。また、同時期のカトリック神学のキリスト論の新しい試みにおいて、E・スヒレベークスやJ・B・メッツも同様にブロッホに注目しているとまとめている（高柳俊一、「最近の三つのキリスト論」、所収：『カトリック研究』３１号、上智大学神学会、昭和５２年、１４６－１４７頁）。
（236）CS: S.215.
（237）Ibid. S.237.
（238）Ibid. S.241.
（239）Ibid. S.348.
（240）Ibid. S.349-350.

(241) Ibid. S.424-425.

(242) Ibid. S.426.

(243) Ibid. S.433-434.

(244) Ibid. S.536.

(245) Ibid. S.537.

(246) Ibid. S.539. EG: S.756-757.

(247) CS: S.551-553.

(248) Ibid. S.568-572.

(249) Ibid. S.581-582. DC: S.67.

(250) CS: S.594. キュングは、倣うことの現代の社会的な意義を簡潔に説明している。法秩序における自由、権力闘争における自由、消費圧力からの自由、相互奉仕と共生への自由である。イエスに倣うことは、法秩序、権力闘争、消費圧力といった現代の社会的課題を消し去ったり一挙に解決する方法を教えたりはしないけれども、それらの中でより人間らしい状態を可能にする。そして社会の階層をなくすことはないけれども、そのなかで人間関係をより人間らしくするのである（CS: S.582-593.）。これらの主張が、のちに世界倫理にてより明確なプログラムとして展開されるのである。キュングは、希望の神学を支持するものの、モルトマンを批判して、次のような課題があると指摘している。福音を政治的社会的な革命で導かれる社会の実現へと翻訳するのは、福音を単純にしすぎている。福音を基準にした社会批判は重要であっても、革命による転換へと必ずしも結びつけるべきではない。暴力・非暴力の革命ではなく、教会や社会、政治の改革を求めるべきなのである（UW: S.116, 306.）。

(251) キュングによれば、イエスは、儀式や律法の形式的遵守ではなく、人間に奉仕することのなかで神に奉仕することが証明されるとした。神が人間の幸福を意志することから、人間の人間らしさを高めることが、神の人間性によって要求されているのである。「人間の人間らしさを傷つけることは、真に神に奉仕することへの道を閉ざす。人間を人間らしくすることが、真の神への奉仕のための前提」なのである（CS: S.244.）。

（252）Ibid. S.104. 福田もまた、キュングの対話に対する態度が、信仰に忠実でありつつ、対話を通した自己批判と相互の変容を目指すものであることを指摘している。ただし諸宗教の関係について本研究では第四章以下でさらに論じる（福田誠二、「ハンス・キュンクとヨゼフ・ラッツィンガーの真理問題理解」、平成22年、15-16頁）。

（253）Idem. 古屋は、「包括的なキリスト教普遍主義」と訳している。しかし、キュングにおいて諸宗教の真理を判断する基準は、宗教としてのキリスト教ではなく、イエス・キリストであることから、本書では訳を改めた（古屋安雄、『宗教の神学』、ヨルダン社、1985年、280頁）。川中によれば、ラーナーの「無名のキリスト者」という考えにおいても、宗教としてのキリスト教の包括性ではなく、キリストの包括性が述べられている。このキリスト中心的な立場に、キュングとラーナーの共通性がある。ところが、ラーナーは「無名のキリスト教」という言葉に見られるように、教会外におけるキリストの普遍的現存と明示的なキリスト教との区別を明確にしていない。そのため、「無名のキリスト者」は反対にキリスト教による諸宗教の包括を意味すると捉えられてしまっている。（川中仁、「『無名のキリスト者』？」、所収：『カトリック研究』第84号、上智大学神学会、平成27年、124-126、130-131頁）。

（254）Paul F. Knitter, “ Hans Kung`s theological Rubicon” , In: Leonard Swidler(ed), *Toward a Universal Theology of Religion*, Orbis Books: Maryknoll, 1987, p.225.

（255）ジョン・ヒック、『宗教多元主義への道　メタファーとして読む神の受肉』、間瀬啓允ほか訳、玉川大学出版部、1999年、131頁。ヒックは、「コペルニクス的転回」で知られている。それによれば諸宗教は、固有の教祖や教えを持つが、どの主張も本来は「神」中心に向けられた主張である。この神は、「究極的存在」であって、諸宗教の教えは、これについての異なる表現であるので、相補的に理解する必要がある（John Hick, *The Second Christianity*, SCM Press Ltd: London, 1983, pp.82-83.）。また、「多元主義は、偉大な世界宗教はどれでも〈実在者〉なり、〈究極者〉なりに対する様々な覚知と概念、またそれらにおうじたさまざまな応答の仕方を具体化し、加えて、その各々の伝統内において〈自己中心から実在中心への人間存在の変革〉が明確に生じつつある――人間の観察の及ぶ限り、ほぼ同程度に生じつつあるものといえる―と見なす見解のことである。したがって、偉大な宗教的伝統はそれぞれ代替的な救いの「場」、あるいは救いの「道」と見なすことができる。そしてこの場なり、道なりに沿って、人は救い、解放、悟り解放、完成に達することがきる」（ジョン・ヒック、『増補新版　宗教多元主義―宗教理解のパラダイム転換―』、間瀬啓允訳、法蔵館、2008年、74頁）。「偉大な宗教的伝統はどれも、われわれが日常的に経験する社会的／自然的世界に加えて、我々を超え出たところに、あるいはわれわれの内面の奥深くに、限りなく偉大で、高度な実在が存在するということ、そしてまた、その実在に関係して、あるいはその実在に向けて、われわれの至高善が存在する。究極的に実在するもの、究極的に価値あるものは一者であり、この一者に対して全面的に自己を捧げることが、われわれの究極的な救い・解放、悟り・完成なのである」（同上、78頁）。その上でヒックは次のように受肉を理解している。「神の受肉という観念は、文字どおりに解釈するよりも、むしろメタファーとして受け止める方がよい。すなわち、イエスは神に従順に応答して生きた理想的な人間の生き方の具現、つまりは受肉であって、その結果、神がイエスをとおして働くことができ、またそれによってイエスが、神の愛を映し出す人間愛を体現したのである」、「そのように理解されたイエスは、我々に神を実感させ、又その生涯と教えをとおして我々に神のみ前に生きるように求めている主なのだ、と受け止めることができる」、「このように伝統と異なるイエス理解に立つキリスト教は、神という超越的な究極リアリティに対する数々の異なる応答の一つと自認することができるので、世界を一つの共同体とする世界平和の発展には、自分だけが全人類に開かれた救いの道であり、最終的な啓示の場であると自負し続けるキリスト教よりも一層大きく貢献することができる」（ヒック、『宗教多元主義への道　メタファーとして読む神の受肉』、1999年、3頁）。ヒックとニッターは、イギリスのバーミンガムにて宗教サミットを開催し、2003年に「宗教多元論の大原理」（Key Principles of Religious Pluralism）を宣言した。「諸世界宗教は、究極的存在を多様な形で概念化し表現しており、その多様な表現を持つ諸宗教は、最高善に至る純正な道をそれぞれ構成しているのである（「宗教多元主義の原理採択」、中外日報、2003年9月27日、また、「他宗教に向かって開かれた神学を」、キリスト新聞、2003年11月1日）。

（２５６）宗教間対話をめぐるキュングとニッターの比較については、次の論文が参考になる。Mahmut Aydin,“ Changing Roman Catholic Christologies: The Case of Hans Kung and Paul Knitter,” In: *the American Journal of Islamic Social Sciences*, Vol.18 , 2001, pp. 17-50. また、ケネス＝ウェイドは、キュングのキリスト論は救済論との結びつきが曖昧だと指摘している。というのも、キュングは神によって諸宗教が救いの道であることを認めるものの、新約聖書においてイエス・キリストが人間の罪を贖った唯一の救い主であることとの関連について十分な説明をしていないからだという。しかし第四章で論じるように、キュングはキリスト者にとっての視点を強調している（Kenneth Wade Brewer, *Hans Küng' s theology of religions: A historical- thematic analysis and evalunation*, Drew University: Madison, 1994, pp. 305-307.）。

（２５７）カトリック神学部を離れたことでキュングは、むしろ自由を得たと感じ、同僚のヴァルター・ジェンズ（Walter Jens）の助言を受けて、諸宗教の対話を研究テーマに選んだ（UW: S.671-672.）。

（２５８）キュングは、トレーシーとともに、このシンポジウムの内容を二冊にわたって出版している。Hans Küng, David Tracy (Hrsg.), Theologie - Wohin?, Benziger: Zürich, 1984.および、Hans Küng; David Tracy (Hrsg.), Das neue Paradigma von Theologie : Strukturen und Dimensionen, Benziger: Zürich, 1986.である。また、宗教史のパラダイム分析として、次の三冊をキュングは発表している。Hans Küng, Das Judentum, München: Piper, 1991. Hans Küng, Das Christentum, München: Piper, 1994. Hans Küng, Der Isram, München:Piper, 2004.キュングのパラダイムという考えに対する批判としては、明確にパラダイムといえるようなものは、中世ヨーロッパのスコラ神学ぐらいだとして、「パラダイム」という用語を用いることは適切でないという指摘がある。ただし、クーンのパラダイムが本来意味していた、「思惟の前提あるいは枠組みの存在」が歴史的に変化してきたという点は、神学にとっても重要な視点だとされている（芦名定道、『ティリッヒと弁証法神学の挑戦』、創文社、１９９５年、１５９－１６１頁）。

（２５９）トーマス・クーン、『科学革命の構造』、中山茂訳、みすず書房、１９７１年。原著は、Thomas S. Kuhn, *The Structure of Scientific Revolutions*, 2nd ed., University of Chicago Press: Chicago, 1970. 第一版は１９６２年。ただし、パラダイムという用語が多義的だという批判を受けて、のちにクーンは「専門母型」という言い方に改めて、パラダイムの概念の精密化を図った。

（２６０）Hans Küng, Paradigmenwechsel in der Theologie. Versuch einer Grundlagenerklärung, In: Hans Küng, David Tracy (Hrsg.), *Theologie - Wohin?*, Benziger: Zürich, 1984, S. 21-22. キュングは、ドイツ語版のクーンの以下の部分を引用している。 Thomas S. Kuhn, Die Struktur Wissenschaftlicher Revolutionen, Frankfurt am Main : Suhrkamp, 1976, S.186. この引用の邦訳では、トーマス・クーン、『科学革命の構造』、中山茂訳、みすず書房、１９７１年、１９８頁。原著は、Thomas S. Kuhn, *The Structure of Scientific Revolutions*, 2nd ed., Chicago: University of Chicago Press, 1970, p. 175. 訳自体は、この邦訳に加えて、主に芦名定道、『ティリッヒと弁証法神学の挑戦』、１９９５年、１５９頁を参照した。

（２６１）トーマス・クーン、『科学革命の構造』、１９７１年、１２-１３、１８６-１８７頁。

（２６２）前掲書、１６６-１７０、１７２頁。

（２６３）野家啓一、『パラダイムとは何か』、講談社、２００８年、１８０-１８２頁、２３７-２３８、２４２頁。該当のクーンの箇所は、たとえば、クーン、『科学革命の構造』、１９７１年、１６４-１６６頁。本節におけるクーンのパラダイム論の説明は、全体に野家の前掲書の説明に拠っている。

（２６４）野家啓一、前掲書、１９０-１９１頁。クーンの該当箇所は、クーン、前掲書、１９２-１９３頁。

（２６５）中山茂編、『パラダイム再考』、ミネルヴァ書房、１９８４年、６-７頁。

（２６６）TA: S.153-154, 163-164.

（２６７）Ibid. S.189, 195.

（２６８）Ibid. S.192-194.

（２６９）Ibid. S.271-273. この箇所でキュングは仏教のみを具体的にパラダイムを用いて分析している。

（２７０）参考資料の図３を参照のこと。キュングは６つのパラダイムの図を、１９８４年の共著、１９８７年、１９９０年、１９９４年の著作に掲載しているが、１９８７年から細部で異なっている。とくに６つ目のパラダイムは、当初は同時代のパラダイムとして弁証法神学、実存的神学、政治神学などが候補に挙げられていた。しかし１９９０年には、ポストモダンのエキュメニズムのパラダイムのみが挙げられている。さらに94年には、ポストモダンではなくて、「近代－後」の同時代のエキュメニズムのパラダイム？となり、「？」も付いている。また、ユダヤ教とイスラム教の諸パラダイムについてはDJおよびDIを参照のこと。

(271) TA: S.269.

(272) Ibid. S.255-257.

(273) Ibid. S.285-288.

(274) Ibid. S.290-292.

(275) 芦名定道、『ティリッヒと弁証法神学の挑戦』、1995年、160－161頁。

(276) ND: pp.7-8（邦訳、3－5頁）。以下、リンドベックの主張の説明に関しては、本書に加えて星川およびマクグラスを参照した。アリスター・E・マクグラス編、『現代キリスト教神学思想事典』、監修・熊沢義宣、高柳俊一、新教出版社、2001年、122－125頁、原著、pp.115-118. 星川啓慈、「宗教間対話における「教理」の問題」、所収：星川啓慈ほか『グローバル時代の宗教間対話』、大正大学出版会、2004年、14－31頁。

(277) たとえば、星川、前掲書、2頁。西谷幸介、『宗教間対話と原理主義の克服』、第二版、新教出版社、2007年のとくに第三章、および、Charles V. Gerkin, *An Introduction To Pastoral Care*, Abingdon Press: Nashville, 1997, pp.108－113. ニッターは、宗教間対話の議論におけるリンドベックの重要性を次の箇所で解説している。Paul F. Knitter, *Theologies of Religions*, Orbis Books: New York, 2002, pp.181-190.

(278) 三種類のアプローチについての説明は、ND: pp.16-18（邦訳、24－29頁）。

(279) Ibid. pp.33-35（邦訳、57－59頁）。

(280) Ibid. pp.35-36（邦訳、60－61頁）。

(281) Idem.

(282) Ibid. p.49（邦訳、84頁）。

（283）Ibid. p.55（邦訳、98頁）。

（284）ND. pp.67-68（邦訳、128-129頁）。

（285）Ibid. pp.68-69（邦訳、130-131頁）。

（286）Ibid. p.80（邦訳、150-151頁）。これらのことから星川は、キリスト教だけでなく、諸宗教にとって、その表現の仕方は時代や状況で変わるとしても、「自分の宗教のアイデンティティや独自性をもたらす第二次水準の核心的教理」を認識することが対話において大切であると述べる（星川啓慈、「宗教間対話における「教理」の問題」、2004年、40-41頁）。

（287）ND: pp.82-83, 93（邦訳、155-157、174-175頁）。

（288）同上に加えて、Ibid. p.117（邦訳、220頁）。

（289）Ibid. pp.119-220（邦訳、226-227頁）。リンドベックのキリスト論の原則とは、一、唯一神の原理、二、歴史的特殊性の原理、三、キリスト論最大主義の原理である（Ibid. p.94、邦訳、177頁）。

（290）Ibid. p.120（邦訳、228頁）。

（291）Idem.

（292）イエスの物語から、どのようにして第二次水準の教理が読み取られるのだろうか。それについてアリスター・E・マクグラスは、教理の形成における歴史的側面に注目している。それによれば、新約聖書は、教理を含んでいるのではなく、後に教理として解釈される要素によって構成されている。そして、その要素とは、ナザレのイエスについての語りと、原始教会にて為されたその語りの解釈である。これらは、発見されるべき教理のようにみえるヒントや発言、指針として受け取られ、読み手によって、拡張され解釈され教理となる。さらにその教理が、特定の箇所の聖書解釈を規定したり、解釈の幅を制限したりする。そのため、教理はその形成において、解釈者の特定の経験から無関係に聖書から読み取られることはない。そのうえで、一旦形成された教理は、さらに解釈する枠組みとして内面化され、人間の経験を特徴づけ作り変える。しかし、その枠組みから獲得された経験が、その教理ともとの聖書の語りとの関係についてより深い洞察を与え、聖書の新しい解釈を導く（Alister E. McGrath、*The Genesis of Doctrine*, William B. Eerdmans Publishing Company: Cambridge, 1997, pp. 58-59, 71-72. 本書の最初の版は１９９０年にBasil Blackwell Ltdから出版されている）。また、マクグラスは、聖書の物語の解釈では、「単純な歴史的問いが無視される傾向」にあり、作り話か歴史事実かという点をおろそかにしているとする。しかし、物語と歴史のどちらも異なる位相で物語の構造を持っており、この点が物語の解釈の課題だとしている（アリスター・E・マクグラス、『キリスト教神学入門』、神代真砂実訳、教文館、２００２年、２３７頁）。たとえば、この点について、ローズマリー・R・リューサーの主張が挙げられる。リューサーは、フェミニスト神学の立場からリンドベックを批判して、教理は男性の経験の視点のみから聖書を解釈して形成されたものだとする。そのため、少なくともリューサーの主張に基づくならば、リンドベックの教理理解では、女性の経験が排除された中で形成されている（Rosemary Radford Ruether, “The Liberation of Christology from Patriarchy”, In: Ann Loades(ed.), *Feminist Theory*, SPCK: London, 1990, pp.138-148.）。リンドベック自身は、神が彼か彼女かと呼ばれるかについては、「体験－表出型」のアプローチだとしている（ND: p.93、邦訳１７４頁）。

（293）David Tracy, *Blessed Rage for Order*, New York: Seabury Press, 1975. トレーシーについて、とくに、T. Howland Sanks S.J., “David Tracy’s Theological Project: An Overview and Some Implications,” In: *Theological studies*, Vol.54, Baltimore: Theological Studies, 1993, pp.698-727. およびGregory Baum, “Radical Pluralism and Liberation Theology”, In: Werner G. Jeanrond (Eds.), *Radical Pluralism and Truth*, Crossroad: New York, pp.3-17.を参考にした。

（294）Tracy, *Blessed Rage for Order*, p.32, 46, 53.

（295）Hans Küng, “Toward a New Consensus in Catholic (and Ecumenical) Theology”, In: Leonard Swidler(ed.), *Consensus in Theology?*, The Westminster Press: Philadelphia, 1980, pp.16-17. 本書にはリンドベックも寄稿しており、『キリスト者であること』等にてキュングが福音書の歴史批評的研究を行ってイエスの史的実像を探ろうとすることに対して、リンドベックは福音書の物語的読み方を支持した（George A. Lindbeck, “The Bible as Realistic Narrative”, In: Leonard Swidler(ed.), *Consensus in Theology?*, 1980, pp.84-85.）。すでにここに両者の立場の違いが示されている。

（２９６）David Tracy, *The Analogical Imagination*, New York: Crossroad, 1981, p.51, 68. Sanks, S.J. Ibid. pp.713-714.

（２９７）Tracy, *The Analogical Imagination*, p.134. David Tracy, “ The other of dialectic and Dialogue,” In: Ulrich Schmiedel (Eds.), *Dynamics of Difference: Christianity and Alterity*, London: Bloomsbury T&T Clark, 2015, pp.111, 113. David Tarcy, Religion im öffentlichen Bereich: Öffentliche Theologie, In: Ansgar Kreutzer (Hrsg.), Im Dialog, Systematische Theologie und Religionssoziologie, Herder: Freiburg, 2013, S.194-195, 200, 207.

（２９８）リンドベックとトレーシーの対比については、Richard Lints, „The Postpositivist Choice: Tracy or Lindbeck?, In: *Journal of the American Academy of Religion*, 1993, vol LXI, number 4, pp.655-677 も参照のこと。本論でもリンツの論考を参考にした。リンツは、論理実証主義の破綻が神学に与えた影響という視点から両者の立場を対比しており、パラダイム論についても言及している。トレーシーは、ポストモダン神学の代表とされ、客観的な知識を否定して、より広い公共性の中で批判的に読むことにより、聖書本文の解釈に正当性を求めようとする。一方で、リンドベックはポストリベラルの代表とされ、同様の否定のうえで、そのような批判的解釈ではなく、教会における聖書解釈に特権的地位を与え、聖書本文の語りのなか自体に、キリスト教徒と共同体にとって特別な自己意識と意味が存在しているとする。

（２９９）フィオレンツァによれば、キュングとスヒレベークス、トレーシーは、ともにティリッヒの相関の方法をカトリック神学にて受容・発展させた（Fransis S. Fiorenza, *Systematic Theology 1*, Fortpress: Minneapolis, 1991, pp.56-59.）。

（３００）キュングの宗教の「パラダイム論」を紹介している日本語の著作としてはつぎのものがある。高柳俊一、「最近の諸宗教の神学」、所収『上智大学キリスト教文化研究所　紀要１１』、上智大学、１９９２年、６３‐６５頁。また、書評ではあるが、同じく高柳の解説がある。高柳俊一、「ハンス・キュング著、『新しい出発点にある神学』」、『上智大学キリスト教文化研究所　紀要7』、上智大学、１９８８年、８３‐８５頁。また、宮沢秀幸、「ハンス・キュンクの『神学におけるパラダイム転換』」、所収：『立正大学哲学・心理学会紀要』第１７号、立正大学哲学・心理学会、１９９１年、８１‐９８頁。ほかには、アンナ・ルッジェリ、「宗教における『パラダイム』および『パラダイム転換』」、所収：『人間文化学研究集録』第１２号、大阪府立大学大学院人間文化学研究科、２００３年、９１‐１０９頁。また、アンナ・ルッジェリ、「ハンス・キュングの神学の紹介」、所収：『ＣＯＳＭＩＣＡ』第３６号、京都外国語大学、２００６年、２３-３７頁。

（３０１）TA: S.206.

（３０２）Ibid. S.203.

（３０３）Ibid. S.76-77.

（３０４）Ibid. S.78.

（３０５）Ibid. S.84-85.

（３０６）Ibid. S.77-78.

（３０７）キュングは、１９世紀末から２０世紀初頭のイエス伝研究を再現しようとはしていない。史的資料にはキリストに関する現在の知見を正す補正的役割があっても、イエスが誰であったのか史的に完全に明らかになることはない。イエスの生涯や心理的発展について史的に再構築することは、不可能かつ不必要なのである（CS: S.151-153, TA: S.139, 238.）。

（３０８）キュングによれば、その人格において福音であるナザレのイエスを証言するゆえに、歴史批評を経た聖書は、聖書成立後のキリスト教の伝統にとって「規範する規範」であり、かつ、ユダヤ-キリスト教の伝統の規範的性格は、福音に従うという意味で「規範される規範」の地位にとどまる（Ibid. S.151.）。

（３０９）TA: S.205-206.

（３１０）Idem. この「対決」という点を強調して、キュングはエドワード・スヒレベークスが、ナザレのイエスの福音を現代社会の経験に対して過度に調和的にしていると批判した（TA: S.151、およびHans Küng, “Toward a New Consensus in Catholic (and Ecumenical) Theology”, 1980, pp.16-17.）。

（３１１）グルーチーは、キュングが、すべての受洗者が教会の意志決定過程に参加する、民主的な新しい教会理解を提示したと評価しているが、これはある程度、近代民主主義によってもたらされたと指摘している（ジョン・W・グルーチー、『キリスト教と民主主義』、小林望訳、新教出版社、２０１０年、２７６-２７７頁）。

(312) TA: S.84-85.

(313) Ibid. S.138.

(314) Ibid. S.151.

(315) Ibid. S.218-219.

(316) Ibid. S.289-290.

(317) Ibid. S.288.

(318) Ibid. S.291-292.

(319) Ibid. S.292-294.

(320) Ibid. S.296-297.

(321) Ibid. S.294, 303. ただしキュングが他宗教の人間性の実現について本格的に論じるのは、第五章で扱う世界倫理からである。また、宗教の意義を論じる点で、キュングは、たんに啓蒙主義の人間性に宗教を従属させているとはいえない。Lambert の批判はこの点を見落としている（Byron C. Lambert, “Reflections on Hans Küng's Theology for the Third Millennium”, In: *Modern Age*, Intercollegiate Studies Institute: Wilmington,1990, pp.157-163.）。

(322) Ibid. S.298. 他宗教にもキリストという基準は用いられるが、間接的である。押し付けるためではなく、とりわけアブラハムの宗教に、キリスト教的と呼べる部分がどれほどあるのかと知るための基準である（Idem）。

(323) Ibid. S.303-304.

(324) Ibid. S.298-299, 305.

(325) Ibid. S.306.

(326) CW: S.621.

(327) CC: S.280-281（邦訳、２５３-２５４頁）。

(328) コロキウムの詳細は次の著作に詳しい。Hans Küng, Karl-Josef Kuschel (Hrsg.), Welt- frieden durch Religionsfrieden,

Piper: München, 1993.キュングはこのコロキウムで、「諸宗教の平和無くして世界平和無し。真理の狂信と真理の忘却の間のエキュメニカルな道」と題して講演した。クシェルのこの報告によれば、会議では人間性がヨーロッパ啓蒙主義の産物ではないか、キリスト教が模範宗教に考えられているのではないかという疑問が出た。しかし、人間性と宗教性は弁証法的な相互関係にあり、どの宗教にとっても人権が重要であるが、同時に世俗的なままの人権ではなく、対話を通して諸宗教の伝統によって人間性を基礎づけ、人々を人間らしさへと仕向けることが可能であると合意した（とくにIbid. S.209-210）。

（329）EM: S.445-447.

（330）PW: S.135. １９９０年以後も本スローガンにたびたび修正が加えられた。また、枢機卿カール・レーマン（Karl Lehmann）によっても推敲された。第一文が「グローバルな倫理なくして私たちの地球上に共生なし」となり、第二、三はキュングの第一、二を引き継ぎ、第四文は「基礎研究なくして諸宗教・諸文化の間に対話なし」と文化が付け加えられ、第五文は「信仰者と非信仰者の意識変化なくしてグローバルな倫理なし」である。このような本命題の変遷は、世界倫理がいまだ発展過程にあることを示しているだろう（Karl Lehmann, Die Notwendigkeit des interreligiösen Gesprächs und das Verhältnis von Kirche und Islam, In: CIBEDO-Beiträge 03/2007, CIBEDO: Frankfurt, S.8.）。

（331）たとえば、代表的な著作としてつぎのものがある。コックスは、宗教が都市社会の中で勢力を拡大していることを指摘した（H・コックス『世俗都市の宗教　ポストモダン神学へ向かって』、大島かおり訳、新教出版社、１９８６年）。また、カサノヴァは、宗教が公的役割を担っていることに注目して宗教の「脱私事化」を述べ、５つの事例を挙げた（ホセ・カサノヴァ、『近代世界の公共宗教』、津城寛文訳、玉川大学出版部、１９９７年）。

（332）たとえば、CS: S.18-19. EG: S.287-288.

（333）TA: S. 240-241. また、ポストモダンと宗教の関係についてキュングはTA:S.21-25でも簡単に述べている。

（334）ヘーリングによれば、世界倫理においてキュングは、下からのキリスト論の試みの延長として、下からの神学である世俗の言葉の神学を始めたのである（Hermann Häring, Hans Küng, Matthias-Grünewald: Mainz, 1998, S.341-342.）。

（335）寺田によれば、グローバル・エシックスの由来は、キュングの世界倫理である。寺田は、次のようにグローバル・エシックスを定義している。「さまざまな社会的相互作用が国民国家の枠を越えて地球規模で活性化した時代において、正義にかなった世界のあり方を規定すべき規範、及びその規範を明らかにしその根拠を批判的に問う哲学的探究」である。哲学的探究であるのは、このエシックスが、たんに現状に対立しない共通点を析出することが目的ではなく、「対話と思考とを重ねることを通じて規範が形成・創造されていく」営みとして構想されているからである（寺田俊郎、「グローバル・エシックスとは何か」、所収：寺田俊郎ほか編、『グローバル・エシックスを考える』、梓出版社、２００８年、１０、２３、２６頁）。

（336）シセラ・ボクによれば、世界の諸文化、諸宗教に共通の倫理を求める試みの初期の代表例は、次の四つである。一、１９９３年６月にウィーンで行われた国連による世界人権会議、二、１９９３年８月の世界倫理宣言、三、１９９３年秋の教皇ヨハネ・パウロ二世による回勅「真理の輝き」、四、１９９５年２月のグローバル・ガバナンス委員会による報告「私たちのグローバルな隣人」である。ただし、世界倫理は１９９０年の発表であるので、寺田の述べる通り発端であると言える（シセラ・ボク、『共通価値』、小野原雅夫監訳、宮川弘美訳、法政大学出版局、２００８年、３８頁）。また、キュングは、共通の価値が諸文化、諸宗教に普遍的に存在するという点でボクと考えが一致すると述べる（EM: S.484.）。寺田によれば、キュングを発端とするが、彼を離れて世界倫理の関連の重要な学会や著作として次のものがある。世界倫理宣言後１９９３年のコロンビア大学の学会「国連と世界の諸宗教：グローバル・エシックの可能性」、メルボルン大学の学会「環境正義：２１世紀のグローバル・エシックス」（１９９７年）、ピーター・シンガー『グローバリゼーションの倫理学』（２００２年）、Darren O'Byrne (eds.), *Global Ethics and Civil Society*, Florence: Routledge, 2005（寺田、前掲書、１４‐２０頁）。

（337）レオナード・スウィードラーは世界倫理宣言にてキュングと協力しているが、それとは別個に会議やインターネットを通して世界倫理を探求している。１９９４年には、カブが、「地球主義」を唱えて、地球環境の保護と宗教間対話を結びつけている。カブの特徴は経済学の観点から対話と環境を結びつけるところにある。たとえば次の書籍を参照のこと。Leonard Swidler, *The Study of Religion in an Age of Global Dialogue*, Temple University Press: Philadelphia, 2000, Chap.12, 13. John B. Cobb, Jr., *Sustaining the Common Good*, Pilgrim Press: Ohio, 1994. さらに、John B. Cobb Jr., *The Earthist Challenge to Economism*, Palgrave: New York, 1999. にて考えを発展させている。

(338) EW: S.51-55（邦訳、51-56頁）。

(339) この宗教会議は広い影響を与えたが、たとえば星川啓慈、「シカゴ万国宗教会議120年に思う」、仏教タイムス、2013年4月25日を参照のこと。

(340) シカゴ世界宗教会議HP「https://parliamentofreligions.org/」（2020年6月28日閲覧）。

(341) EW: S.56-61（邦訳、57-62頁）。また、EM: S.456-459.

(342) Ibid. S.26（邦訳、20頁）。ただし、以下の四方針を含めて翻訳は邦訳を参考にして藤本が行った。

(343) Ibid. S.29（邦訳、22頁）。

(344) Ibid. S.31（邦訳、25頁）。

(345) Ibid. S.35（邦訳、29頁）。

(346) Ibid. S.38（邦訳、33頁）。

(347) 同上の四方針それぞれの該当箇所のとおり。

(348) 2005年にキュングは、世界倫理をはじめとする対話と平和への貢献を理由に庭野平和賞を受賞している。庭野平和財団の受賞者ページ「https://www.npf.or.jp/peace_prize/22.html」（2021年1月26日閲覧）。

(349) 世界倫理財団HP「http://www.weltethos.org/」（2020年12月22日閲覧）。財団設立経緯のページ。「http://www.weltethos.org/geschichte/」（2020年12月22日閲覧）。

(350) インターアクション・カウンシルHPの宣言に関する報告。「https://www.interactioncouncil.org/index.php/publications/15th-annual-plenary-meeting」（2020年6月28日閲覧）。

および「https://www.interactioncouncil.org/our-work/meetings/high-level-expert-group-meetings/universal-declaration-human-responsibilities（２０２０年７月２７日閲覧）」宣言は「https://www.interactioncouncil.org/index.php/publications/universal-declaration-human-responsibilities」（２０２０年６月２８日閲覧）。宣言案の邦訳「http://interactioncouncil.org/sites/default/files/ja_udhr.pdf#search=%27「人間の責任に関する世界宣言・案」（２０２０年１２月２２日閲覧）。

宣言の起草と採択の経緯は、以下の論文に詳しい。兵藤長雄「我々は子供たちへの責任をはたしているか“人間の責任に関する世界宣言の試み」、所収：『現代法学』８号、現代法学会、東京経済大学、２００５年、１３７‐１６２頁。なお、この宣言案の邦訳は以下の書籍でも確認できる。また、この書籍は、新たに２０１４年３月にインターアクション・カウンシルが主催したウィーン宗教間対話の議論内容をまとめたものである。この会議には、世界倫理財団理事長のシュテファン・シェレンソグが参加して、世界諸宗教と諸哲学における共通倫理について講演し、世界倫理と先の宣言の意義を確認した（福田康夫ほか、『世界はなぜ争うのか』、渥美桂子訳、朝倉書店、２０１６年、３０‐３５、２５９‐２６９頁）。

（351）Hans Küng, Karl-Josef Kuschel (Hrsg.), Wissenschaft und Weltethos, Piper: München, 1998.

（352）キュングの演説原稿、„DIALOG DER KULTUREN“，Statement vor der Vollversammlung der Vereinten Nationen, 9. November 2001.「https://www.weltethos.org/1-pdf/20-aktivitaeten/deu/politik/un-statement-Kueng.pdf」（２０２０年６月２８日閲覧）。

（353）国連の該当文書のページ、„Global Agenda for Dialogue among Civilizations“，「https://undocs.org/en/A/RES/56/6」（２０２０年６月２８日閲覧）。

（354）Hans Küng, Klaus M. Leisinger, Josef Wieland, Manifest Globales Wirtschaftethos, DTV: München, 2010. 作成の経緯については、本書の序文と以下のグローバルコンパクトのリンクを参照した。「https://www.unglobalcompact.org/news/3071-10-06-2009」（２０２０年６月２８日閲覧）。

(355) Hans Küng, Handbuch Weltethos, Piper: München, 2012.

(356) PW: S.51-52. HW: S.20.

(357) PW: S.51-53. 宗教間対話とグローバルな社会的課題を結び付ける議論は、日本でも活発に行われた。たとえば、芦名によれば、平和や環境といった社会的正義の実現を目指す宗教間対話は、必然的に、他者との関わりを必要とする。なぜなら、同じ社会の中で共通の社会的倫理的課題に向き合っていることが、その課題の解決に向けて諸宗教の信仰者を対話へと促し、さらにそれら信仰者が、課題の解決を目指した合意形成のプロセスへと進むからである。そして、この他者との関わりの中で、諸宗教の信仰者は、自らの信仰について理解の変化を迫られるのである。また、社会的倫理的課題に諸宗教が責任を持って向かいあうことは、世界平和の実現に役立ち、そこに宗教間対話の意義がある（芦名定道、「宗教的多元性とキリスト教の再構築」、所収：星川啓慈ほか、『グローバル時代の宗教間対話』、大正大学出版会、2004年。139、146-148頁）。キュングの場合、対話を進める目的のためだけに社会的倫理的課題が持ち出されているのではない。第四章の議論によれば、そもそも信仰は経験的側面を重視して理解するものであるから、現代世界において信仰者が直面する人権思想や諸宗教との関りの中で自らの信仰理解を見直さなければならない。星川は、主に教理をテーマとしていた宗教間対話が、1990年ころから社会的正義の実現をテーマとして議論されるようになったことに対応して、公共哲学の視点を宗教間対話に導入しようとした（星川啓慈、「まえがき」、所収：星川啓慈、『現代世界と宗教の課題』、蒼天社出版、2005年、i-v-v頁）。さらに星川は次のように述べた。宗教間対話において重要であることは、諸宗教が、一、互いに寛容であり、二、専心的でありつつも諸宗教の相補性を認めて信仰を深めあい、三、「世界市民的な自己」意識をもつことである。世界市民的な自己とは、各々がローカルな立場にありつつ、グローバルな社会の一員であることを自覚して、世界の諸宗教の人々とともに世界的な公共世界の構築を目指すというものである（星川啓慈、『宗教と〈他〉なるもの』、春秋社、2011年、244-245頁）。なお山脇は、公共哲学の視点から、公共世界を成り立たせるものとして、基本的人権、その権利と公共の福祉のバランスを保たせる市民的徳性、そして、公共世界に参加する異質な他者に対する責任意識の三つを挙げている（山脇直司、『公共哲学とは何か』、ちくま新書、

２００４年、１４６－１５１頁）。また、宗教と公共性に関しては、以下も参照のこと。藤本龍二、『アメリカの公共宗教』、ＮＴＴ出版株式会社、２００９年、１７－３５頁。

（358）PW: S.49.

（359）Ibid. S.52-53.

（360）Idem.

（361）Ibid. S.149-151.

（362）EW: S.83-86（邦訳、９２－９４頁）、WWW: S.132-133.

（363）WWW: S.147. EW: S.68-69.（邦訳、７３－７４頁）、HW: S.33-34.

（364）村田充八、『社会的エートスと社会倫理』、阪南大学叢書７４、晃洋書房、２００５年、６－８頁。また、ヴェーバーによれば、人間の行為を直接支配するものは、利害関心のほかに、内的な理念によって作り出された世界像もある。世界像は、利害関心をも方向づける「転轍手」の役割を果たしてきたという（マックス・ヴェーバー、『宗教社会学論選』、大塚久雄ほか訳、みすず書房、１９７２年、５７－５８頁。大塚久雄、『社会科学の方法』、岩波新書、１９６６年、８９頁）。

（365）PW: S.56-57. WWW: S. 131-132.

（366）EW: S.65,68（邦訳、６９、７３頁）。加えて、諸宗教の人々は、世俗的な人々が、権利の側面では、宗教なしで倫理的であることを承認しなければならない。世俗的な人々は、宗教なしに、世俗的な理性に基づいて人権思想における「人間性」を実現しようとしているのである（PW: S.60-61.）。

（367）PW: S.61-62.

（368）WWW: S.193-194. また、類似のことをHW: S.64-65でも述べている。

（369）PW: S.84-85. WWW: S.140. WG: S.88-89.

（370）WWW: S.140.

（３７１）PW: S.89.
（３７２）世界宗教者平和会議ＨＰ「http://saas01.netcommons.net/wcrp/htdocs/bb21aje0a-17/#_17」（２０２０年６月２９日閲覧）。
（３７３）PW: S.116-117. また、キリスト教の例も取り上げられている（PW: S.91-96.）。
（３７４）Ibid. S.120.
（３７５）WWW: S.135.
（３７６）Ibid. S.137. HW: S.36.
（３７７）WWW: S.137.
（３７８）PW: S.154.
（３７９）Ibid. S.157-158. ２００７年にキュングは、三つのアブラハムの宗教における諸パラダイムを紹介し、旧いパラダイムへの固執とパラダイム間の敵対意識が世界の宗教的対立の原因だとしている。そして、宗教間の和解と平和を目指すならば、信者たちは批判的かつ自己批判的なパラダイム分析を行って、異なるパラダイムの間にも普遍的な倫理的義務を発見すべきだと訴える（ハンス・キュング「アブラハムを始祖とする三つの一神教—歴史的大変動と今日の挑戦」、所収：福田康夫ほか、『世界はなぜ争うのか』、渥美桂子訳、朝倉書店、２０１６年、１９７-２０８頁）。
（３８０）HW: S.34-35.
（３８１）PW: S.166.
（３８２）WWW: S.137. HW: S. 34-36.
（３８３）Idem.
（３８４）EW: S. 22（邦訳、１６頁）。PW: S.166. ピレカの批判によれば、世界理倫理は、無制約的な神の意志から導き出されているけれども、問題は、この与えられた神の意志の内容の複雑さと影響力を失っている点にある。すなわち、世界倫理は、諸宗教の教えを要約することによって、歴史の中で預言者によって啓示された神の意志の具体性を失っているのである。預言者という神の意志を代表し、その意志の教育的な見本となっているものを世界倫理は持たないのである（Kristýna Gallasová Pilecká, " Das Modell einer Friedlichen Weltordnung aus der Sicht des Theologen Hans Küng(Projekt Weltethos) und der Bahai Religion(Glaube)" , In: Communio viatorum, Vol.55, 2013, S.185-186.）。しかしながら、本論で示したように、世界倫理は、預言者から離れておらず、その預言者の教えの伝統を自己批判に再解釈しながら、自己の内部に普遍的な倫理的一致を発見するのである。

（385）PW: S.134.

（386）Idem. この箇所でキュングはカブの名を挙げているので、「創造的な変化」と「自己変革」としての対話という考えはカブの影響を受けていると言える。また、カブによれば、「他者が自覚・実現した異質の諸真理を自己自身の中へと摂取する意義において、普遍的信仰になること」が、諸宗教が並立する状況におけるキリスト教の宣教方法である（ジョン・B・カブ・ジュニア、『対話を超えて：キリスト教と仏教の相互変革の展望』、延原時行訳、行路社、1985年、251-252頁、原著、pp.142-143.）。またキュングは、人権思想は西欧化の押しつけではないかという点に関連して、2001年に次のように説明している。諸宗教・諸文化の倫理規範には、否定的な要素と肯定的な要素が歴史的に含まれており、諸宗教・諸文化に属する人々は、対話と自己批判を通して、それらの要素を明らかにし、伝統的に受け継がれてきた自らの倫理規範を改めていくのである。対話によって他の宗教・文化から持ち込まれた要素は、自らの倫理規範に新しい変化をもたらすと同時に、自らの伝統的な倫理規範のなかで再検討され新しい基礎と理解が与えられる。キュングによれば、世界倫理における人間性と人権思想の擁護は、たしかに非西欧の諸宗教・諸文化にとって西欧化の側面があり、それらにとって西欧化は避けられないことである。しかしながら、その西欧化は一方的なものではなく、諸宗教・諸文化の間に相互的な変化を引き起こすものである。人権思想は西欧的なものであっても、それは諸宗教・諸文化の伝統的な倫理規範に人間性をめぐって新たな変化を起こし、さらに非西欧的な伝統の中で新たに見いだされた人間性に関する倫理的見解は西欧的な伝統にも持ち込まれるのである。この意味で、世界倫理の追求は、一方的な西欧化ではなく、人間性をめぐる対話を通した相互的な変化の過程を意味するのである（Hans Küng, Globale Religion oder globales Ethos? Überlegungen zur Globalisierungs-problematik aus theologischer Sicht, In: D. Ruloff (Hrsg.), Religion und Politik, Chur: Zürich 2001, S.169-170.）。

（387）「創造的な変化の道」という対話を通した相互的な変化を強調するキュングの構想を踏まえるならば、次のような批判は適切ではない。ウルリッヒ・ベックによれば、世界倫理とは、共通の倫理という言葉のもとに、キリスト教の神理解のもとで作られた特殊な倫理を世界の諸宗教に押し付ける普遍主義であり、諸宗教の個別性を過小評価している（ウルリッヒ・ベック、『私だけの神』、鈴木直訳、岩波書店、２０１１年、２３７-２３８頁、Ulrich Beck, Der eigene Gott, Weltreligionen Verlag der Weltreligionen: Frankfurt, 2008, S.201-202.）。また、ミュレーン・ユンカー＝ケニーによれば、キュングは実践的目的と合理的な思考でもって普遍的な倫理を探求して諸宗教の違いや教義的な問題を後回しにしているが、そのような方法は信仰者の思考や信仰の深みを捉え損ねており、信仰者の世界倫理への宗教的な動機付けを失わせていると批判する。そして、個々の差異や教義を後回しにしない信仰の深みを辿る思考であってこそ他宗教との根本的な調和が可能だと述べる（Mureen Junker-Kenny, *Religion and Public Reason*, Walter de Gruyter GmbH: Berlin, 2014, pp.271-272.）。深谷は次のような批判をしている。世界倫理は、諸宗教が持つ固有の倫理全体から切り出された最小共通部分であるため、ある宗教の倫理規範内部で与えられるはずの倫理的説明や動機づけが失われている。そのため、諸宗教に属する人々は、具体的な個別の問題について自らの立場から責任を持って判断することができないのである（深谷潤、「H・キュングの『世界倫理（Weltethos）』における構造的課題」、所収：『西南学院大学人間科学論集』第１２巻第１号、西南学院大学学術研究所、２０１６年、４７-６６頁、とりわけ結論の６０-６１頁）。さらにケイト・マッカーシーは、世界倫理について二つの問題点を指摘する。一つは、自らの宗教を特権的に語らないことによって、自らが生きている世俗的な文化や自らの宗教文化に対する反省を失い、かえってそれらを押し付ける恐れがあること、二つは、倫理を一般的に語ることによって具体性をなくし、「人間性」が空虚で無意味になっており、かえって権力のある立場からの主張に無批判になる恐れがあることである（Kate McCarthy, “ Reckoning with Religious Difference” , In: Summer

B. Twiss(eds.) *Explorations in Global Ethics*, Westview Press: Boulder, 1998, p.106.）。キュングの主張に対して、モン・イーレンは、カブを参照しながら、真理の基準である人間性が、啓蒙主義的な人間性を超えていないと指摘する（Ambrose Mong Ih-Ren, “Hans Küng's Humanum and the Quest for the True Religion”, 2010, p.28-29.）。ただし、カブはキュングの人間性への注目を批判的に発展させている。カブによれば、キュングの人間性は、自然と共同体から切り離された啓蒙主義由来の個人主義的な理解に留まっている。この個人主義的な理解のもとで近代経済が発展した結果、自然環境と各地域文化の共同体が破壊されてきたのである。それゆえカブは、「他の生命とともにあり、他の共同体と相互関係にある共同体の中にある人格」という人間をめぐる理解を提唱する。この人格として人間が理解されるならば、追加的でない形で人間と同等の地位を生物圏が占める。その上、西欧にも世界のそれ以外の地域の伝統にも容易に受け入れられるという（John B. Cobb jr., *Transforming Christianity and the World*, 1999, p176- 178.）。ほかには以下の文献があり、同様の指摘がなされている。Martin Robra, “Affirming the Role of Global Movements for Global Ethics”, In: *The Ecumenical Review*, Vol. 52, World Council of Churches: Geneva, 2000, pp.471-478. Marianne Moyaert, “Ricœur on the (im) Possibility of a Global Ethic: Towards an Ethic of Fragile Interreligious Compromise”, In: *Neue Zeitschrift für Systematische Theologie und Religions- philosophie*, Nr.52, Christoph Schwöbel(Hrsg.), Walter De Gruyter: Berlin, 2010, S.440-461.

（388）PW: S.155. パラダイム論を用いた宗教史研究をキュングが具体的に行ったのが、DJ, DC, DI の三冊である。

（389）PW: S.141, 158-159. キュングは、諸宗教の歴史研究にパラダイム論を応用する際、ミルチャ・エリアーデやティリッヒ、キャントウェル・スミスを援用してパラダイム論を発展させ、宗教史や、諸宗教のなかで理解されてきた人間性の歴史的様相について理論的に考えを深めている。とくにティリッヒの「動的類型論」と既に言及した宗教史の神学、スミスの諸宗教を人間性の異なる道とする視点に着目している（PW: S.151-156, 159 にて三者に言及している）。

（390）PW: S.61-62. WWW: S. 143-146. したがって世界倫理における倫理的義務は、法律に規定されるされないにかかわらず人間が担うべき普遍的な倫理的義務である。キュングによれば、哲学的にも、倫理的義務の無条件性を基礎づけることは困難である。哲学的な試みは、過度な一般化や、功利的なプラグマティズム、抽象的なコミュニケーションを超えておらず、最後には超越的原理に頼らざるを得ないのである（PW: S.64-65.）。

（３９１）PW: S.77, 116. WWW: S.194.

（３９２）PW: S.86-87. WWW: S.195-196, 206.

（３９３）PW: S.121.

（３９４）Hans Küng, Globale Religion oder globales Ethos? Überlegungen zur Globali- sierungsproblematik aus theologischer Sicht, 2001, S. 165-166.

（３９５）WWW: S.196. また、藤本龍児によれば、宗教のような文化的資源のなかには、その宗教が属する社会における「現在の共同性」を超えるような、〈世俗外的参照枠〉が内包されており、個々の信仰者はそこから、既存の社会秩序の支配観念に収まらない価値観や精神性をインスパイアされ、現状を変革する意思を与えられる（藤本龍児、『アメリカの公共宗教』、ＮＴＴ出版株式会社、２００９年、２２４‐２２５頁）。

（３９６）Paul F. Knitter, *Introducing Theologies of Religions*, Orbis Books: New York, 2002, pp.217-219.

（３９７）１９８７年にニッターは、解放の神学と宗教間対話を結び付け、人間が苦しみから解放されることを目指した対話の構想を発表した。貧困や抑圧という共通の課題に対する実践的協力を通して諸宗教は、人間の解放を実現するかどうかという点を倫理的基準にして相互批判的に対話を進める。またキリスト教においては、その解放の実現は、イエス・キリストが述べ伝えた神の国の実現のために働くことを意味する。この構想をニッターは救済中心主義と特徴づけた。また、１９９５年の著作でニッターは、人間の解放に加えて環境を取り上げた。環境に対する関心の高まりから、人間のためだけでなく、「環境と人間のための正義と幸福」を実現するというより広い解放の理解を提示した（Knitter, “Toward a Liberation Theology of Religions”, 1987, pp.186-187、邦訳、３６４‐３６５頁、Knitter, *One Earth Many Religions*, 1995, p.15, 124-127.）。

（３９８）Ibid. p.219, 232.

（３９９）Ibid. p.220, 234.

（４００）デュプイについて以下を参照した。阿部仲麻呂、「ジャック・デュプイによる諸宗教対話の基本的な方向性について」、所収：『清泉女子大学キリスト教文化研究所年報』、第２６巻、２０１８年、１－２３頁。

（４０１）Jacques Dupuis, *Christianity and the Religions, from Confrontation to Dialogue*, Orbis Books: Maryknoll, New York, 2001. 邦訳、阿部仲麻呂監修、ジャック・デュプイ、『キリスト教と諸宗教　対決から対話へ』、教友社、２０１８年。

（４０２）前掲書、１８５頁。４５４頁では、「確固とした土台に根差した宗教多元主義」とも表現している。

（４０３）前掲書、２２２、４０７、４５６－４５７頁。

（４０４）前掲書、３４７－３４８、４５２－４５３、４５８頁。

（４０５）前掲書、３５３－３６４、３８３－３８６頁。

（４０６）三つの水系については、第六章を参照のこと。

（４０７）ジョン・ロールズ、『正義論』改訂版、川本隆史ほか訳、紀伊国屋書店、２０１０年、８４頁。（John Rawls, *A Theory of Justice*, The Belknap Press of Harvard University Press: Cambridge, 1971, pp.60-61.）。一般的に、第二原理では、公正な機会の均等と格差の是正が重視される。

（４０８）マイケル・サンデル、『リベラリズムと正義の限界』、菊池理夫訳、勁草書房、２００９年、１５０－１５１頁（Michael J. Sandel, *Liberalism and the Limits of Justice*, Second Edition, Cambridge University Press: Cambridge, 1998, pp.131-132.）。

（４０９）マイケル・ウォルツァー、山口晃訳、『正義の領分』、而立書房、１９９９年、２５－３０、４０－４１頁（Michael Walzer, Spheres of Justice, Basic Books: New York, 1983.）。

（４１０）宇野重規、「ロールズにおける善と正義」、所収：大瀧雅之ほか編、『社会科学における善と正義』、東京大学出版会、２０１５年、２８－２９頁。渡辺幹雄、『ロールズ正義論の行方』、春秋社、１９９８年、１３６－１３９頁。渡辺によれば、「重なり合う合意」は、人々が道徳を共有していることを前提とする。すなわち、リベラル・デモクラシーの伝統を共有する人々にとって、宗教や文化などといった道徳の由来は問わないが、理性的な道徳を所有していることは当然のことであり、重なり合う合意は、この道徳に依拠する故に、安定的なものである。

（411）John Rawls, *Political Liberalism*, expanded ed., 1993, pp.133-134, 164.

（412）宗教の公共性を論じる代表的人物であるR・ベラーもA・エチオーニも、コミュニタリアンの代表的人物でもある（アミタイ・エチオーニ、『新しい黄金律』、永安幸正監訳、麗沢大学出版会、平成１３年、訳者解説４６２‐４６３頁。原著は、Amitai Etzioni, *The New Golden Rule*, Basic Books: New York, 1997.）。

（413）キュングは、「重なり合う合意」の言葉を、すでに１９９０年の『世界倫理計画』にて持ち出しているが、合意のための歴史的状況の考慮が重要だと指摘している（PW: S.49.）。しかし簡単な言及に留まる。その脚注では、『正義論』が参照してあり、正義の二原理を簡単に説明している。さらに、WWWでは、「重なり合う合意」に言及しないものの、ロールズにおいて抽象的な人間によって正義の二原理について合意がなされ、具体的な状況が度外視されている点を批判する。ところが、ロールズが原初状態について考えを改めたことに対して言及がない（WWW: S.136.）。HWのS.52以下でもロールズに触れて、同様に正義の二原理を評価するが、抽象的な合意を批判する。以上のようにキュングはロールズにたびたび言及しながら、倫理の核となる要素、または最小限の要素について合意を目指す。そのような合意とは何かについて、本章では、主にロールズの重なり合う合意という観点から検討を行っている。

（414）WWW: S.137.

（415）「厚い」倫理と「薄い」倫理は、本来、どちらも「道徳morality」である。しかし、本研究では、「倫理」として統一的に訳す。理由は以下の通りである。ウォルツァーの意味において、薄い道徳は、諸文化に普遍的な倫理である。そしてこの薄い道徳は、諸文化に固有の厚い道徳に埋め込まれている。どちらも「道徳」であるが、普遍的な倫理という意味が含まれている。世界倫理の人間性は、普遍的な倫理的基準であると同時に、その人間性は固有の倫理の一部でもある。倫理という言葉に、各宗教文化に固有の道徳という意味も含まれている。それゆえ、ウォルツァーとキュングにおいて、道徳と倫理の意味は類似している。そこで、本書では混乱を防ぐために、倫理で統一した。

（416）マイケル・ウォルツァー、『道徳の厚みと広がり』、芦川晋ほか訳、風行社、２００４年（Michael Walzer, *Thick and Thin*,

University of Notre Dame Press: Notre Dame, 1994.)。

(417) 前掲書、20-23頁。

(418) 同上。

(419) 前掲書、142-143頁。

(420) 前掲書、10頁。リチャード・ベラミー（Richard Bellamy）によれば、ウォルツァーは、「薄い」倫理を見かけのものとして「厚い」倫理の中に解消し、民主的価値もまた、個別的にのみ理解している。しかしベラミーは、ウォルツァーのような民主主義の全面的な個別性を否定する。そして、諸文化において、民主的価値の「合理的根拠と目的は、所与のコンテクストにおいて普遍的立場を公平に斟酌したり適用したりする中に存在している」と述べる。それゆえ、ウォルツァーが訴える文化の個別性の尊重は、個別性を強調して普遍的な価値を否定することでは達成されない。むしろ重要なのは、民主的価値の普遍性と各文化における差異を明らかにすることである。民主的な政治における対立を、「文化という領域間の曖昧な空間に押し込める」ことはできないのである（リチャード・ベラミー、「コミュニティにおける正義」、岡田憲治訳、所収：飯島省藏、佐藤正志訳、『社会正義論の系譜』、ナカニシヤ出版、2002年、240-242頁）。

(421) WWW: S.137. HW: S.35-36. 自伝の中でキュングは世界倫理の構想にあたり影響を受けた人々を記している。キュングが短く述べるところでは、真理や公正という価値がプラハの春や天安門事件のような具体的な文脈で具体的に示されることをウォルツァーが指摘したことによって、共通の価値を土台にして世界の平和のために人々の対話と協働を推進することができるという考えが強められた（EM: S.483.）。

(422) すでに第五章で論じたが、たとえばWWW: S.138.

(423) John Rawls, *Political Liberalism, expanded ed.*, 1993, pp.213, 223-227. また、ジョン・ロールズ、中山竜一訳、『万民の法』、岩波書店、2006年、76、193-194、217-223頁（John Rawls, The Law of Peoples, Harvard University Press: Massachusetts, 1999, pp.55, 131-132, 149-153.）。

（４２４）シャンタル・ムフ、『政治的なるものの再興』、千葉真訳、日本経済評論社、１９９８年、１０５‐１０６、１３９、２８３‐２８５頁。

（４２５）前掲書、２８８頁。丸括弧は藤本の挿入。

（４２６）前掲書、３０３頁。

（４２７）この態度は、「上から from above」だと非難される。リーによれば、キュングの目は、第一に政府や企業、メディア、国際外交などに向けられており、権威や権力をもつ人びとが、地方の活動家や市井の人々の活動よりも、聴衆に選ばれているという。この方法はアカデミックな議論に留まりがちだが、リーは、抽象的な倫理的議論だけでなく、市井の人々の具体的な倫理的問題や社会構造的な不公正の問題などを取り上げることがグローバルな倫理の発展にとって重要だと指摘している（Hakjoon Lee, “Toward the Great World House: Hans Küng and Martin Luther King Jr. on Global Ethics”, In: *Journal of the Society of Christian Ethics*, vol. 29, Philosophy Documentation Center: Virginia, 2009, pp.100-103.）。また、クリュスマンスキーによれば、キュングの世界倫理は、マス文化を視野に入れていないエリート倫理である（Hans-Jürgen Krysmanski, “Elite Ethics: Hans Küng's Normative Globalism in a Changing World”, In: *International Journal of Politics Culture and Society*, Vol. 13, Springer: Berlin, 1999, p.101-102.）。さらにニッターによれば、世界倫理をめぐる議論においてキュングら推進者は、欧米やヨーロッパ中心的といった政治的社会的な権力構造に十分注意を払っていない。世界倫理に賛同しない人々は容易に原理主義的等のレッテルで排除されてしまう。それに対してニッターは、「苦しみ」のもとにある人々の意見が優先的に取り上げられるべきであり、アカデミックな議論に留まらず、「苦しみ」の背景にある政治経済的、文化的な具体的な問題に実践的に取り組む必要があると指摘する（Knitter, “Pitfalls and Promises for A Global Ethics”, In: *Buddhist-Christian Studies*, Vol.15, University of Hawaii Press: Honolulu, 1995, pp.224-228.）。

（４２８）レームによれば、世界倫理の構想においてキュングは、現代の倫理的多様性を十分に捉えきれていないのである。
Johannes Rehm, Weltethos- Ethik- Werte in den Religionen, In: Peter Schreiner(Hg.), *Handbuch Interreligiöses Lernen*,

Gütersloher Verlagshaus: Gütersloh, 2005, S.212.）。

（429）EW: S.67, 80-81（邦訳、７１、８８-８９頁）。

（430）Ibid. S.80, 83-85（邦訳、８８、９２-９３頁）。

（431）クシェルの報告によれば、会議中には、キリスト教原理主義と福音主義の団体は宣言に協力せず、イスラム教とユダヤ教の対立に関係してユダヤ教団体が支持を撤回した。また、カシミール問題をめぐって騒動があった。男女平等に関しても、西洋的であるとの批判が提出された。ところが、圧倒的多数によって宣言が支持されたために、会議の意義が傷つけられることはなかったと総括されている（EW: S.110-113、邦訳、１２２-１２６頁）。マーティン・フォワードは、世界倫理宣言がナイーブで楽観的だと批判している（Martin Forward“ A Global Ethic“ In: *Dialogue & Alliance*, Vol. 19, 2006, pp.46.）。また、サリー・キングは、世界倫理が誰によって合意されるものなのかという点を議論している。世界倫理では核となる共通の倫理を諸宗教が共有しているとされるが、その世界倫理と異なる倫理を持つグループの人々は、非倫理的というレッテルを貼られたり、その批判を避けるために自らの倫理的主張を取り下げるよう無理強いされたりする可能性がある。それというのも世界倫理は、主流派のリベラルな人々によって議論が先導されているからであり、原理主義やキリスト教の福音派のような保守的な立場の人々は議論から排除される傾向にある。世界倫理は、諸宗教の主流派のリベラルな人々による合意の産物であって、保守的な人々とは共通の合意を獲得することが困難になっているのである。さらにキングは、諸宗教間のリベラルな人々の間よりも、リベラル派と保守派の間において倫理をめぐる合意を得る方が難しいことを指摘している（Sallie King, „A Global Ethic in the Light of Comparative Religious Ethics“ , In: Sumner B. Twiss(Eds.), *Explorations in Global Ethics*, Westview Press: Colorad, 1998, pp.129-130.）。

（432）川村はこの可能性を指摘している（川村覚文、「宗教は他者を排除するのか？」、所収：小林正弥監修、『本願寺白熱教室』、宝蔵館、２０１５年、１４０-１４１頁）。川村によれば、宗教の公共的な役割とは、一つの原理を絶対的なものとして排他的に押し広めたり、根源的な原理のもとで多様さを包摂する全体的な調和を説いたりすることではない。むしろ、ヘゲモニーを形成している集団によって隠蔽されている他者の声を聞き、それを社会へと持ち込むことで、対立や敵対が存在していることを広く知らしめることだと述べている（前掲書、１４８‐１４９頁）。そして、そうでなければ、次のように他者の声を聴くことは困難である。すなわち、宗教が公共の役割を担おうとするならば、宗教的原理を背景にして、それ自身がヘゲモニーとなるか、もしくはグローバルな公共圏の補完的役割を果たして、現在の統治体制に基づく社会に不満を持つ人々が、「公共的秩序を脅かす存在にならないようにガス抜きをする」役割を担うだけになる。この両方の場合において、排除されている他者の多様な声を聴くことは困難である（川村覚文、「國体・主権・公共圏」、所収・磯前順一ほか編、『他者論的転回』、ナカニシヤ出版、２０１６年、３８２‐３８３頁）。同様に寺田は、正義についての共通理解を探求するよりも、不正義の状況に応答することから始めるべきだと述べている（寺田俊郎、「グローバル・エシックスとは何か」、２００８年、２７頁）。

（４３３）キュングが評価するところによれば、ハーバーマスは、討議によって民主主義社会における倫理規範を根拠づけ、人々に態度づけることの限界を認めており、そのために宗教の意義を再検討している。そして、本来宗教はフランクフルト学派にとって社会的な重要性を持たないものの、ハーバーマス自身にとってはますます大きな意味を持つようになっている（HW: S.52-53.）。またキュングは世界倫理を発表した初期から、討議倫理等の哲学的な方法による倫理的義務付けの有効性を批判して、「無制約的なもの」を重視する世界倫理の意義を訴えている（PW: S.64-66.）。ところで本論では、ロールズとハーバーマスの理論に頼りながら世界倫理の分析を行っているが、キュングは両者についてたびたび言及していても、詳しく論じることもなければ両者を深く比較してもいない。しかし全体として見れば、世界倫理においてキュングは、「重なり合う合意」というロールズの考えに依拠しながら、その合意を目指す倫理的動機付けに宗教が必要という点と合意のための「人間性」への翻訳という点でハーバーマスの議論を利用している。この見取り図のもとで本論では両者の主張を検討している。

（４３４）ユルゲン・ハーバーマス、『自然主義と宗教の間』、庄司信訳、法政大学出版局、２０１４年、１１９‐１２０頁（Jürgen Habermas, Zwischen Naturalismus und Religion, Suhrkamp: Frankfurt am Main, 2005, S.106-107.）。

（４３５）前掲書、１２３‐１２４、１６６頁、原著、S.109-110, 152. また、ユルゲン・ハーバーマスほか、『公共圏に挑戦する宗教』、箱田徹ほか訳、岩波書店、2014年、136-138頁。

(436) ユルゲン・ハーバーマス、『ああ、ヨーロッパ』、三島憲一ほか訳、岩波書店、2010年、128-129頁。ハーバーマス、『自然主義と宗教の間』、2014年、149-150頁、原著、S.135-136.

(437) 同上。

(438) ユルゲン・ハーバーマス、『コミュニケイション的行為の理論（上）』、河上倫逸ほか訳、1985年、42-44頁。

(439) 前掲書、44-45頁。

(440) ハーバーマス、『自然主義と宗教の間』、2014年、150-151頁、原著、S.136-137.

(441) 前掲書、158-160頁、原著、S.144-146.

(442) さらに、ハーバーマスは、民主主義の討議過程を二層に分けることによって、宗教的発言を広く討議過程に引き込もうとする。一層目は、立法府や政党、裁判所などの制度化された公的な意思決定過程であり、二層目は、非公式な市民の政治的公共圏である。二層目では、市民による自由な議論が行われる。宗教的発言も、そのまま翻訳なしに述べることが許容される。そして、その自由な議論での訴えを通じて、上層である公的な政治議論に以前なら載らなかった新しい課題が、公的な政治過程にて取り上げられるようになる。ただし、公的な議論過程には、発言の仕方に制限がある。その制限が、翻訳「条件」である。公的な意思決定過程では、「翻訳」というフィルターが必要なのである。ハーバーマスは、議論過程を二層に分け、さらに翻訳という「条件」を付けることを通して、宗教的な発言を広く討議に引き入れようとすると同時に、宗教的に中立であるという民主主義の原理を維持しようとするのである（前掲書、151頁、原著、S.137,『ああ、ヨーロッパ』、128頁）。

(443) 信頼の議論と世界倫理の関係については以下の文献も参照のこと。ただし、この文献では諸宗教の対話に関心が置かれ、世俗的な立場と世界倫理の関わりには注意が払われていない（Jakub Urbaniak,“ Freed by trust, to believe together: Pursuing global ecumenism with Küng and Tracy”, In: *Theological Studies* Vol.70, HTS Teologiese Studies: Johannesburg, 2014, pp.1-9.）。

(444) ユルゲン・ハーバーマス、ヨーゼフ・ラッツィンガー、『ポスト世俗化時代の哲学と宗教』、三島憲一訳、岩波書店、2007年、42-46頁。本書における三島の解説も参照のこと。教皇ベネディクト十六世のレーゲンスブルク大学での講演も参照のこと（「https://www.cbcj.catholic.jp/2006/09/12/3035/ 2020年12月22日閲覧）。ユルゲン・ハーバーマスほか、『公共圏に挑戦する宗教』、2014年、31、186頁。寺田は、世界倫理の構想において宗教だけが倫理の究極的基礎と根拠を与えるとキュングが考えていると見なし、批判している。すなわち、その考えのもとで世界倫理は、それを支持する者が信仰者に限定され、グローバルな倫理とはなりえないからである（寺田俊郎、「グローバル・エシックスとは何か」、2008年、24-25頁）。

(445) 原科によれば、ある言葉が翻訳可能であるといえるのは、二つの世界観の間において、一方の世界観におけるある語が、他方の世界観においても同じような働きをしていることが確認できる場合である。ある語の意味は、その語とその意味内容の関係だけでなく、その関係を成立せしめている、その語がおかれている他の語との連関全体の布置状況によって定まっている。すなわち、その語が属する言語の全体が関わるため、世界観が問題となる。この両者の世界観におけるある語の働きが同値であるかどうかが問われるのである。しかしその同値には、二つの世界観が生じる生活世界が類似していることが前提となる。生活世界の類似を前提として、世界観が類似し、そこで用いられる言葉も翻訳可能になるのである。この点で、リベラルな政治文化は、そのような文化をもたらす生活様式を持つ近代的生活を背景に持つことが必要である。ところが、この一様な生活様式を背景とする翻訳は、社会の多元的な状況を踏まえれば、再検討の余地がある（原科達也、「世界像間の翻訳可能性の問題」、所収：『現代社会学理論研究』、日本社会学理論学会、2011年、120-132頁）。

(446) たとえば1991年にキュングは、イスラム教、ユダヤ教の代表者と鼎談を行った。この鼎談において、パレスチナ問題をめぐって解決のための具体的な意見の一致が見出されることはなかったが、キュングは以下のように述べた。ユダヤ教とイスラム教の過去の対立の出来事についての話を互いに繰り返すだけでは、対話を通した相互理解は進まない。どの宗教も罪の歴史を持っていると認めたうえで、和解のための対話を求めた。そして、他の対談者が対話の重要性を理解しながらも現状を踏まえてその有効性に悲観的であることに対して、対話が始まったばかりであり、キリスト教とユダヤ教の関係を例に、もし続けられるなら相互理解の希望があるとした（„Da steht eine massive Trennenwand“, Spiegel, Nr.9/45, 1991, S.188-201, とくに後半の S.198-201.）。

（447）CC: S.12-14（邦訳、序ｘｉｉ－ｘｖ頁）。

（448）キュングは、宗教の三水系の分類を世界倫理にてより重視するようになった。キュングは、１９９３年の段階において、世界倫理の図解について図２のみを提示していた。そして、１９９４年には、キリスト教の内在的視点からの図１を追加した。図１では、アブラハムの宗教と他の水系の宗教が別のレベルにある（参考資料の図解を参照のこと）。

（449）PW: S.77-78.

（450）DC: S.54-57, 59, 67.

（451）たとえば、PW: S.77-78, 86-87. 黄金律に着目するように、キュングは、根拠が異なっていても諸宗教が人間を倫理的に人間らしく方向付け動機づけると一貫して考えている。また、実際に世界倫理宣言等を通してキュングは自分の考えに諸宗教の信仰者から賛同を得たのである。

（452）第五章ですでに詳しく論じたが、巻末の参考資料の図解１、２も参照のこと。

（453）PW: S.107, 164. 真理に無関心な相対主義である多元主義は、どの宗教も同様に正しいとすることに加えて、社会に対する無関心さや、消費主義、快楽主義な生き方を含んでいるという（WWW: S.187.）。また、TA: S.285.

（454）CC: S.304-305（邦訳、２７６－２７７頁）。

（455）ヘンペルマンによれば、キュングは、諸宗教の真理を対立しないというレベルにまで還元して、それを諸宗教の信仰者に押し付けているだけで、結局のところ不寛容な主張をしている（Heinzpeter Hempelmann, „Intolerante Toleranz. Hans Küngs „Projekt Weltethos“ als Prokrustesbett religiöser Geltungsansprüche,“ In: Theologische Beiträge, Nr.33., Theologischer Verlag Rolf Brockhaus: Wuppertal, 2002, S. 13, 21.）。この批判はキュングの政治学的な議論を十分検討していないが、キュングの発言の一部はこのような批判を招く一因になるだろう。

（456）シセラ・ボク、『共通価値』、2008年、42-45頁。ボクは、あらゆる社会で受け入れられる基本的価値であるミニマリズム的価値と、それ以上の内容を含むマクシマリズム的な価値を区別している。そして、キュングは前者を世界倫理宣言で述べようとしたが、結果としては両方を混合して宣言してしまっていると指摘している（同上）。

（457）藤原は、対話の入り口をめぐって次のように述べている。すなわち、平和を目的とする宗教間対話では、平和のために対話することに価値を置いて積極的に発言することが最低限の共有価値とされている。そして、新たに宗教者を対話に誘う場合、すべての宗教者を誘うのか、一部の者のみを選択して選ぶのかが問題になる。すなわち、非倫理的・反社会的などの理由で、平和のための対話の相手としてふさわしくないとして選ばれない者が出てくる。しかし、対話の主催者によってそのように見なされる信仰者が非倫理的・反社会的とされる態度を取る理由は、必ずしもその者自身にはない。社会的・政治的構造に原因がある場合があるからである。そのため、平和を目的とする対話の入り口は、構造的な排除という課題を抱えているのである（藤原聖子、「空転する対話のメタファー」、所収：『宗教研究』329号、日本宗教学会、2001年、132-133頁）。山梨は、宗教間対話が、他宗教を自らと同等の存在と認められることができる寛容な態度を持つことが対話に参加する前提条件となり、その態度を持たない者は排除されていると指摘する（山梨有希子、「転機にある宗教間対話」、所収：星川啓慈ほか、『現代世界と宗教の課題』、蒼天社出版、2005年、61-62頁）。

（458）小原は、諸宗教との対話を求める態度は、それを望まない排外的態度よりも優越しているのではないとする。そして、現代社会において対話を望まない宗教・宗派を排除するのではなく、それらの申し立てを承認してコミュニケーションをとる方法を探ることが必要だとしている（小原克博、「宗教多元主義モデルに対する批判的考察」、所収：『基督教研究』69巻2号、基督教研究会、2007年、25-26頁）。また、星川は、諸宗教との対話を望まない信仰のあり方について、排他的とするのではなく、自らの信仰に忠実な「専心」的な態度として積極的に評価することが可能だと述べる（星川啓慈、「新しい宗教間対話のための対話倫理」、所収：星川啓慈ほか、『現代世界と宗教の課題』、蒼天社出版、2005年、130-131頁）。「専心」の言葉は、梅津が、対話に積極的なリベラルな立場から否定的にみられる「排他」

の言い換えとして提案したものである。そして、専心的な態度を容認する宗教多元的状況がふさわしいとし、宗教間の倫理こそがもとめられるのだとした。すなわち、教理の一致を第一にして諸宗教の関係を考えるのではなく、諸宗教の独立性を保ったまま、平和裏に共存するための行動規範の探求が必要だとした（梅津光弘、「倫理学的に見た宗教多元主義」、所収：間瀬啓允ほか、『宗教多元主義の探求』、大明堂、平成7年、１１１‐１１３頁）。

（４５９）たとえば、エホバの証人は、宗教間対話に積極的ではない。ＨＰによれば、聖書を参照して、平和は重要であるが、宗教間対話が否定されていると述べる（エホバの証ＨＰ、宗教間対話をめぐる２０１４年の記事。「https://wol.jw.org/ja/wol/d/r7/lp-j/2014165」２０２０年１２月２２日閲覧）。日本社会における信教の自由は憲法によって保護されている。１９９０年の神戸高専剣道実技履修拒否事件では、エホバの証人の信仰を理由に体育科目の履修において剣道の実技への参加を拒否したために結果として退学処分となった生徒が、退学処分取り消しを求めて裁判を起こした。憲法２０条の信教の自由の侵害等を根拠にして、生徒の訴えが認められた（戸松秀典ほか編、『憲法判例』、第六版、有斐閣、２０１０年、１３７‐１４０頁）。

（４６０）岡本は、宗教の文化的影響について、世俗化論の私事化を再検討するという文脈から次のように述べている。すなわち、世俗化論では、伝統的紐帯から自律する理性的主体を前提として、そのような主体を持つ「強い人間」が望まれていた。それに対して近代後期において、私事化が全域化するゆえに宗教や伝統という権威への依拠を失った個々人は、自らが選択して構築した価値体系の確かさを確認するために、他者とのつながりを必要としており、そこに生の意味の確かさを共同性に求める「弱い人間」が見出される。岡本は、その共同性の一例を伝統的方法に囚われないかたちの伝統的な聖地の巡礼の流行に見出している（岡本亮輔、『聖地と祈りの宗教社会学』、春風社、２０１２年、１０９‐１１５頁）。岡本の分析に倣うならば、折衷主義や消費主義を否定するキュングの考えは、伝統の影響を受けつつも宗教が私事化した現代の人間の状況を見落としていることになる。

（４６１）TA: S.222.

（４６２）Ibid. S.132.

あとがき

本書は、２０１８年に同志社大学大学院神学研究科に提出した博士論文『『人間性』に関する一考察―ハンス・キュングの宗教間対話を通して―』を大幅に修正加筆したものである。本書のもとになった論考の初出は以下の通りである。

・「ハンス・キュンクにおける宗教間対話の理論の変遷―『人間』の追求による宗教間対話―」、藤本憲正、『一神教世界』、７巻、５８‐８０頁、同志社大学一神教学際研究センター（CISMOR）、２０１６年３月

・「ハンス・キュンクのエートスとしての世界倫理についての一考察：世俗社会における宗教間対話の展開の一例として」、藤本憲正、『基督教研究』、７８巻２号、５７‐７８頁、基督教研究会、２０１６年１２月

・「ハンス・キュンクのキリスト論における歴史理解の特徴―下からのキリスト論に依拠する宗教間対話の一例として―」、藤本憲正、『一神教世界』、８巻、１６‐３４頁、同志社大学一神教学際研究センター（CISMOR）、２０１７年３月

・「ハンス・キュンクのイエス解釈の方法と宗教間対話：ジョージ・Ａ・リンドベックとの対比を通して」、藤

本憲正、『基督教研究』７９巻１号、５７‐７５頁、基督教研究会、２０１７年６月

・「ポール・Ｆ・ニッターの宗教間対話に関する一考察」、藤本憲正、『基督教研究』第８１巻２号、８１‐９２頁、基督教研究会、２０１９年１２月

思い返せば、本書にて探求したハンス・キュングと宗教間対話について、筆者は同大学院の博士前期課程に進学した時から学び始めた。本書の出版までに約十年の歳月が過ぎ去っている。投入したその歳月に見合うだけの成果を本書が上げているかどうかは定かではないが、学術に少しでも貢献できていれば幸いである。筆者としては、主にドイツおよびアメリカにおける２０世紀後半のキリスト教思想の変遷について、宗教間対話を中心に一つの側面を詳らかにしたつもりである。

しかしながら、キュングの著作は数多くかつ多岐にわたっているため、宗教間対話に関連するものを含め、そのすべてを本書で取り上げ切ることはできなかった。また、カトリック神学における人権思想の理解や史的イエスなど本書で取り上げた各テーマの研究の広がりは、不十分な調査に留まっている。それらについては今後の研究課題である。また、読者からみれば、本書の内容について、批判されるべき点や不十分な点が多々あるかと思われる。それらについては真摯に反省して、今後の研究に活かしてゆくつもりである。

本書が出版に至るまでには、本当に多くの方々にご支援いただいた。それ無くしては、途中で完成を断念していたことだろう。心からの感謝を申し上げたい。とりわけ重要であるのは、両親、姉と妹に、長きにわたって精

神的経済的に支えていただいたことである。また、大学院での指導教授である水谷誠先生には、神学の基礎や学術的文書の書き方を厳しく教えていただいた。副指導教授の石川立先生には、聖書学の基礎を分かりやすく教えていただき、同じく副指導教授の三宅威仁先生には、宗教学と学術的文書の書き方を教えていただいた。また、京都大学大学院文学研究科教授の芦名定道先生は、私が他大学所属であるにもかかわらず、博士論文について貴重なご指導をたびたびしてくださった。国際日本文化研究センター教授の磯前順一先生は、初学者であった私に、学術研究の方法を丁寧に教えて下さった。上智大学名誉教授の高柳俊一先生からは、キュング研究についての重要な見取り図や親身なご意見を頂戴した。同志社大学文学部講師の野坂宜正先生には、論理学の基礎を教えていただいた。國學院大學の苅田真司先生と尚絅学院大学の上村静先生には、本書の推敲にあたって貴重なご意見を頂戴した。ドイツ・テュービンゲン大学アジア地域文化研究所日本学科の教授クラウス・アントーニ先生には、留学時に研究環境についてとてもご支援をいただいた。また、同学科秘書のマルティナ・ドリコニンゲン様と講師のアケミ・ハマダ先生にも、ドイツ語学習や資料収集等に関してとてもお世話になった。世界倫理研究所のギュンター・ゲープハルト先生には、キュングの著作について広く教えていただいた。同研究所の学術顧問であるヘルマン・ヘーリング先生は、キュング研究に関する私の初歩的な数多くの質問に、口頭やメールにて丁寧にお答え下さった。同日本学科の学生であり、現在はウィーン大学にて中国研究を行っているエリヤー・ナメチ君には、資料収集に際して長きにわたり助けていただいた。また、テュービンゲン大学の学生であったエズゲン・アスランさんには、ドイツ語学習において大変お世話になり、同大学学生であったトゥオン‐ヴィ・グエンさんとニコラ・アマーリ君には精神的に支えていただいた。同志社大学商学部の学生であった伊吹雄斗君には、キュングの生家等を訪問する際に道案内をしていただいた。同志社大学大学院神学研究科の飯田健一郎様、鍵谷秀之君、大垣友行君は、推敲・修正に際して、多くの時間を割いて協力して下さった。戸根裕士君、福田慧君には、神学研究についてたくさんの刺激をいただいた。日本基督教団蒲生教会の伊藤義経牧師には、教会のキリスト教について丁寧に教えていただいた。最後に、三恵社の片山剛之様にもお礼申しあげたい。その他にも、ここに書ききれないが、多くの方にお世話になった。本来であれば、お世話になった全ての方々のお名前をここに記すべきであるが、紙幅の都合上、割愛させていただきたい。しかし、お名前を挙げる挙げないにかかわらず、全てのお世話になった方々に、再度、心からお礼申し上げたい。

本書の出版に当たっては、国際日本文化研究センターの所長裁量経費の助成を受けた。

２０２０年１２月

藤本　憲正

第 2 バチカン公会議文書公式訳改訂特別委員会監訳、『第二バチカン公会議公文書　改訂公式訳』、カトリック中央協議会、2013 年。

・**辞書**

Rahner, Karl (Hrsg.), Sacramentum Mundi: theologisches Lexikon für die Praxis Bd.2., Herder: Freiburg, 1968.（部分邦訳、上智大学神学部神学ダイジェスト研究会、『神学ダイジェスト』68 号、オリエンス宗教研究所、1990 年、107 - 112 頁）。

McGrath, Alister E. (Ed.), *The Blackwell Encyclopedia of Modern Christian Thought*, Blackwell Publishers: Oxford, 1993.（アリスター・E・マクグラス編、『現代キリスト教神学思想事典』、監修・熊沢義宣, 高柳俊一、新教出版社、2001 年）。

Carson, Thomas（トーマス・カーソン）(Eds.), *New Catholic Encyclopedia Vol.8, 9, 12, Second Edition,* Gale: Detroit, 2011.

上智学院新カトリック大事典編纂委員会編、『新カトリック大事典』第 2、3 巻、研究社、1998 年。

・**新聞記事**

「宗教多元主義の原理採択」、中外日報、2003 年 9 月 27 日。

「他宗教に向かって開かれた神学を」、キリスト新聞、2003 年 11 月 1 日。

＊インターネット上の記事 URL は、紙幅の都合上、脚注のみに記載した。ご容赦いただきたい。

Religionssoziologie, Herder: Freiburg, 2013, S.189-207.

______ "The other of dialectic and Dialogue", In: Ulrich Schmiedel (Eds.), *Dynamics of Difference: Christianity and Alterity*, London: Bloomsbury T&T Clark, 2015, pp.105-113.

宇野重規、「ロールズにおける善と正義」、所収：大瀧雅之ほか編、『社会科学における善と正義』、東京大学出版会、2015年、25–48頁。

梅津光弘、「倫理学的に見た宗教多元主義」、所収：間瀬啓允ほか、『宗教多元主義の探求』、大明堂、平成7年、97‐117頁。

渡辺幹雄、『ロールズ正義論の行方』、春秋社、1998年。

渡部奈々、『アルゼンチンカトリック教会の変容』、成文堂、2017年。

Urbaniak, Jakub（ヤーコブ・ウルバニャック）, "Freed by trust, to believe together: Pursuing global ecumenism with Küng and Tracy", In: *Theological Studies* Vol.70, HTS Teologiese Studies: Johannesburg, 2014, pp.1-9.

Walzer, Michael（マイケル・ウォルツァー）、『正義の領分』、山口晃訳、而立書房、1999年。

——— 『道徳の厚みと広がり』、芦川晋ほか訳、風行社、2004年。

Weber, Max（マックス・ヴェーバー）、『宗教社会学論選』、大塚久雄ほか訳、みすず書房、1972年。

山脇直司、『公共哲学とは何か』、ちくま新書、2004年。

山梨有希子、「転機にある宗教間対話」、所収：星川啓慈ほか、『現代世界と宗教の課題』、蒼天社出版、2005年、37‐67頁。

・資料集

Denzinger, Heinrich（ハインリッヒ・デンツィンガー編）、『カトリック教会文書資料集（改訂版）』、改訂5版、浜寛五郎訳、エンデルレ書店、平成14年。

______ 「失われた次元」、所収：パウル・ティリッヒ、『ティリッヒ著作集 4』、野呂芳男訳、白水社、1979 年、57 - 68 頁。

______ *Christianity and the Encounter of the World Religions*, Columbia University Press: New York, 1963.（パウル・ティリッヒ、「キリスト教と世界諸宗教との出会い」、所収：パウル・ティリッヒ、『ティリッヒ著作集 4』、野呂芳男訳、白水社、1999 年、69 - 138 頁）。

______ 「宗教哲学の二つの道」、所収：パウル・ティリッヒ、『ティリッヒ著作集 4』、野呂芳男訳、白水社、1999 年、171 - 193 頁。

______ 「生きる勇気」、所収：パウル・ティリッヒ、『ティリッヒ著作集 9』、大木英夫訳、白水社、1999 年、11 - 205 頁。

______ 「地の基が震い動く」、所収：パウル・ティリッヒ、『ティリッヒ著作集別巻 1』、加藤常昭訳、白水社、1978 年、9 - 20 頁。

______ "The Significance of the History of Religions for Systematic Theologian", In: Paul Tillich, *The Future of Religions*, Jerald C. Brauer(Ed.), Haper and Row: New York, 1966, pp.80-94.（パウル・ティリッヒ、「組織神学者にとっての宗教史の意義」、所収：パウル・ティリッヒ、『宗教の未来』、大木英夫訳、聖学院大学出版会、1999 年、97 - 115 頁）。

戸松秀典ほか編、『憲法判例』、第六版、有斐閣、2010 年。

Tracy, David（デイヴィッド・トレーシー）, "Tillich and Contemporary Theology", In: James Luther Adams(eds.), *The Thought of Paul Tillich*, Harper & Row: San Francisco, 1985, pp.260-277.

______ *Blessed Rage for Order*, New York: Seabury Press, 1975.

______ *The Analogical Imagination*, New York: Crossroad, 1981.

______ Religion im öffentlichen Bereich: Öffentliche Theologie, In: Ansgar Kreutzer (Hrsg.), Im Dialog, Systematische Theologie und

高柳俊一、「〈現代神学の動向〉最近の三つのキリスト論」、『カトリック研究』第 31 号、上智大学神学会、昭和 52 年、144 - 172 頁。

______ 「『神の問題』の理解をめぐって」、『カトリック研究』第 36 号、上智大学神学会、昭和 54 年、211 - 230 頁。

______ 「ハンス・キュング著、『新しい出発点にある神学』」、『上智大学キリスト教文化研究所　紀要 7』、上智大学、1988 年、83 - 85 頁。

______ 「最近の諸宗教の神学」、所収『上智大学キリスト教文化研究所紀要 11』、上智大学、1992 年、35 - 78 頁。

______ 『カール・ラーナー研究』、南窓社、1993 年。

Tanner, Norman P.（ノーマン・P・タナー）、『教会会議の歴史―ニカイア会議から第 2 バチカン公会議まで』、野谷啓二訳、教文館、2003 年。

______ 『新カトリック教会小史』、野谷啓二訳、教文館、2013 年。

寺田俊郎、「グローバル・エシックスとは何か」、所収：寺田俊郎ほか編、『グローバル・エシックスを考える』、梓出版社、2008 年、5 - 30 頁。

Tillich, Paul, *Systematic Theology*, Vol.1, University of Chicago Press: Illinois, 1951.（パウル・ティリッヒ、『組織神学　第 1 巻』、谷口美智雄訳、新教出版社、1990 年）。

______ *Systematic Theology*, Vol.2, The University of Chicago Press: Chicago, 1957.（パウル・ティリッヒ、『組織神学　第 2 巻』、谷口美智雄訳、新教出版社、1969 年）。

______ *Systematic Theology*, Vol.3, The University of Chicago Press: Chicago, 1963.（パウル・ティリッヒ、『組織神学　第 3 巻』、土居真俊訳、新教出版社、1984 年）。

______ 「聖書の宗教と存在の問題」、所収：パウル・ティリッヒ、『ティリッヒ著作集 4』、野呂芳男訳、白水社、1999 年、194 - 258 頁。

Rehm, Johannes（ヨハネス・レーム）, Weltethos- Ethik- Werte in den Religionen, In: Peter Schreiner(Hg.), Handbuch Interreligiöses Lernen, Gütersloher Verlagshaus: Gütersloh, 2005, S.206-216.

Renan, Ernest（エルネスト・ルナン)、『イエスの生涯』、上村くにこ他訳、人文書院、2000 年。

Robra, Martin（ロブラ・マーティン）, "Affirming the Role of Global Movements for Global Ethics", In: *The Ecumenical Review*, Vol.52, World Council of Churches: Geneva, 2000, pp.471-478.

Ruether, Rosemary R.（ローズマリー・R・リューサー）, "The Liberation of Christology from Patriarchy", In: Ann Loades(ed.), *Feminist Theory*, SPCK: London, 1990, pp.138-148.

Ruggeri, Anna（ルッジェリ・アンナ)、「宗教における『パラダイム』および『パラダイム転換』」、所収：『人間文化学研究集録』第 12 号、大阪府立大学大学院人間文化学研究科、2002 年、91 - 109 頁。

______ 「ハンス・キュングの神学の紹介」、所収：『COSMICA』第 36 号、京都外国語大学、2006 年、23 - 37 頁。

Sanks, T. Howland, S.J.（T・ホーランド・サンクス）, "David Tracy's Theological Project: An Overview and Some Implications," In: *Theological studies*, Vol.54, Baltimore: Theological Studies, 1993, pp.698-727.

Sandel, Michael J., *Liberalism and the Limits of Justice, second edition*, Cambridge University Press: Cambridge, 1998.（マイケル・サンデル、『リベラリズムと正義の限界』、菊池理夫訳、勁草書房、2009 年)。

Swidler, Leonard（レオナード・スウィードラー）, *The Study of Religion in an Age of Global Dialogue*, Temple University Press: Philadelphia, 2000.

Theological Investigations, Baltimore: Helicon Press, 1966, pp.189-218.

______ Das Christentum und die nichtchristlichen Religionen, In: Karl Rahner, Schriften zur Theologie vol.5, (3.aufl.), Benzinger: Einsiedeln, 1968, S.136-158.

______ Grundkurs des Glaubens: Einführung in den Begriff des Christentums, 3. Aufl., Herder: Freiburg, 1984.（カール・ラーナー、『キリスト教とは何か』、百瀬文晃訳、エンデルレ書店、昭和 56 年）。

Ratzinger, Joseph（ヨゼフ・ラッツィンガー）、『イエス・キリストの神』、里野泰昭訳、春秋社、2011 年。

______ Jesus von Nazareth: Beiträge zur Christologie, In: Joseph Ratzinger, Gesammelte Schriften, Bd. 6, Teil 1, Herder: Freiburg im Breisgau, 2013.（ヨゼフ・ラッツィンガー、『ナザレのイエス』、里野泰昭訳、春秋社、2008 年）。

______ Jesus von Nazareth: Beiträge zur Christologie, In: Joseph Ratzinger, Gesammelte Schriften, Bd. 6, Teil 1, Herder: Freiburg im Breisgau, 2013.（ヨゼフ・ラッツィンガー、『ナザレのイエス II　十字架と復活』、里野泰昭訳、春秋社、2013 年）。

Rawls, John, *A Theory of Justice*, The Belknap Press of Harvard University Press: Cambridge, 1971.（ジョン・ロールズ、『正義論』改訂版、川本隆史ほか訳、紀伊国屋書店、2010 年）。

______ *Political Liberalism,* expanded ed., New York: Columbia University Press, 1993.

______ *The Law of Peoples*, Harvard University Press: Massachusetts, 1999.（ジョン・ロールズ、『万民の法』、中山竜一訳、岩波書店、2006 年）。

大塚久雄、『社会科学の方法』、岩波新書、1966 年。

岡本亮輔、『聖地と祈りの宗教社会学』、春風社、2012 年。

Pannenberg, Wolfhart, Grundzüge der Christologie. um ein Nachwort erweiterte Aufl., Gütersloher Verlagshaus G Mohn: Gütersloher, 1976.（ヴォルフハルト・パネンベルク、『キリスト論要綱』、麻生信吾ほか訳、新教出版社、1982 年）。

______ 「信頼にかわる保証？」、所収：パネンベルク著、『現代キリスト教叢書』、熊沢義宣, 近藤勝彦訳、白水社、1975 年、374–387 頁。

______ Anthropologie in theologischer Perspeltive,Vandenhoeck & Ruprecht: Göttingen, 1983（W・パネンベルク、『人間学』、佐々木勝彦訳、教文館、2008 年）。

Pilecká, Kristýna Gallasová（クリスティナ・G・ピレカ）, "Das Modell einer Friedlichen Weltordnung aus der Sicht des Theologen Hans Küng(Projekt Weltethos) und der Bahai Religion(Glaube)", In: *Communio viatorum*, Vol.55, 2013, S.159-190.

Pitman, David（デイヴィッド・ピットマン）, *Twentieth Century Christian Responses to Religious Pluralism*, Ashgate: Farnham, 2014.

Puthenkalam, John Joseph（ジョン・ジョセフ・プテンカラム）、「カトリック社会教説にみられる尊厳、人権、貧しい人々」、所収：『人間学紀要』第 32 号、2002 年、上智大学、169 - 187 頁。

Race, Alan（アラン・レイス）, *Christians and Religious Pluralism*, Orbis Books: New York, 1982.

Rahner, Karl（カール・ラーナー）, Probleme der Christologie von heute. - Chalkedon – Ende oder Anfang?, In: Alois Grillmeier, Heinrich Bacht (Hrsg.), Das Konzil von Chalkedon, Bd.3, Würzburg: Echter, 1954, S.169-222.

______ "Questions of Controversial Theology on Justification", In:

Possibility of a Global Ethic: Towards an Ethic of Fragile Interreligious Compromise", In: *Neue Zeitschrift für Systematische Theologie und Religionsphilosophie*, Nr.52, Christoph Schwöbel(Hrsg.), Walter De Gruyter: Berlin, 2010, S.440-461.

増田祐志、「キリスト論におけるナザレのイエスの位置づけ」、所収：『カトリック研究』第 69 号、上智大学神学会、2000 年、123 - 170 頁。

______ 『カトリック神学への招き』、上智大学出版、2009 年。

______ 『カトリック教会論への招き』、上智大学出版、2015 年。

宮沢秀幸、「ハンス・キュンクの『神学におけるパラダイム転換』」、所収：『立正大学哲学・心理学会紀要』 第 17 号、立正大学哲学・心理学会、1991 年、81 - 98 頁。

水垣渉、『キリスト論論争史』、日本キリスト教団出版局、2003 年。

百瀬文晃、『イエス・キリストを学ぶ』、中央出版、1986 年。

Muff, Shantal（シャンタル・ムフ）、『政治的なるものの再興』、千葉真訳、日本経済評論社、1998 年。

野家啓一、『パラダイムとは何か』、講談社、2008 年。

中山茂編、『パラダイム再考』、ミネルヴァ書房、1984 年。

緒方純雄、「Existiert Gott? ――Antwort auf die Gottesfrage der Neuzeit/Hans Küng(1978)――」、所収：『基督教研究』第 46 号、基督教研究会、1984 年、137 - 147 頁。

______ 「史的イエスとケリュグマ」、所収：佐藤敏夫編、『教養学講座 3 現代の教養学』、日本基督教団出版局、1974 年、31 - 56 頁。

大貫隆ほか編、『イエス研究史』、日本キリスト教団出版局、1998 年。

村田充八、『社会的エートスと社会倫理』、阪南大学叢書 74、晃洋書房、2005 年。

西谷幸介、『宗教間対話と原理主義の克服』、第二版、新教出版社、2007 年。

Lindbeck, George A.（ジョージ・A・リンドベック）, “The Bible as Realistic Narrative”, In: Leonard Swidler(ed.), *Consensus in Theology?*, The Westminster Press: Philadelphia, 1980, pp.81-85.

______ *The Nature of Doctrine*, London: SPCK, 1984.（G・A・リンドベック、『教理の本質』、田丸徳善監修、星川啓慈, 山梨有希子訳、ヨルダン社 、2003 年）。

松本佐保、『バチカン近現代史』、中公新書、2013 年。

Martinez, Gasper（ガスパー・マルティネス）, *Confronting the Mystery of God*, Continuum: London, 2001.

McCarthy, Kate（ケイト・マッカーシー）, “Reckoning with Religious Difference”, In: Summer B. Twiss(eds.), *Explorations in Global Ethics*, Westview Press: Boulder, 1998, pp.73-117.

McCready, Douglas（ダグラス・マクリーディ）, *The Christology of the Catholic Tübingen School*, Peter Lang Publishing: New York, 1991, pp.261-287.

McGrath, Alister E., *The making of modern German Christology*, Blackwell: Oxford, 1986.（アリスター・E・マクグラス著、『歴史のイエスと信仰のキリスト』、柳田洋夫訳、キリスト新聞社、2011 年）。

______ *The Genesis of Doctrine*, William B. Eerdmans Publishing: Cambridge, 1997.

______ 『キリスト教神学入門』、神代真砂実訳、教文館、2002 年。

Mong Ih-Ren, Ambrose（アンブローズ・モン・イーレン）, ”Hans Küng's Humanum and the Quest for the True Religion”, In: *Dialogue & Alliance*, Vol.24, International Religious Foundation: New York, 2010, pp.21-39.

Moyaert, Marianne（マリアンヌ・モヤート）, “Ricœur on the (im)

Main : Suhrkamp, 1976.

芳賀力、『物語る教会の神学』、教文館、1997 年。

Krysmanski, Hans-Jürgen（ハンス・ユルゲン・クリスマンスキ）, "Elite Ethics: Hans Küng's Normative Globalism in a Changing World", In: *International Journal of Politics Culture and Society,* Vol. 13, Springer: Berlin, 1999, pp.83-106.

Kuschel, Karl-Josef（カール・ヨゼフ・クシェル）, “Existiert Gott?” In: Leonard Swidler(ed.), *Consensus in Theology?*, The Westminster Press: Philadelphia, 1980, pp.152-158.

______ Geboren vor aller Zeit?: der Streit um Christi Ursprung, Piper: München, 1990.

______ »Jesus Christus ist das entscheidende Kriterium «Die Aufhebung von Barth und Hegel in einer Christorlogie »von Unten«, In: Häring, Hermann (Hrsg.), Hans Küng. Neue Horizonte des Glaubens und Denkens. Ein Arbeitsbuch, Piper: München, 1993. S.417-453.

Lambert, Byron C.（バイロン・C・ランバート）, “Reflections on Hans Küng's Theology for the Third Millennium”, In: *Modern Age*, Vol.33, Intercollegiate Studies Institute: Wilmington,1990, pp.157-164.

Lee, Hakjoon（イ・ハクヨン）, “Toward the Great World House: Hans Küng and Martin Luther King Jr. on Global Ethics”, In: *Journal of the Society of Christian Ethics*, Vol.29, Philosophy Documentation Center: Virginia, 2009, pp.97-119.

Lehmann, Karl（カール・レーマン）、Die Notwendigkeit des interreligiösen Gesprächs und das Verhältnis von Kirche und Islam, In: CIBEDO-Beiträge 03/2007, CIBEDO: Frankfurt, S.4-11.

Religious Ethics“, In: Sumner B. Twiss(Eds.), *Explorations in Global Ethics,* Westview Press: Colorad, 1998, pp.118-140.

金珍熙、「宗教間対話を目指す現代の神学におけるキリスト論の問題点」、所収：『論集』143 号、四国学院大学、2014 年、17‐27 頁。

Knitter, Paul F., ”Toward a Liberation Theology of Religions”, In: John Hick- Paul F. Knitter(eds.), *The Myth of Christian Uniqueness*, Orbis Books: New York, 1987, pp.178-200.（ポール・F・ニッター、「『解放の神学』の視点から『宗教の神学』を建設するために」、所収：ジョン・ヒックほか、『キリスト教の絶対性を超えて』、春秋社、347‐390 頁）。

______ “Hans Kung’s theological Rubicon”, In: Leonard Swidler(ed), *Toward a Universal Theology of Religion*, Orbis Books: Maryknoll, 1987, pp.224-250.

______ “Pitfalls and Promises for A Global Ethics”, In: *Buddhist-Christian Studies*, Vol.15, University of Hawaii Press: Honolulu, 1995, pp.221-229.

______ *Theologies of Religions*, Orbis Books: New York, 2002.

小原克博、「宗教多元主義モデルに対する批判的考察」、所収：『基督教研究』69 巻、基督教研究会、2007 年、23‐44 頁。

Kruger, Paul（ポール・クルーガー）, „Christian Identity In Inter-Religious Dialogue: The Challenge Of Hans Küng’s Strategy“, In: Eduradus Van der Borght(Ed.), *Studies in Reformed Theology*, Brill: Leiden, 2008, pp.325-340.

Kuhn, Thomas S., *The Structure of Scientific Revolutions*, 2nd ed., Chicago: University of Chicago Press, 1970.（トーマス・クーン、『科学革命の構造』、中山茂訳、みすず書房、1971）。

______ Die Struktur Wissenschaftlicher Revolutionen, Frankfurt am

Jedin, Hubert（フーベルト・イェディン）、『公会議史』、梅津尚志ほか訳、南窓社、1986 年。

Junker-Kenny, Mureen（ミュレーン・ユンカーケニー）, *Religion and Public Reason*, Walter de Gruyter GmbH: Berlin, 2014.

Kasper, Walter（ヴァルター・カスパー）、『イエズスはキリストである』、犬飼政一訳、あかし書房、昭和 53 年。

______ Christologie von unten? Kritik und Neuansatz gegenwärtiger Christologie. In: Scheffczyk, Leo (Hrsg.), Grundfragen der Christologie Heute, Freiburg: Herder, 1975, S.141-183.

川中仁、「『無名のキリスト者』？」、所収：『カトリック研究』第 84 号、上智大学神学会、平成 27 年、119 - 132 頁。

川村覚文、「宗教は他者を排除するのか？」、所収：小林正弥監修、『本願寺白熱教室』、宝蔵館、2015 年、132 - 151 頁。

______ 「國体・主権・公共圏」、所収：磯前順一ほか編、『他者論的転回』、ナカニシヤ出版、2016 年、353 - 386 頁。

Käsemann, Ernst（エルンスト・ケーゼマン）, Das Problem des historischen Jesus, In: Exgetische Versuche und Besinnungen 1. Göttingen 1960, S.187-214.

Kehler, Martin（マルティン・ケーラー）, Der Sogenannte Historische Jesus und der Geschichtliche, Biblische Christus, (Neu Hrsg. von E. Wolf), Chr. Kaiser: München, 1969.（マルティン・ケーラー、「いわゆる史的イエスと歴史的＝聖書的キリスト」、所収：森田雄三郎ほか訳、『現代キリスト教思想叢書 2』、白水社、1974 年、161–222 頁）。

Kerr, Fergus（ファーガス・カー）、『20 世紀のカトリック神学』、前川登ほか監訳、教文社、2011 年。

King, Sallie（サリー・キング）, „A Global Ethic in the Light of Comparative

Beiträge, Nr.33., Theologischer Verlag Rolf Brockhaus: Wuppertal, 2002, S.4–21.

Hick, John（ジョン・ヒック）、*God Has Many Names*, The MacMillan Press Ltd: London, 1980.

______ *The Second Christianity*, SCM Press Ltd: London, 1983.

______ 『宗教多元主義への道　メタファーとして読む神の受肉』、間瀬啓允ほか訳、玉川大学出版部、1999 年。

______ 『増補新版　宗教多元主義―宗教理解のパラダイム転換―』、間瀬啓允訳、法藏館、2008 年。

星川啓慈、「宗教間対話における「教理」の問題」、所収：星川啓慈ほか『グローバル時代の宗教間対話』、大正大学出版会、2004 年、1 - 48 頁。

______ 「まえがき」、所収：星川啓慈ほか、『現代世界と宗教の課題』、蒼天社出版、2005 年、iii - xi 頁。

______ 「新しい宗教間対話のための対話倫理」、所収：星川啓慈ほか、『現代世界と宗教の課題』、蒼天社出版、2005 年、111 - 144 頁。

______ 『宗教と〈他〉なるもの』、春秋社、2011 年。

______ 「シカゴ万国宗教会議 120 年に思う」仏教タイムス、2013 年 4 月 25 日。

兵藤長雄、「我々は子供たちへの責任をはたしているか “人間の責任に関する世界宣言”の試み」、所収：『現代法学』8 号、現代法学会、東京経済大学、2005 年、137 - 162 頁。

犬飼政一、「現代社会における神学の社会的課題とその機能的役割」、所修：『カトリック神学』第 15 号、上智大学神学会、1969 年、113 - 126 頁。

伊藤之雄、「Hans Kung の思想」、所収：『研究紀要』第 13 号、東洋英和女学院短期大学、1974 年、31 - 38 頁。

Gruchy, John W.（ジョン・W・グルーチー）、『キリスト教と民主主義』、小林望訳、新教出版社、2010 年。

Gerkin, Charles V.（チャールズ・V・ガーキン）、 *An Introduction To Pastoral Care*, Abingdon Press: Nashville, 1997.

Kraemer, Hendrick（ヘンドリック・クレーマー）, *Religion and the Christian Faith*, Lutterworth Press: London, 1956.

______ *Why Christianity of All Religions?,* Lutterworth Press: London, 1962.

原科達也、「世界像間の翻訳可能性の問題」、所収:『現代社会学理論研究』第 5 号、日本社会学理論学会、2011 年、120‐132 頁。

Habermas, Jürgen（ユルゲン・ハーバーマス）、『コミュニケイション的行為の理論（上）』、河上倫逸ほか訳、1985 年。

______ 『ああ、ヨーロッパ』、三島憲一ほか訳、岩波書店、2010 年。

______ Zwischen Naturalismus und Religion, Shurkamp: Frankfurt am Main, 2005.（ユルゲン・ハーバーマス、庄司信訳、『自然主義と宗教の間』、箱田徹ほか訳、法政大学出版局、2014 年）。

______ ユルゲン・ハーバーマスほか、『公共圏に挑戦する宗教』、箱田徹, 金城美幸訳、岩波書店、2014 年。

Habermas, Jürgen and Ratzinger, Joseph（ユルゲン・ハーバーマス、ヨゼフ・ラッツィンガー）、『ポスト世俗化時代の哲学と宗教』、三島憲一訳、岩波書店、2007 年。

Häsler, Alfred A., Gott Ohne Kirche?, Walter-Verlag: Olten, 1975.（アルフレッド・A・ヘースラー）、『教会に未来はあるか』、佐伯晴郎訳、新教出版社、1980 年）。

Hempelmann, Heinzpeter（ハインツペーター・ヘンペルマン）, " Intolerante Toleranz. Hans Küng`s „Projekt Weltethos“ als Prokrustesbett religiöser Geltungsansprüche," In: Theologische

Fiorenza, Fransis S.（フランシス・S・フィオレンツァ）, *Systematic Theology* 1, Fortpress: Minneapolis, 1991.

Forward, Martin（マーティン・フォワード）, “A Global Ethic” In: *Dialogue & Alliance*, Vol. 19, 2006, pp.39-46.

深谷潤、「H・キュングの『世界倫理（Weltethos）』における構造的課題」、所収：『西南学院大学人間科学論集』第 12 巻第 1 号、西南学院大学学術研究所、2016 年、47 - 66 頁。

福田康夫ほか、『世界はなぜ争うのか』、渥美桂子訳、朝倉書店、2016 年。

福田誠二、「ハンス・キュンクの『義認論』研究とキュンク神学の射程」、所収：『清泉女子大学キリスト教文化研究所年報』16 巻、平成 20 年、1 - 27 頁。

______「ハンス・キュンクの義認論：カール・バルトに対するカトリック側からの応答」、所収：『清泉女子大学キリスト教文化研究所年報』17 巻、平成 21 年、1 - 25 頁。

______「ハンス・キュンクとヨゼフ・ラッツィンガーの真理問題理解」、所収：『清泉女子大学キリスト教文化研究所年報』18 巻、平成 22 年、1 - 27 頁。

______「ハンス・キュンクのキリスト教理解における本質と非本質に対する問い」、所収：『清泉女子大学キリスト教文化研究所年報』19 巻、平成 23 年、1 - 23 頁。

藤本龍二、『アメリカの公共宗教』、NTT 出版株式会社、2009 年。

藤原聖子、「空転する対話のメタファー」、所収：『宗教研究』329 号、日本宗教学会、2001 年、123 - 148 頁。

古屋安雄、『宗教の神学』、ヨルダン社、1985 年。

Greinacher, Norbert – Haag, Herbert（ノーバート・グライナッハー、ヘルバート・ハーグ）(Hrsg.), Der Fall Küng : Eine Dokumentation, Piper: München, 1980.

theology of religions: A historical- thematic analysis and evalunation, Drew University: Madison, 1994.

Casanova, José（ホセ・カサノヴァ）、『近代世界の公共宗教』、津城寛文訳、玉川大学出版部、1997 年。

Cobb Jr., John B.（ジョン・B・カブ・ジュニア）、『対話を超えて：キリスト教と仏教の相互変革の展望』、延原時行訳、行路社、1985 年）。

______ Interreligiöser Dialog, Weltethos und die Problematik des Humanum, In: Häring, Hermann (Hrsg.), Hans Küng. Neue Horizonte des Glaubens und Denkens. Ein Arbeitsbuch, Piper: München, 1993, S.589-606.

______ *Sustaining the Common Good,* Pilgrim Press: Ohio, 1994.

______ *The Earthist Challenge to Economism*, Palgrave Macmillan: New York, 1999.

______ *Transforming Christianity and the World*, Orbis Books: New York,1999.

Cox, Harvey（ハーヴィ・コックス）、『世俗都市の宗教　ポストモダン　神学へ向かって』、大島かおり訳、新教出版社、1986 年。

Cunningham, Lawrence S.（ローレンス・S・カニンガム）、『カトリック入門』、青木孝子訳、教文館、2013 年。

D'costa, Gavin（ガヴィン・デ・コスタ）, *Theology and Religious Pluralism*, Basil Blackwell: Oxford, 1986.

Dupuis, Jacque（ジャック・デュプイ）、『キリスト教と諸宗教』、阿部仲麻呂監修、教友社、2018 年。

Etzioni, Amitai（アミタイ・エチオーニ）、『新しい黄金律』、永安幸正監訳、麗沢大学出版会、平成 13 年。

Erikson, Erik H.（エリクソン、エリク・H）、『アイデンティティとライフサイクル』、西平直ほか訳、誠信書房、2011 年。

______ Die Kirchliche Dogmatik, II/1, Evangelischer Verlag: Zollikon, 1946.

______ Die Kirchkiche Dogmatik, IV/2, Evangelischer Verlag: Zollikon, 1955.

______ Die Kirchliche Dogmatik IV/3, Evangelischer Verlag: Zollikon, 1959.

Baum, Gregory, “Radical Pluralism and Liberation Theology”, In: Werner G. Jeanrond (Eds.), *Radical Pluralism and Truth*, Crossroad: New York, pp.3-17.

Beck, Ulrich, Der Eigene Gott, Weltreligionen In Insel Verlag: Frankfurt, 2008.（ウルリッヒ・ベック、『私だけの神』、鈴木直訳、岩波書店、2011年）。

Bellamy、Richard（リチャード・ベラミー）、「コミュニティにおける正義」、岡田憲治訳、所収：飯島省藏、佐藤正志訳、『社会正義論の系譜』、ナカニシヤ出版、2002年、213 - 246頁。

Bultmann, Rudlf, Theologie des neuen Testaments, 2. Aufl. Mohr: Tübingen, 1954.（ルドルフ・ブルトマン、『新約聖書神学 I 』、川端純四郎訳、第二版、新教出版社、1970年）。

______ Das Verhältnis der urchristlichen Christusbotschaft zum historischen Jesus, 3. Aufl. Carl Winter Universitätsverlag: Heidelberg, 1962.（ルドルフ・ブルトマン、「史的イエスと原始キリスト教のキリスト使信との関係」、所収：訳飯峯明、橋本滋男、『史的イエスとキリスト論』、宗教思想選書5、理想社、昭和40年、89 - 121頁）。

Bok, Sissela（シセラ・ボク）、『共通価値』、小野原雅夫監訳、宮川弘美訳、法政大学出版局、2008年。

Brewer, Kenneth Wade（ブレワー・ケネス＝ウェイド） Hans Küng's

Grünewald Verlag: Mainz, 1998.

Häring, Hermann- Schlensog, Stephan (hrsg.), Hans Küng. Was bleibt. Kerngedanken, Piper: München, 2013.

その他の参考文献

Alberigo, Giuseppe（ジョゼッペ・アルベリーゴ）、『第二ヴァティカン公会議―その今日的意義』、小高毅ほか訳、教文館、2007 年。

阿部仲麻呂、「ジャック・デュプイによる諸宗教対話の基本的な方向性について」、所収：『清泉女子大学キリスト教文化研究所年報』、第 26 巻、2018 年、1‐23 頁。

芦名定道、『ティリッヒと現代宗教論』、北樹出版、1994 年。

______ 『ティリッヒと弁証法神学の挑戦』、創文社、1995 年。

______ 「宗教的多元性とキリスト教の再構築」、所収：星川啓慈ほか、『グローバル時代の宗教間対話』、大正大学出版会、2004 年、121‐157 頁。

Aubert, Roger （ロジェ・オーベール）、(Eds.)、『キリスト教史 9』、上智大学中世思想研究所編・監修、平凡社、1997 年。

Aydin, Mahmut S.（アイドゥン・S・マフムート）, “Changing Roman Catholic Christologies: The Case of Hans Kung and Paul Knitter,” In: *the American Journal of Islamic Social Sciences*, Vol.18, 2001, pp. 17-50.

Balthasar, Hans Urs Von（ハンス・ウルス・フォン・バルタザール）, Karl Barth, Jakob Hegner: Köln, 1951.

Baird, Robert D.（ロバート・D・ベアード）, *Category Formation and the History of Religions*, 2nd ed. Mouton de Gruyter: Berlin, 1991.

Barth, Karl（カール・バルト）, Die Kirchliche Dogmatik, I/2, Evangelischer Verlag: Zollikon, 1960.

______ Manifest Globales Wirtschaftethos, DTV: München, 2010.

Küng, Hans, and Kuschel, Karl-Josef (Hrsg.), Erklärung zum Weltethos. Die Deklaration des Parlamentes der Weltreligionen, Piper: München, 1993.（ハンス・キューン，カール・ヨーゼフ・クシュル編著、『地球倫理宣言』、吉田収訳、世界聖典刊協会、1995 年）。

______ Weltfrieden durch Religionsfrieden, Piper: München, 1993.

______ Wissenschaft und Weltethos, Piper: München, 1998.

Küng, Hans, and Schlensog, Stephan (Hrsg.), Sämtliche Werke Hans Küng Bd.1. Recht-fertigung, Herder: Freiburg, 2015.

・その他

Ronald Modras, *Paul Tillich's Theology of the Church with a Forward by Hans Küng*, Wayne State University Press: Detroit, 1976, pp.11-13.

"Da steht eine massive Trennenwand", Spiegel, Nr.9/45, 1991, S.188-201.

＊キュングの著作一覧は、「世界倫理財団」のホームページにて提供されている。著作から論文、雑誌記事に至るまで網羅されている。

「https://www.weltethos.org/bibliografien/」（2020 年 5 月 10 日閲覧）

キュングについての文献

・伝記、インタビュー

Häring, Hermann, and Kuschel, Karl-Josef (eds.), *Hans Küng His Work and His Way*, Robert Nowell (transl.), Glasgow: Collins, 1979.

・案内書

Häring, Hermann, Hans Küng: Grenzen durchbrechen, Matthias

・論文

Küng, Hans, "The World Religions in God's Plan of Salvation", In: Joseph Neuner(ed.), *Christian Revelation and World Religions*, London: Burns & Oates, 1967, pp.25-66.

______ Anmerkungen zu Walter Kasper "Christologie von unten?", In: Leo Scheffczyk (Hrsg.), Grundfragen der Christologie Heute, Herder: Freiburg, 1975, S.170-179.

______ "Toward a New Consensus in Catholic (and Ecumenical) Theology", In: Leonard Swidler(ed.), *Consensus in Theology?*, The Westminster Press: Philadelphia, 1980, pp.1-17.

______ Paradigmenwechsel in der Theologie. Versuch einer Grundlagenerklärung, In: Hans Küng, David Tracy (Hrsg.), *Theologie - Wohin?*, Benziger: Zürich, 1984, pp.37-75.

______ Globale Religion oder globales Ethos? Überlegungen zur Globalisierungsproblematik aus theologischer Sicht, In: D. Ruloff (Hrsg.), Religion und Politik, Chur: Zürich 2001, S. 155-174.

______ 「アブラハムを始祖とする三つの一神教—歴史的大変動と今日の挑戦」、所収：福田康夫ほか、『世界はなぜ争うのか』、渥美桂子訳、朝倉書店、2016 年(2007 年)、197 - 208 頁。

_____ Wie ich mich Jesus annährte, In: *Der Jesus des Papstes*(Hg.), Hermann Häring, Lit: Berlin, 2011, S.5-7.

・編共著

Küng, Hans, Tracy, David and Metz, Johan B. (Eds.), *Toward Vatican III*, The Seabury Press: New York, 1978.

Küng, Hans (Hrsg.), Das neue Paradigma von Theologie : Strukturen und Dimensionen, Benziger: Zürich, 1986.

München, 1987.

______ Christentum und Chinesische Religion, (zusammen mit Julia Ching), Piper: München, 1988. （ハンス・キュング、ジュリア・チン著、『中国宗教とキリスト教の対話 』森田安一ほか訳、刀水書房、2005 年）。

______ Projekt Weltethos, Piper: München, 1990.

______ Das Judentum. Die religiöse Situation der Zeit, Piper: München, 1991.

______ Große christliche Denker, Piper: München, 1994.（ハンス・キュンク、『キリスト教思想の形成者たち』、片山寛訳、新教出版社、2014 年）。

______ Das Christentum. Wesen und Geschichte, Piper: München, 1994.

______ Weltethos für Weltpolitik und Weltwirtschaft, Piper: München, 1997.

______ Spurensuche, Piper:München, 1999.（ハンス・キューング、『世界諸宗教の道　平和をもとめて』、久保田浩, 吉田収訳、世界聖典刊行協会、2001 年、本論では、「足跡を辿って」という訳名で述べた）。

______ Erkämpfte Freiheit – Erinnerungen, Piper: München, 2002.

______ Der Islam. Geschichte, Gegenwart, Zukunft, Piper: München, 2004.

______ Umstrittene Wahrheit – Erinnerungen, Piper: München, 2007.

______ Was ich glaube, Piper: München, 2009.

______ Jesus, Piper: München, 2012.

______ Handbuch Weltethos, Piper: München, 2012.

______ Erlebte Menschlichkeit – Erinnerungen, Piper: München, 2013.

参考文献

ハンス・キュングの著述

・著作

Küng, Hans, Rechtfertigung. Die Lehre Karl Barths und eine katholische Besinnung, Johannes- Verlag: Einsiedeln, 1957.

______ Konzil und Wiedervereinigung, Herder: Wien, 1960.（國嶋一則ほか訳、『再合同のためのキリスト教革新』、ルーベルト・エンデルレ、昭和 39 年）。

______ Strukturen der Kirche, Herder: Freiburg, 1962.

______ Kirche im Konzil, Herder: Freiburg, 1963.（中村友太郎訳、『公会議に現れた教会』、ルーベルト・エンデル、昭和 41 年）。

______ Die Kirche, Herder: Freiburg, 1967.（ハンス・キュンク、『教会論』上・下巻、 石脇慶総，里野泰昭訳、新教出版社、1976 年）。

______ Menschwerdung Gottes. Eine Einführung in Hegels theologisches Denken als Prolegomena zu einer künftigen Christologie, Herder: Freiburg, 1970, Piper: München 1989, mit neuem Vorwort.

______ Unfehlbar? Eine Anfrage, Benziger: Zürich, 1970.

______ Christ sein, Piper: München, 1974.

______ Existiert Gott? Antwort auf die Gottesfrage der Neuzeit, Piper: München, 1978.

______ Christentum und Weltreligionen. Hinführung zum Dialog mit Islam, Hinduismus, Buddhismus, (zusammen mit Josef van Ess, Heinrich von Stieten- cron, Heinz Bechert), Piper: München, 1984.

______ Theologie im Aufbruch. Eine ökumenische Grundlegung, Piper:

事項索引

人名索引

藤本憲正（ふじもと　のりまさ）

1986年(昭和61年)生まれ。早稲田大学政治経済学部政治学科卒業、2018年同志社大学大学院神学研究科博士後期課程修了、博士(神学)。現在、国際日本文化研究センター、機関研究員。主要業績、「ポール・F・ニッターの宗教間対話に関する一考察」、『基督教研究』第81巻2号(2019)ほか。

ハンス・キュングと宗教間対話
人間性をめぐるその神学的軌跡

2021年3月1日発行

著　　者　藤本 憲正

発 行 所　株式会社 三恵社

〒462-0056　愛知県名古屋市北区中丸町 2-24-1
TEL.052-915-5211　　FAX.052-915-5019
URL https://www.sankeisha.com

ISBN 978-4-86693-013-8 C3016